W0327079

UTB
FÜR WISSEN
SCHAFT

UTB **2091**

Eine Arbeitsgemeinschaft der Verlage

Wilhelm Fink Verlag München
A. Francke Verlag Tübingen und Basel
Paul Haupt Verlag Bern · Stuttgart · Wien
Hüthig Fachverlage Heidelberg
Verlag Leske + Budrich GmbH Opladen
Lucius & Lucius Verlagsgesellschaft Stuttgart
Mohr Siebeck Tübingen
Quelle & Meyer Verlag Wiebelsheim
Ernst Reinhardt Verlag München und Basel
Schäffer-Poeschel Verlag Stuttgart
Ferdinand Schöningh Verlag Paderborn · München · Wien · Zürich
Eugen Ulmer Verlag Stuttgart
Vandenhoeck & Ruprecht Göttingen und Zürich
WUV Wien

Winfried Freund

Deutsche Phantastik

Die phantastische deutschsprachige Literatur von Goethe bis zur Gegenwart

Wilhelm Fink Verlag · München

Die Deutsche Bibliothek – CIP-Einheitsaufnahme

Freund, Winfried:
Deutsche Phantastik: die phantastische deutschsprachige Literatur von Goethe bis zur Gegenwart / Winfried Freund. – München: Fink, 1999
(UTB für Wissenschaft: Uni-Taschenbücher; 2091)
ISBN 3-8252-2091-5 (UTB)
ISBN 3-7705-3398-4 (Fink)

Ohmstraße 5, 80802 München
ISBN 3-7705-3398-4

Printed in Germany
Einbandgestaltung: Alfred Krugmann, Freiberg am Neckar
Herstellung: Ferdinand Schöningh GmbH, Paderborn

UTB-Bestellnummer: ISBN 3-8252-2091-5

Inhalt

I. „VISIONEN DER DÄMMERUNG“

Eine Einleitung

Deutsche Phantastik ist ein weißer Fleck in der Literaturgeschichtsschreibung. Dies gilt sowohl für den Bereich der nationalen Literaturkritik, wo man ihr bis heute keinen angemessenen Platz eingeräumt hat, als auch für die internationale Diskussion, die deutschsprachige Phantastik nur insoweit zur Kenntnis nimmt, als sie sich an den Roman bzw. an die kürzere Erzählung bindet.

Modell phantastischen Erzählens bildet vor allem die englische gothic novel, darüberhinaus die phantastische Geschichte, wie sie insbesondere von Edgar Allan Poe ausgeprägt worden ist. Zutreffend ist zweifellos die Verknüpfung des Phantastischen mit dem Epischen, weil sich nur hier, im Nacheinander in der Zeit, der sekundäre Einbruch des Chaotischen in eine als primär vorgestellte Ordnung überzeugend artikulieren läßt, daher übrigens auch der Erfolg des Phantastischen im narrativen Genre des Films.

Allzu einseitig aber ist die Einengung auf die Prosaformen des Romans und der Erzählung. Ein solch einseitiges Genre-Verständnis muß als verantwortlich angesehen werden für die weitgehende Nichtbeachtung phantastischen Erzählens in Gattungen, die man mit ihm auf Grund von Voreingenommenheiten nicht in Verbindung brachte. Unabhängig von der angelsächsischen Tradition vollzog sich die Entdeckung phantastischen Stils am Ende des 18. Jahrhunderts in der wiederbelebten literarischen Aussageweise der Ballade. Unverbraucht und unbelastet von kanonisierten Rezeptionserwartungen, bot sie sich als Ausdrucksmedium moderner Bewußtseinskrisen und Konfliktkonstellationen an. Neben ihr gewann vor allem die Novelle als Gattung des Phantastischen Bedeutung, während der phantastische Roman und die phantastische Geschichte zunächst Randerscheinungen blieben. Dies änderte sich erst um die Jahrhundertwende, als der Roman und die Geschichte zu zentralen Ausdrucksträgern des Phantastischen avancierten. Allerdings ist aber auch die Tradition der phantastischen Ballade und der phantastischen Novelle niemals völlig abgerissen, ja, es scheint, als ob insbesondere die Novelle sich wieder verstärkt mit dem Phantastischen verbindet. Erst die Bindung der Darstellung deutschsprachiger Phantastik an die genannten Erzählgattungen ist in der Lage, der Komplexität des vernachlässigten Genres gerecht zu werden und eine systematische Orientierung zu fördern.

Die Theorie des Phantastischen hat sich bisher vor allem auf die Fragen nach seinem Ursprung und seiner Entstehung konzentriert, ohne jedoch immer die gesellschaftlich-geschichtlichen Bedingungen miteinzubeziehen. Vornehmlich ist dabei die Rede gewesen von dem befremdlichen Einbruch in eine wirkliche Welt, ein Ansatz, der zu erweitern wäre durch die Fragen nach seinen Voraussetzungen im jeweiligen zeitgenössischen Bewußtsein und nach den Folgen in dem Leben danach.

Phantastische Literatur simuliert das Chaos als jederzeit mögliche Wirklichkeit. Die Macht strukturierender und organisierender Kräfte weicht der Allmacht der Krise, der Glaube an den Fortschritt der Gewißheit der Katastrophe, die Hoffnung auf Leben der Agonie. Erbarmungslos, alle Erlösungsvisionen abschneidend, enthüllt die Welt ihr Schreckensgesicht der Vernichtung. Die Schöpfung aus dem Nichts stürzt in das Nichts als Ausgang und Ziel des Seins zurück. Fremd erscheint mit einem Male das Vertraute, unheimlich, was vorher den Menschen Heim war, sinnlos, was vorher als ein im Sinn geborgenes Dasein erschien. Das Licht der Welt verlöscht, und die Finsternis des Chaos kehrt zurück. Phantastische Literatur beschwört in der Regel eine Apokalypse ohne den Aspekt der Erneuerung, eine die Wiederauferstehung ignorierende Eschatologie des Grauens. Sie entsteht im Bewußtsein transzendenter Obdachlosigkeit.Nur gelegentlich nimmt das Phantastische als Wegbereiter möglicher Erneuerungen konstruktive Züge an.

Phantastische Literatur ist ein verhältnismäßig junger Zweig dichterischer Fiktion. Sie entstand und entsteht in Geschichtsphasen des Traditionsverfalls und der revolutionären Umbrüche, wenn die überkommenen Wertbindungen sich zu lockern beginnen, die Unsicherheiten zunehmen und die Fragen nach Sinn und Zukunft ohne Antwort bleiben. Phantastik zwischen Nostalgie und Zukunftsangst trauert um den Verlust der Tradition und mißtraut zutiefst den Perspektiven und Visionen selbsternannter revolutionärer Glücksstifter.

Einen ersten Höhepunkt erreichte sie im Umkreis der französischen Revolution von 1789, die ganz Europa erschütterte und in der Neuzeit einen nie dagewesenen Traditionsbruch hervorrief. In Deutschland begann das Vertrauen in die traditionell ordnungstiftenden Mächte von Staat und Kirche, Adel und Klerus zu wanken, Vernichtungs- und Orientierungsängste bisher ungeahnten Ausmaßes auslösend. In diesen Zusammenhang gehört auch das Aufbegehren des Gefühls gegen eine in sich erstarrte V ernunftordnung in oft destruktiv phantastischer Form.

Vor allem in der Literatur der Romantik artikulierte sich das Phantastische als Gegenpol zum Wunderbaren. Wo das Verstricktsein ins Endliche die Verheißungen einer unendlichen Entwicklung außer Kraft zu setzen drohte, wurde die Welt phantastisch. Je unerreichbarer man Erfüllung und Vollendung ins Transzendente verschob, desto bedrängender und unheimlicher erwies sich die Immanenz. Die befreiende Sehnsucht in die Ferne und ins Weite ließ in der Nähe die Angst aufkommen, in der Enge erdrückt zu werden. In der Spätromantik übernahm der phantastische Stil mitunter die Aufgabe, die repressive Gewalt durch eine Art höherer Gerechtigkeit aus dem Weg zu räumen. Im Grunde aber war die Entfesselung fiktiver Aggression nur Ausdruck realer Ohnmacht. Bei wachsender Identifikation mit der Enge erwuchs aus der Gewißheit des Perspektivenverlusts das oft ins Phantastische gesteigerte Bewußtsein des Vergeblichen und Sinnlosen. Lebensüberdruß und Todessehnsucht drohten, alle Wirklichkeitsbezüge abzuschneiden.

Neue fundamentale Verunsicherungen, begleitet von tiefgreifenden Ängsten, zeichneten sich im Gefolge der industriellen Revolution ab. Die phantastische Literatur um die Jahrhundertwende offenbarte die Ängste vor dem Anonymen und Kollektiven in einer kapitalistisch-industriellen Umwelt. Die Krise der Humanität beschwor eine Welt in der Agonie. In düsteren Facetten entwarf literarische Phantastik Untergangs- und Todesszenarien, entspringend aus der gesteigerten Sensibilität für alles Morbide. Industrielle

Abb. 1
Alfred Kubin: Umschlagszeichnung für die 1920 erschienene Erzählung "Der Schöpfer" von Mynona (d.i. Salomo Friedlaender)

Produktion und Kapital, die scheinbaren Glücksbringer, dezentralisierten den Menschen in einer zunehmend pseudokonkreten Welt. Phantastische Literatur entwickelte sich zum Medium zeitgenössischen Bewußtseins angesichts zerbrochener Sinnzusammenhänge und der Marginalität des Menschen, ohnmächtig mitfortgerissen im Malstrom einer heillos sich verselbständigenden Umwelt.

Die Katastrophe der Weltkriege, insbesondere die elektronische Revolution der Gegenwart, erschlossen und erschließen der phantastischen Literatur bis heute ständig neue Ausdrucksbereiche. In dem Maße, wie der Mensch nur noch als Opfer den geschichtlichen und technologischen Prozessen ausgeliefert ist und zur bloßen Funktion in einem sich verselbständigenden Apparatenszenario verkümmert, wachsen die Ängste vor der endgültigen Auslöschung.

Phantastische Literatur zwischen Kasack und Ransmayr entwirft Räume des rasant fortschreitenden Verfalls, unkontrolliert und unkontrollierbar, vorangetrieben von einer gespenstischen Eigendynamik. Der Mensch, endgültig aus der Mitte der Welt verdrängt, scheint am Ende einer steil abschüssigen Entwicklung angekommen, kurz vor dem nicht mehr aufhaltbaren Absturz in das Chaos. Die phantastische Literatur der Gegenwart inszeniert das Finale des Menschen, konfrontiert mit sich überstürzenden Katastrophen, in Erwartung des unabwendbaren, alles auslöschenden Gaus.

Mit der phantastischen Literatur ist der äußerste Gegenpol zur klassisch-idealistischen Tradition erreicht. Verharrend in der Agonie, läßt sie jedoch die Frage offen, ob es ein unumkehrbares Ende oder ein Ende zu einem neuen Anfang, ob es der finale Crash oder die eine Zeitenwende einleitende Apokalypse sein und aus dem Grab des alten der neue Adam auferstehen wird.

Die folgende, an den zentralen Gattungen literarischer Phantastik orientierte Darstellung versteht sich als exemplarisch und repräsentativ zugleich. Herausgehoben werden sollen in den einzelnen Genre-Porträts die Einzelwerke, in denen das Phantastische im fundamentalen Sinn Gestalt gewonnen und traditionsbildend gewirkt hat bzw. wirken könnte.

Literarische Phantastik wird dabei durchgängig als die Literatur verstanden, die in negativer Dialektik den Aufbruch durch das Ende und die Entwicklung zum Höheren durch das Abgründige aller Existenz entwertet, die alle Sinnstiftungen in die Sinnlosigkeit, alle Hoffnung in die Verzweiflung und jeden Fortschritt in die Katastrophe münden läßt, die das Ideal wie den Glauben desillusioniert und das Gestaltete ins Formlose, das Sein ins Nichts, die Fülle des Daseins in die Leere und die Ordnung in Chaos auflöst. Konstruktive Aspekte des destruktiv Entfesselten blieben vereinzelt.

Literarische Phantastik bildet das Bewußtsein am Ende kulturgeschichtlicher Entwicklungen ab, ausgesetzt den Agonien einer ins Dunkle versinkenden Vergangenheit und den Ängsten vor einer Zukunft, die noch im Dunkel liegt. Entworfen werden die Visionen einer sich verdunkelnden Welt, die vielleicht die letzte gewesen ist. Insofern stellt die folgende Untersuchung exemplarischer Positionen des Phantastischen auch eine kleine Bewußtseinsgeschichte des düsteren Lebensaspekts dar, die sowohl Psychologisches und Historisch-Soziales als auch Motivliches und Strukturelles miteinander zu verknüpfen bestrebt ist.

II. „GEBÄRDEN DA GIBT ES VERTRACKTE“

Die phantastische Ballade

Vor allem die balladische Struktur war es, die die phantastische Erlebensweise überzeugend und anschaulich zu verarbeiten vermochte. Wie kaum ein anderes literarisches Genre ist die Ballade geprägt von der situativen Pointierung eines sich krisenhaft zuspitzenden Geschehens. Weniger die Genese der Krise als das Faktum der Krise selbst, weniger deren Entwicklung als deren Entladung stehen im Zentrum. Die Ballade akzentuiert das auf die Peripetie verkürzte Handlungsmoment, in dem sich spontan und unaufhaltsam eine entscheidende Wendung vollzieht.

Gerade die balladische Dialektik, die polare Spannung zwischen dem, was noch ist und schon bald nicht mehr sein wird, kam der Intention des Phantastischen entgegen, der Darstellung der katastrophalen Wende des Geordneten in das absolut Ungeordnete, angedeutet zumindest als latente Bedrohung und Gefahr.

Bei der Wiederentdeckung der Ballade in den 70er Jahren des 18. Jahrhunderts spielte der phantastische Stil von vornherein eine beherrschende Rolle. Auf der Schwelle der Neuzeit, in einer Phase der noch von bildungsbürgerlichen Interessen bestimmten Literatur, schien man mit der aus der Volksdichtung erwachsenen Ballade ein Medium gefunden zu haben, das latente Unbehagen in der domestizierten, aufgeklärten Gesellschaft auszudrücken.

Im phantastischen Stil aktualisierte sich das Unterdrückte und Verdrängte, das, was nicht in die angeblich beste aller Welten paßte und das Vernunftreglement und die von ihm etablierte Ordnung beunruhigend in Frage stellte. Nicht einmal zwanzig Jahre nach dem das aufklärerische Weltbild erschütternden Erdbeben von Lissabon offenbarte sich in der phantastischen Ballade eine tiefe seelische Erschütterung der ebenso verzopften wie verkopften Gesellschaft am Ausgang der Aufklärung.

1. Das frustrierte Gefühl

Im Kreis des Göttinger Hains, genauer bei Ludwig Christoph Hölty und Gottfried August Bürger, entsteht die phantastische Ballade als Ausdruck eines durch die gesellschaftlichen Verhältnisse und deren Normen frustrierten Gefühls. Nicht länger unterwerfen sich die einmal entfesselte Leidenschaft und die betrogene Liebe der gebotenen bürgerlichen Entsagungsmoral und der erwarteten vernünftigen Selbstdisziplin, sondern brechen zügellos und zerstörend in die vordergründig geregelte Ordnung ein und lassen unterschwellig wirksame chaotische Tendenzen hervortreten. Das scheinbar Wirkliche wird durchlässig für das scheinbar unwirklich Phantastische, die empirische Wahrnehmungshaltung in Frage stellend. Die vertraute, verläßlich festgefügte Welt erscheint mit einem Mal fremd und brüchig.

Höltys „Adelstan und Röschen“ aus dem Jahr 1771, die wohl erste phantastische Ballade der deutschen Literatur, leitet die Tradition der literarischen Phantastik in Deutschland ein. An der Schnittstelle zwischen dem schwindenden Vertrauen in ein von der Vernunft geregeltes Leben und dem Bekenntnis zu dem mächtig sich rührenden, Grenzen sprengenden Gefühl beginnt der Boden der rational geleiteten Lebenspraxis zu wanken und unter dem Druck ungeheurer affektiver Energien aufzubrechen.

Aus der erotischen Begegnung zwischen dem vom höfischen Leben gelangweilten Adligen und dem ursprünglichen Landmädchen im bukolischen Ambiente entwickelt sich eine Tragödie ungeahnten Ausmaßes. Der flüchtige Genuß, das amouröse Abenteuer bleiben wider Erwarten nicht folgenlos. Der Adlige, nicht mehr als den Reiz naiv unverstellter Sexualität jenseits des höfischen Raffinements suchend, sieht sich plötzlich vor das Tribunal des bedingungslosen Gefühls gestellt. Das Mädchen, zur Geliebten erwacht und zum bloßen Ritterliebchen mißbraucht, stirbt aus Verzweiflung und Trauer und kehrt als untröstlich betrogene Wiedergängerin zurück an das Bett des leichtfertigen Betrügers. Ohnmächtig den real herrschenden Verhältnissen gegenüber, protestiert die am Fuße der sozialen Pyramide Stehende mit phantastischer Gebärde gegen den emotionalen Verrat. Der Adlige, heimgesucht von der stummen Anklage der Wiedergängerin, gibt sich schließlich selbst den Tod.

Phantastik wird zum Surrogat für das in der gesellschaftlichen Wirklichkeit verweigerte Gericht. Früh profiliert sie sich zum Medium des ohnmächtig rebellierenden Gefühls der Unterdrückten gegen die Ausplünderung durch aristokratische Machtcliquen. Eruptiv, den schöpferischen Aufruhr literarisch inszenierend, bricht der Affekt in die vernünftig legitimierten Herrschaftszonen ein.

In der 1773 entstandenen Ballade „Die Nonne“ sprengt das einmal entfesselte Gefühl selbst die Grenzen geistlicher Entsagung. Nach der Verführung durch einen Ritter sitzengelassen, nimmt die Betrogene, ungleich aktiver als das verlassene Mädchen in der vorausgegangenen Ballade, blutige Rache an dem Betrüger, indem sie ihn ermorden läßt und noch dem Leichnam in der Gruft das untreue Herz herausreißt und es zertritt. Nach ihrem Tode muß sie als Wiedergängerin wie unter einem Zwang diese grausige Szene endlos wiederholen:

> Sie gafft auf das zerriss’ne Herz
> Mit wilder Rachgebärde,
> Und hebt es dreimal himmelwärts,
> Und wirft es auf die Erde.

Der Himmel aber bleibt angesichts der ungeheuren Anklage stumm. Von allen guten Geistern verlassen, einem verborgenen Gott gegenüber, tritt die um ihre Liebe Betrogene in der schaurigen phantastischen Szene auf, ohne Hoffnung auf Versöhnung und Erlösung. Verharrend in Frage und Anklage, artikuliert sich in der phantastischen Darbietung die untröstliche Verzweiflung des frustrierten Individuums vor der leeren Transzendenz. Der aufgeklärte Deismus hatte mit dem sich den Menschen in Liebe zuwendenden Gott auch die Hoffnung auf Liebeserfüllung jenseits aller Enttäuschung verabschiedet und eine kalte, in bloßer Selbstliebe erstarrte, im Grunde unheimliche Welt heraufziehen lassen.

Die phantastisch inszenierte Frustration des bedingungslosen Gefühls steht ebenfalls im Zentrum von Gottfried August Bürgers 1773 erschienener „Lenore“. Die Anmahnung, ihre Zuversicht allein auf Gott zu setzen, erweist sich als wirkungslos, das Leid Lenores zu mildern, als sie erfährt, daß ihr Geliebter den Tod auf dem Schlachtfeld gefunden hat. Der untröstliche Schmerz aber ruft das phantastische Ereignis auf den Plan, da in einer vernünftig kontrollierten Welt kein Platz ist für das Gefühl, das sich weigert, sich in die eng gezogenen Grenzen zu schicken.

Der als Totenreiter wiederkehrende Geliebte führt Lenore in einem makabren Ritt mit sich fort und stürzt sich mit ihr ins Grab. Ähnlich wie bei Hölty erscheint der um seine emotionale Erfüllung gebrachte einzelne zu einem Totenspuk verfremdet. Hölty wie Bürger bilden in unerbittlicher Stringenz die Folgen eines kompromißlos sich äußernden Gefühls ab, weniger aber wohl als Abschreckung und Warnung, denn als Verweis auf die Kräfte, die sich nicht länger vom aufgeklärten Vernunftreglement verdrängen lassen und in dem Maße selbstzerstörerisch, unerhörte Irritationen auslösend, hervortreten, wie man von außen bestrebt ist, sie niederzuhalten.

Eine Welt, in der das Individuum, mißachtet in seinem Gefühl und betrogen um seine Liebe, als gespenstischer Rachegeist diskriminiert und gespenstischen Exekutionen unterworfen wird, ist zutiefst fragwürdig, da sie, die Ganzheit des Menschen ignorierend, selbstverschuldet dem drohenden Chaos zutreibt. Noch ist es der einzelne, den das Übermaß des eruptiv hervorbrechenden Gefühls zerstört, absehbar aber ist, wie die emotionalen Triebkräfte letztendlich zerstörerisch auch in die Gesellschaft einbrechen und die Vernunftordnung auflösen werden.

Die Balladen Höltys und Bürgers realisieren auf der Schwelle der großen europäischen Revolution den phantastischen Stil als literarische Manifestation des durch eine verkopfte Moral in die Latenz abgedrängten Anspruchs des Herzens, der aus der Sicht der herrschenden Gesellschaftsordnung als destruktiv diffamiert, gerade deswegen die Ganzheit des Menschen einklagt. Phantastischer Stil gestaltet in der situativen Pointierung der Ballade das unter rationalem Druck verzerrte Gefühl und artikuliert zugleich dessen latente revolutionäre Sprengkraft.

2. Die Dämonie des Daseins

Doch die uneingeschränkte Bejahung des Emotionalen als einer elementaren Dimension des Menschseins fand nicht statt. Zu starr erwies sich die geltende Gesellschaftsordnung, das Diktat der Vernunft, bekräftigt nicht zuletzt durch die Wirren der Revolution, in deren blutigen Greueln sich der Affekt hemmungslos Bahn zu brechen schien. Zu extrem war das Pendel zu der Seite ausgeschlagen, wo die Ordnung notwendig im Chaos untergehen mußte. Phantastisch erschien nicht länger das rebellierende, verratene und unterdrückte Gefühl, sondern der unkontrollierte, destruktive Affekt. Die alle Grenzen niederreißende Revolution des Herzens wich der perhorreszierenden Warnung vor dem Ausbruch Chaos stiftender Irrationalität.

Johann Wolfgang Goethe, in dessen Balladendichtung dem Phantastischen eine bisher kaum ausreichend gewürdigte Bedeutung zukommt, beschwört 1782 im „Erlkönig", in der unmittelbar der Revolution vorausgehenden Geschichtsphase, die selbsterhaltende Kraft vernunftgeleiteter Wahrnehmung gegen die Selbstzerstörung durch halluzinative Trugbilder, die unkontrolliert aus dem Unterbewußten aufsteigen, die Wirklichkeit verzerren und den Halluzinierenden am Ende auslöschen.

Nur der Knabe nimmt die phantastischen Figuren des Erlkönigs und seiner Töchter wahr, während der Vater, bereits gefestigt und persönlich ausgereift, gegen Chimären dieser Art gefeit zu sein scheint. Aber all seine an der empirischen Wahrnehmung orientierten Erklärungen und Beschwichtigungen können die Ausgeburten einer überhitzten Einbildung nicht vertreiben, da sie das Bewußtsein des Jungen bereits heillos okkupiert haben und sich einer vernünftigen Kontrolle entziehen. Zu schwach, den dämonischen Gewalten seines Innern zu widerstehen, erleidet der Knabe den völligen Verlust der Wirklichkeit, radikal gesteigert bis zum Verlust seines Lebens.

Phantastisch ist der Einbruch dämonischer, im Unterbewußten des Menschen lauernder Kräfte in das noch ungefestigte Bewußtsein des Heranwachsenden. Eindrucksvoll gestaltet Goethe gerade in seiner „Erlkönig"-Ballade in einer exemplarischen Situation die Dämonie des Daseins, das Ausgeliefertsein des Menschen an die zerstörerischen Energien seines eigenen Innern, die, einmal zugelassen, das Bewußtsein des einzelnen überwältigen und ihn selbst zerstören. Goethes Ballade warnt vor dem aus dem Unbewußten aufsteigenden Chaos, vor der subjektiven, frei flottierenden Einbildungskraft jenseits der Kontrolle durch Vernunft und Empirie. Phantastik ist bei Goethe nicht länger der Stil des revolutionär aufbegehrenden Gefühls, sondern das didaktisch veranschaulichende Medium der Abschreckung. Im Chaos spiegeln sich nicht die literarisch entfesselte, schöpferische Unruhe, die Irritation des aufgeklärten Bürgers, sondern die Obsessionen des unreifen Menschen durch das destruktiv Unterbewußte.

Schon vor dem „Erlkönig“ hatte Goethe in seiner Ballade „Der Fischer“ auf die selbstzerstörerischen Energien im Menschen aufmerksam gemacht, sofern er ihnen Raum gibt in seinem Verhalten in der Welt. Wer sich den ungezügelten Kräften der Natur aussetzt, eintaucht in die Bereiche des Unterbewußten, sich dem Strom dessen, was aus der Tiefe emporsteigt, widerstandslos überläßt, kommt in den einmal entfesselten Gewalten um. Im Wasser, aus dem die verführerischen Laute der Nixe verlockend an das Ohr des Fischers zu dringen scheinen, bildet sich das Reich der persönlichen Untiefen, der Zustand vor aller Formung und Veredlung ab. Wer sich den Verlockungen nicht entzieht, riskiert den Verlust seines eigentlichen Menschseins. Der Tod des Fischers, sein Eintauchen in den verschlingenden Abgrund, besiegelt den Triumph des Triebs über den Geist, des bloß Naturhaften über das Humane, des Chaos über die Ordnung.

Phantastisch ist die Kapitulation vor dem Gestaltlosen und Ungezügelten, vor dem Bereich der menschlichen Persönlichkeit, den es nicht zu integrieren, sondern zu isolieren gilt. Bereits in den frühen Balladen Goethes kündigt sich ein Paradigmawechsel des Phantastischen im Vergleich mit Hölty und Bürger an, indem das Unruhe stiftende Irrationale nicht länger als schöpferisch, sondern als in hohem Maße destruktiv bewertet wird, nicht als Anstoß gebend, sondern als Abwehr auslösend. Phantastische Literatur, die begonnen hatte, Verdrängtes zu erschließen, setzt nun alles daran, das Erschlossene wieder unter Verschluß zu bringen. Vergleichbar mit Hölty und Bürger aber realisiert auch Goethe die Ballade als Medium des Phantastischen, indem er in der balladischen Situation den Einbruch des Chaotischen wie in einem Brennpunkt manifest werden läßt.

Im Unterschied zu den frühen Balladen entwickelt Goethe in der Folgezeit einen Typus mit versöhnlichem Finale, der die didaktische Intention der Abschreckung abmildert und zugleich das Vertrauen in die Ordnung stiftenden Kräfte stärkt. Im „Zauberlehrling" aus dem Jahr 1797 bricht das Chaos weniger durch ein Übermaß an Einbildungskraft herein als durch Leichtsinn und Selbstüberschätzung. Die magischen Gewalten, vom Lehrling entfesselt, drohen ihn und seinen Lebensraum heillos zu zerstören, ohne daß er in der Lage wäre, ihnen Einhalt zu gebieten.

Ein zugleich burleskes wie makabres Szenario bildet den Kern der balladischen Situation, indem der Lehrling in seiner fatalen Inkompetenz komische Züge erhält und auf der andern Seite die Zerstörung unkontrolliert und ungehemmt ihren Lauf nimmt. Das Chaos bricht dort in die Welt ein, wo der Mensch, sich selbst überschätzend, die dämonischen, den dunklen Weltaspekt verkörpernden Triebkräfte unterschätzt und meint, mit ihnen spielen zu können, während diese von Anfang an das Spiel in zerstörerischen Ernst verkehren.

Die im Jahrzehnt nach dem Ausbruch der Französischen Revolution geschriebene Ballade ist eine phantastische Parabel der revolutionär entfesselten Destruktion. Die einmal initiierten, bisher souverän niedergehaltenen, elementaren Urgewalten wenden sich, außer Kontrolle geraten, aggressiv gegen ihre Initiatoren und drohen alles in den Untergang zu reißen. Der Knecht, ein dienstbarer Geist in den Händen derer, die zu herrschen verstehen, beherrscht, von den Stümpern auf den Plan gerufen, die Szene und droht die Welt in ein Chaos ohne gleichen zu stürzen. Erst der Meister zeigt sich imstande, den Knecht wieder in die Schranken zu weisen. Die in ihm verkörperte, Ordnung stiftende Macht trägt letztlich den Sieg davon über das phantastische Chaos. Mit dem Meister triumphiert die Reaktion über die Revolution, die traditionale Autorität über den Anspruch der Lehrlinge und der Beherrschten, selbst einmal Herr und Meister zu sein. Das phantastische Chaos ist kein unabwendbares fatales Geschick, zumindest solange nicht, wie der Mensch bereit ist, die dämonischen Triebkräfte der Weltgeschichte durch die Kraft der Vernunft und in weiser humaner Selbsteinschätzung unter Kontrolle zu halten. Goethe leugnet den dunklen dämonischen Weltaspekt keineswegs, aber er nimmt ihm Entscheidendes von seiner verheerenden zerstörerischen Wirkung, indem er dem reifen Menschen zutraut, seiner Herr werden zu können.

Phantastische Irritationen drohen immer nur dann, wenn die humane Selbstkontrolle versagt, das bloß Vorgestellte das Wirkliche, das Unbewußte das Bewußtsein überwältigt und der Mensch die latenten triebhaften Kräfte nicht beherrscht, sondern von ihnen beherrscht wird. Phantastischer Stil, so wie ihn Goethe gestaltet, läßt die Abgründe lebendig werden, über denen sich das ideale Menschsein erhebt, die Abgründe im einzelnen selbst wie die Abgründe einer Natur, die das Individuum letztendlich auslöscht.

Nirgendwo beeindruckender als in der späten Ballade „Der Totentanz" (1813) hat Goethe das unumkehrbare Naturschicksal des Menschen Gestalt werden lassen, das niemals besiegt, aber auf Distanz gehalten werden kann und werden muß, um dem Leben sein volles Recht widerfahren zu lassen. Töricht wäre es, den Tod zu leugnen, ebenso töricht aber auch, mit der Zukunft des Sterbens vor Augen sich die Gegenwart des Lebens zu verleiden. Auch dem Tod gegenüber gilt es, sich im Leben abzugrenzen. Wo man ihm aber Einlaß gewährt in den eigenen Lebensraum, bricht das Phantastische ein. Der Türmer, hoch über dem Friedhof, dem Ort des Todes, noch auf der Höhe des Lebens, glaubt im Übermut mit den Toten spielen zu können, die zur Geisterstunde ihren Gräbern entsteigen und allerlei vertrackte Gebärden ausführen. Fließend erscheint wiederum die Grenze zwischen dem Burlesken und Makabren, zwischen Komik und Grauen. Aus der Sicht des noch lebensvoll über den toten Geistern erhobenen Türmers erwecken die steifen, linkischen Bewegungen der Gerippe den Eindruck des Lächerlichen. Der Totentanz scheint zur Posse zu geraten, die für einen Moment den Ernst des Todes zu einem unwiderstehlichen Spaß werden läßt, in den Augen des Lebenden zu einer Komödie, die ihn von der tragischen Gewißheit, selbst sterben zu müssen, entlastet.

Im Gefühl spielerischer Überlegenheit steigt der Türmer herab, entwendet eins der Totenhemden und genießt in übermütigem Vorgefühl die Schadenfreude über den Toten, der sein Hemd nicht mehr finden kann. Genau an dieser Stelle aber schlägt das Burleske ins Grauen, das Spiel in den Ernst und die komische Entlastung in die tragische Bedrohung um. Das Totengerippe, dem der Türmer übel mitgespielt hat, beginnt am Turm emporzuklettern, unnachsichtig und unaufhaltsam in den Bereich des Lebens einzudringen, das mit einem Mal angesichts der tödlichen Gefährdung seine scheinbare Uneinnehmbarkeit und Sicherheit verliert. Der Turm und in ihm der Türmer, über den Ort des Todes sich erhebend, sind dennoch verbunden mit der Totentanzszenerie. Ihre Lebendigkeit und Festigkeit sind nur vorübergehend. Eine ungeheure Spannung geht von der dramatischen Situation aus, in der das Gerippe zielgerichtet emporklettert und der Türmer wie gelähmt die offenbar unausweichliche Katastrophe erwartet.

In phantastischer Sinnbildhaftigkeit entwirft die Ballade die Dämonie eines Daseins, das von Anfang an, noch auf der Höhe des Lebens, schon vom Absturz in die Tiefe des Todes bedroht ist. Im Angesicht der tödlichen Gewißheit erweisen sich alle spielerisch komischen Entlastungsversuche als unwirksam. Für einen Augenblick herrscht allein die düstere Phantastik des Todes, die ohnmächtige Angst des noch Lebenden vor dem für alle Zeiten verschlingenden Abgrund. Die Zeit ist es aber auch, die den phantastischen Totenspuk, der die Wirklichkeit zu usurpieren droht, beendet. Nach Vollendung der Geisterstunde stürzt das Gerippe ab, während der Türmer, im Turm mit der Uhr, also in der Zeit lebend, noch einmal davonkommt. Ähnlich wie im „Zauberlehrling“ spitzt sich die phantastische Situation bis zu einem Punkt zu, wo kein Entrinnen mehr möglich scheint und die Katastrophe ihren Lauf nimmt. Ereignet sich dort die rettende Wendung aber durch ein Machtwort des Kundigen und Situationsmächtigen, so ist es hier der Glaube an den magischen Zeitrhythmus der Geisterstunde, dem die Toten als Wesen der Nacht unterworfen sind, der das sich abzeichnende Unheil abrupt in einer deus ex machina-Lösung abwendet. Vor dem phantastischen Verhängnis des Todes, in das der Mensch unlösbar verwickelt ist, kann es keine wirkliche Lösung geben. Allein das Machtwort poetischer Gestaltung kann der quälenden Obsession des näherrückenden Schicksals ein Ende setzen, das das sichere Ende nicht für alle Zeiten zu überwinden, es aber für eine bestimmte Frist zu verdrängen vermag.

Phantastisches entsteht in den Balladen Goethes in der Regel dort, wo Irrationales und Dämonisches, das Abgründige einer chaotischen Natur und die Destruktion des Todes die konkrete Ordnung der Dinge und die Heiterkeit des Daseins gefährden, wo die immanente Gestalt im Gestaltlosen und Ungestalten unterzugehen droht. In der „Braut von Korinth“ (1798) treten dazu das Dogmatische und die orthodoxe Intoleranz, die das Lebensglück zerstören. Die lebensfrohe Tochter, aus christlich leibfeindlicher Moral hinter Klostermauern um ihre Liebe betrogen, kehrt, nachdem sie aus Kummer und Enttäuschung gestorben ist, als vampirische Wiedergängerin zurück und verlebt mit dem Jüngling, dem sie einst versprochen worden war, eine makabre Liebesnacht, die jedoch auch dem Geliebten den Tod bringt. Die Verdrängung und Unterdrückung des Eros führen im Bewußtsein der ganzheitlichen Menschennatur zur Phantastik als Ausdruck eines nicht wiedergutzumachenden Verlusts. Wo die sinnlich-leibliche Dimension einem religiösen Wahn geopfert wird, erleidet der Mensch eine tödliche Beschädigung seiner Identität.

Und der alten Götter bunt Gewimmel
Hat sogleich das stille Haus geleert.
Unsichtbar wird Einer nur im Himmel,
Und ein Heiland wird am Kreuz verehrt;
Opfer fallen hier,
Weder Lamm noch Stier,
Aber Menschenopfer unerhört.

In der vampirischen Wiedergängerin spiegelt sich die defizitäre Existenz zwischen Wirklichkeit und Spuk, Leben und Tod. Entlarvt wird die phantastische Entfremdung des Anspruchs auf leiblich-seelische Erfüllung als eine unerhörte Perversion, während die in der scheinbaren Wirklichkeit orthodoxer Engstirnigkeit Lebenden und Handelnden zu leblosen Erfüllungsgehilfen eines abstrakten Dogmas verkümmert erscheinen. Nicht ihnen kommt im eigentlichen Wirklichkeit zu, sondern dem Liebesbegehren der früh aus dem Leben gedrängten Tochter, eine Wirklichkeit aber, die unter den geltenden Bedingungen einer ebenso die Liebe wie das Leben verdammenden Moral nicht statthaben kann. Eine Erlösung des phantastischen Daseins zu einer zutiefst wirklichen Existenz, in der sich Leib und Seele, Eros und Geist vereinigen, kann es nur geben in der Abwendung von der einseitigen christlichen Moral und in der Rückkehr zu dem, was diese verteufelt hat:

„Höre, Mutter, nun die letzte Bitte:
Einen Scheiterhaufen schichte du;
Öffne meine bange, kleine Hütte,
Bring' in Flammen Liebende zur Ruh'!
Wenn der Funke sprüht,
Wenn die Asche glüht,
Eilen wir den alten Göttern zu.“

In Goethes vampirischer Ballade prallen in einer beispielhaften, makabren Situation die restriktiv dogmatische Autorität eines leibfeindlichen Glaubens mit der im Zeitalter der Neubelebung der Antike wiedererwachten Sehnsucht nach leiblich-seelischer Harmonie aufeinander. Phantastik wird als Medium einer tiefgreifenden menschlichen Beschädigung erkennbar, die in spukhafter Verfremdung die katastrophalen Folgen eines leibfeindlichen Dogmas vorweist.

Aber die Opfer sind nicht wirklich für alle Zeiten verbannt. Als Untote kehren sie wieder und fordern ihr Recht auf Leben und Glück ein. Im schöpferisch belebenden Feuer einer Nachwelt, die die Bornierungen einer leibfeindlichen Moral überwunden hat, erhalten sie die Chance zur Wiederauferstehung. Goethe plädiert im phantastischen Stil in warnenden Gegenentwürfen für einen human ausgeglichenen, heiteren Lebensvollzug im Einklang mit einer konkret immanenten erlebten Natur, in der das Abstrakt-Irrationale und Destruktiv-Chaotische nicht geleugnet, aber auf Distanz gehalten werden. Daher kam für ihn eine Anknüpfung an Hölty und Bürger nicht in Frage, denen es ja nicht um Harmonisierung zu tun war, sondern um die erklärte Opposition gegen eine rational erstarrte Welt. Kam bei ihnen in der phantastischen Situation der Ballade das Unterdrückte zum Ausdruck, das es zu aktualisieren galt, so bei Goethe das, was es im Sinne des Lebens und solange dieses währt, zu unterdrücken gilt. Insofern liegt das eigentlich Phantastische in der „Braut von Korinth“ auch nicht auf der Seite der vampirischen Wiedergängerin, sondern bei denen, die sie dazu gemacht haben.

3. Zwischen Todesgrauen und Lebenshoffnung

In der Romantik, wesentlich geprägt von der Enttäuschung der an die Revolution geknüpften Hoffnungen, nimmt das Phantastische zunehmend melancholisch-elegische Züge an, Ausdruck der geschichtlichen Frustrationen und der Vergeblichkeit aller Erwartungen, die sich auf endliche Erfüllung richten. Kern der phantastischen Melancholie bildet die Polaritär von Liebe und Tod, der sehnsüchtige Traum nach allseitiger Erfüllung auf der einen Seite und die grausame Wirklichkeit der scheinbar endgültigen Auslöschung auf der anderen.

Das Phantastische selbst aber, das, was die „schwarze Romantik“ ausmacht, ist in aller Regel nur eine Durchgangsstufe, ein düsterer Lebensraum, der sich am Ende in ein Unendliches zwischen Gegenwart und Ahnung öffnet. Phantastik aus romantischer Sicht entspringt der Angst, sich in der Enge der Welt zu verlieren und der Trauer über die tiefsten Sehnsüchte, die immer unerfüllt bleiben.

In der Ballade, als Genre während der Romantik nicht sehr exponiert, gewinnt die Dialektik von Liebe und Tod in einigen wenigen Stücken beispielhaft Gestalt. Erst in der sogen. schwäbischen Spätromantik wird die Ballade zur beherrschenden Gattung, die dann auch im Bereich des Phantastischen anders gerichtete Funktionen übernimmt.

Clemens Brentanos um 1800 entstandenes Gedicht „Ein Fischer saß im Kahne“ stellt den um den frühen Tod seiner Geliebten trauernden Fischer in den Mittelpunkt, der allein in seinem Kahn, Sinnbild des Lebensschiffs, auf dem Strom der Zeit dahintreibt. Das Übermaß seiner Trauer zwingt in der Nacht die Geliebte herbei, deutlich gezeichnet vom Tode, ein für kurze Frist aus dem Grabe auferstandener Leichnam, ein Geschöpf der Nacht, das im Kahn des Geliebten vergeblich die Arme ausstreckt nach der Schönheit der Natur und des Lebens, beide für die Verstorbene auf ewig verloren. Alles fliegt vorbei wie ein flüchtiger Traum in der

Agonie, aus der Sicht der Toten eine gespenstische Revue der Fülle und Vielfalt des Lebens, das sich längst von ihr verabschiedet hat und sich ihr entzog, bevor es wirkliche Gestalt annehmen konnte. Nur schemenhaft präsent sind in der Dunkelheit der Nacht die Eindrücke des vorüberziehenden Panoramas. Beherrschend ist von Anfang an die Melancholie des Todes, der rückwärts gewandte Blick auf ein Dasein, das einmal war, aufgelöst in vorübergleitende Bilder, nur für Augenblicke zu erfassen, um dann wieder unwiederbringlich zu versinken.

Der Fischer aber will den Zustand seiner Geliebten nicht wahrhaben, selbst dann nicht, als sie sich bei anbrechendem Tageslicht vor seinen Augen aufzulösen beginnt.

Da will er sie erwecken,
Daß sie die Freude hör',
Er schaut zu ihr hinüber,
Und findet sie nicht mehr.

Leben und Tod, vereint in einem Kahn, die Pole, zwischen denen sich alle Existenz abspielt, gleiten dahin im Strom der Zeit, der Lebende konfrontiert mit seiner tödlichen Zukunft, die Tote mit der Vergangenheit ihres Lebens. Unbegreiflich, die Vorstellungskraft übersteigend, ist für den Lebenden das Ende, das Versinken der Schönheit und der Liebe, und doch ist das Ende stets gegenwärtig, gleichsam in Sichtweite greifbar. Mit dem Einbruch des Todes zerreißt mit einem Mal alles, was den einzelnen an das Dasein bindet.

Brentanos Ballade ist ein phantastisches Gleichnis des Lebens, dem das Sterben bestimmt ist, der Liebe, die ins Grab sinkt, noch ehe sich erfüllte, was sie verhieß. Im Zentrum der phantastischen Situation steht der um sein Glück betrogene Mensch, allein mit seiner Sehnsucht nach einer Erfüllung, die sich vor seinen Augen auflöst.

Nicht länger vermag der Romantiker die Todeserfahrung zu unterdrücken. Anders als bei Goethe gibt es für ihn kein Ausweichen vor dem Bewußtsein des Endes. Alle Anstrengungen des Fischers scheitern. Weinend muß er zum Schluß das Ungeheure vor sich eingestehen. Vermochte Goethe den Sinn des Lebens zu bewahren, indem er dessen absurdes Schicksal verdrängte oder noch jenseits des Todes wie in seiner vampirischen Ballade das Glück mit nostalgischer Gebärde beschwor, so tritt hier die Absurdität des Lebens und der Liebe, denen die Erfüllung versagt ist, in ungebrochener Tragik zutage. Der Tod ist der Begleiter des Lebens, ein stummer und doch beredter Figurant, der nur scheinbar die Nebenrolle in einem Schauspiel verkörpert, dessen einziges Ziel das Finale bildet. In namenloser Trauer entschläft auch der Fischer am Ende in dem verwaisten Kahn, die Augen verschließend vor einem Leben, das ohne die Liebe seinen Sinn verloren hat.

Und legt sich in den Nachen,
Und schlummert weinend ein,
Und treibet weiter, weiter
Bis in die See hinein.

Aller Aktivität entsagend, legt sich der Fischer zur Ruhe. Sein Schiff wird ihm zum selbstgewählten Grab, das aber keinen endgültigen Ruhepunkt bildet, sondern ihn weitertreibt in die See hinein, in einen neuen Zustand, in den er gleichsam einmündet. Ähnlich deutet auch hier das Schlafen, schon vorher auf die tote Geliebte angewendet, auf eine nur vorübergehende Lage, aus der es ein Erwachen geben wird.

Mit dem Eintritt des Schiffs in die See taucht das Leben, nachdem der Fischer ihm freiwillig entsagt hat, ein in ein Sein jenseits seiner Begrenztheit auf dem Fluß. Das dahintreibende Boot ist zugleich Grab und Wiege. Der Tod bildet die Schwelle zu einem neuen, die Endlichkeit überwindenden Leben. Dort aber, wo die eingegrenzte Welt des Flusses verlassen wird, endet auch das Phantastische und gibt Raum für das Wunderbare, für das im Meer anschauliche unendliche Werden.

Doch fahren große Schiffe
In stiller Nacht einher,
So sehen sie die beiden
Im Kahne auf dem Meer.

In dem weiten Lebensraum jenseits der engen Flußwelt sind beide, der Fischer und seine Geliebte, plötzlich wieder vereint, da es jenseits des Endlichen weder Trennung noch Tod gibt. Unter der Bedingung, daß Schiffe vorbeikämen, würden sie der beiden ansichtig. Der konjunktivische Sinn verweist auf die Spannung zwischen Möglichkeit und Wirklichkeit und stellt potentiell dennoch eine Beglaubigung des Wunderbaren dar, das sich jenseits des Todes in der Unendlichkeit des Seins ereignet. Das Phantastische in der Romantik provoziert das Wunderbare, das Bewußtsein, eingeengt zu sein in der Zeit, ruft die Ahnung der alle Grenzen hinter sich lassenden, den Tod überwindenden Ewigkeit der Liebe wach.

Motivlich verwandt ist Joseph von Eichendorffs Ballade „Die Hochzeitsnacht“ aus dem Jahr 1810. Wieder bildet der Fluß als Zeitstrom den Hintergrund des Geschehens und wieder ist es ein Mann, der einsam in seinem Schiff dahintreibt und nach seiner Geliebten verlangt. Doch der im Schiff vorüberziehende Ritter mit dem blutroten Streifen um sein Haupt ist ein Wiedergänger auf der Todesfahrt. Der Rhein, auf dem er sich bewegt, wird zum Fluß des Todes. Vorbei an dem Schloß, wo die Geliebte von einst Hochzeit mit einem andern feiert, treibt das Schiff des unglücklich Verlassenen, der nach dem Treubruch aus der für ihn sinnlosen Welt geschieden ist. Doch seine Worte, unter im Schiff gesprochen, dringen zu der untreuen Braut oben in ihrem Schloß. Einer unbezwingbaren Faszination folgend, steigt sie zu ihrem einstigen Geliebten ins Boot. Jetzt erst bricht in phantastischer Darstellung die wahre Hochzeitsnacht an. Der Kranz in den Haaren der Braut wandelt sich zum Totenkranz. In rasender Fahrt versinkt die Welt der Töne und Bilder:

> Sie sprach: „Die Töne kommen
> Verworren durch den Wind,
> Die Fenster sind verglommen,
> Wir fahren so geschwind.“

Herabgestiegen aus dem Schloß, in dem hoch oben über dem Strom und der dahinströmenden Zeit das Leben, gleichsam dem Zeitfluß enthoben, pulsierte, begegnet die Braut ihrem wahren Bräutigam. Der Tod schließt das Leben in seine Arme und führt es hinüber in eine andere Welt. Am Ufer des Flusses erheben sich steile Felswände, und Abgründe weisen in schwindelnde Tiefen,

Bilder des Todes an den Grenzen des Lebens. Die Hochzeitsnacht wird zur mystischen Vereinigung des Lebens mit dem Tod, aus der der neue Mensch in einem Sein jenseits der Zeit hervorgeht:

Sie sprach: „Schon seh ich Streifen
So rot im Morgen stehn,
Und Stimmen hör ich schweifen,
Vom Ufer Hähne krähn.“

Phantastischer Stil und mystische Symbolik verbinden sich, die Dialektik des Daseins zwischen der Gewißheit des Todes und der Hoffnung auf Leben darzustellen. Transparent zu werden beginnt die Nachtseite des Lebens für ein neues Morgen, indem Endliches ins Unendliche hinübergespielt wird.

Phantastisch ist für die Literatur der Romantik die Welt nur solange, wie sie in ihrer opaken Düsterkeit verharrt. Wo aber die Dinge durchsichtig werden für das, was über sie hinausweist, gewinnt auch der Tod als zentrale phantastische Erfahrung eine über seine scheinbare Endgültigkeit hinausdrängende Dynamik. Sowohl bei Brentano als auch bei Eichendorff führt er in Gestalt des Schiffs hinaus aus den phantastischen Kulissen des Verfalls und des Untergangs auf ein wiedererstehendes, zeitloses Dasein zu.

Bereits auf das Bewußtsein der Restaurationszeit verweist die phantastische Ballade im Kreis der schwäbischen Spätromantiker, die von vornherein eine besondere Vorliebe für das kurze erzählende Gedicht zeigten. Noch ganz vom revolutionären Geist getragen, den aggressiven Aspekt des Phantastischen realisierend, ist Ludwig Uhlands „Des Sängers Fluch“ (1814), die wohl populärste Ballade des 19. Jahrhunderts. Der tyrannische König ermordet im Affekt den jungen Freiheitssänger und zieht sich den Fluch des alten Sängers zu, der zwar machtlos ist, die Bluttat auf der Stelle zu rächen, mit dem aber die höhere poetische Gerechtigkeit im Bunde scheint, die den Fluch in einer phantastischen Vernichtungsvision wahr werden läßt und das Geschlecht des Tyrannen zusammen mit seinem Schloß als Zeichen eines versteinerten Allmachtanspruchs auslöscht. Phantastischer Stil wird zum Vollstrekker des legitimen revolutionären Aufbegehrens. Die phantastische Destruktion ergreift Partei für die rebellierende Ohnmacht.

Der Alte hat's gerufen, der Himmel hat's gehört,
Die Mauern liegen nieder, die Hallen sind zerstört,
Noch eine hohe Säule zeugt von verschwundner Pracht:
Auch diese, schon geborsten, kann stürzen über Nacht.

Und rings statt duft'ger Gärten ein ödes Heideland,
Kein Baum verstreuet Schatten, kein Quell durchdringt den Sand,
Des Königs Namen meldet kein Lied, kein Heldenbuch;
Versunken und vergessen! Das ist des Sängers Fluch.

Untergang und Verfall des bedrückend Alten bilden auch hier die Bedingungen für den Anbruch des befreiend Neuen, das in einer kompromißlosen Geschichtsvision vorweggenommen wird. Phantastik in romantischer Auffassung erweist sich angesichts eines unfreien Daseins als ein Perspektiven öffnender Stil, der sich bei Uhland allerdings im Unterschied zu Brentano und Eichendorff nicht allgemein existentiell, sondern geschichtlich artikuliert.

Der bedeutendste Autor phantastischer Balladen innerhalb des schwäbischen Dichterkreises ist der Nervenarzt Justinus Kerner. Seine frühe Ballade „Der Ring“ (1809) zeigt motivlich eine gewisse Nähe zu Uhlands „Des Sängers Fluch“. Im Mittelpunkt steht die Habgier des Königs, der den unwirklich funkelnden Diamanten im Ring eines fremden Kavaliers an seinem Hof an sich bringen muß und sei es mit Gewalt. Doch die Situation spitzt sich schnell dramatisch zu. Aus dem Stein dringt höllisches Feuer, und der Kavalier entpuppt sich als der Teufel selbst. In phantastischer Steigerung verwandelt sich der Hof in die Hölle. Sie fegt den habgierigen König zusammen mit den katzbuckelnden Höflingen erbarmungslos hinweg.

Doch gerade in einer Reihe von Kerners phantastischen Balladen beginnen sich die geschichtsvisionären Perspektiven zu schließen. An die Stelle der romantischen Aufbruchstimmung tritt das lähmende restaurative Bewußtsein der Enge und der Aussichtslosigkeit. In der Ballade „Die traurige Hochzeit“ erscheinen Braut und Bräutigam, ohne daß Gründe genannt werden, von Anfang an bleich und krank. Im Reigen der Hochzeitsgäste tanzen zwei rätselhafte weiße Gestalten mit, personifizierte Hinweise auf das baldige Ableben des jungen Paars. Lapidar heißt es nach dem Abschied der Gäste:

Im Saale vernahm man keinen Laut,
Tot saßen im Dunkel Bräut'gam und Braut.

Die Hochzeit der jungen Leute, in der Regel hoffnungsvoller Anfang neuen Lebens, ist in krasser Enttäuschung der Erwartung der Zeitpunkt eines mysteriösen Sterbens. Zum Totentanz wird der Hochzeitsreigen. Gerade im hochzeitlichen Totentanz aber schlägt sich in grotesker Symbolik die Phantastik der Angst nieder. Die gehäuften Verweise auf Erkaltetes und Abgestorbenes signalisieren einen bedenklichen Mangel an vitaler, lebensnotwendiger Energie in einer Welt der Erstarrung. Anders als in Eichendorffs „Hochzeitsnacht“ gibt es keinen Ausblick auf eine mögliche Erlösung aus der Enge. Der Glaube an das über das bloß Endliche hinausdrängende Wunderbare beginnt in einer Welt sinnloser Untergänge zu schwinden.

Mit Kerners phantastischer Balladendichtung berührt sich das eine oder andere erzählende Gedicht von Gustav Schwab, der allerdings in Balladen wie „Das Gewitter“ und „Der Reiter und der Bodensee“ die Katastrophe unmittelbar aus den realen Bedingungen erwachsen läßt. In seiner wohl ältesten Ballade „Der Todesklang“ aus dem Jahr 1814 greift er jedoch auf phantastische Motivik zurück. Vor dem Tode des Schloßhauptmanns oder eines Soldaten läßt sich zur Nachtzeit in dem am Schloß vorüberrauschenden Fluß jedesmal ein musizierender Spielmann hören:

Die Tön', ach! die dich laden,
Spielt einer, den du nicht kennst;
Ich seh's wohl tauchen und baden
Im Flusse das Gespenst.

Das Gespenst ist nichts anderes als die Verkörperung der im Element schlummernden Botschaft von dem Vergehen des Lebens. Die süßen Töne des Tod bringenden Spielmanns gaukeln dem Totgeweihten vorübergehend Harmonie vor, obwohl der persönliche

Untergang längst besiegelt ist. Alle Hoffnung wie das Leben selbst sind trügerisch. Unabwendbar ist die persönliche Katastrophe und ohne Perspektiven die irdische Existenz des Menschen.

Mit Kerners und Schwabs phantastischen Balladen werden die Grenzen zur Restaurationszeit mit deren vorherrschendem Gefühl der Vergeblichkeit und der Stagnation überschritten. Die Hoffnung auf Erfüllung der Liebe jenseits der Zeit und auf das Wahrwerden revolutionärer Geschichtsvisionen in einer die Reaktion auslöschenden Zukunft weicht dem Grauen vor dem Tod als dem endgültigen zeitlichen Schicksal. Bildete für die Romantik das Phantastische nur den Anstoß, um über dessen Schrecken hinauszugelangen, so spiegelt sich für den restaurativ eingestellten Autor in ihm der wahre, unaufhebbare Weltzustand. Die übermächtige Gegenwart verdrängt die Ahnung, die Angst die Hoffnung auf ein dem dunklen Schicksal entzogenes Glück.

4. Resignation und Angst

In der eigentlichen Restaurationsphase zwischen 1820 und 1848 entstehen einige der bedeutendsten phantastischen Balladen des 19. Jahrhunderts. Einen spätromantischen Nachklang bildet Heinrich Heines Ballade „Belsatzar" (1822). Im Stil und in der Intention weist sie zurück auf die Handlungsmuster aggressiver Phantastik. Noch einmal wird ein phantastisches Rachegericht über den von der Machthybris befallenen König beschworen. Das von Geisterhand geschriebene Menetekel verhängt den Tod über den, der die Rechte und die Würde der anderen mißachtet. Erneut wird auch hier phantastischer Stil als literarische Kompensation für versagtes revolutionäres Handeln eingesetzt, allerdings, und das ist ein nicht zu übersehender Unterschied, spricht das phantastische Ereignis lediglich das Urteil. Vollstrecken müssen es die Knechte, die jedoch gar nicht anders können. Die symbolische Destruktion des Untragbaren und Unmenschlichen soll die Bedingungen einer künftigen menschlichen Gesellschaft antizipieren.

Dies gilt ebenso noch für die etwas später entstandenen phantastischen Balladen „Ein Schloß in Böhmen" (um 1830) von Anastasius Grün und „Die versunkene Burg" (1831) von Adelbert von

Chamisso. In Grüns Ballade versucht ein junger Ritter, das verfallene Schloß seiner Väter wiederzuerrichten, aber, was er auch unternimmt, am Morgen liegt das Neuerbaute immer wieder in Trümmern. Verantwortlich für die Zerstörung sind drei riesenhafte, phantastische Gestalten, die dem ritterlichen Bauherrn die Lehre erteilen, nichts wieder zum Leben zu erwecken, was endgültig dem Tode verfallen ist. Im phantastischen Sinnbild wird die nachrevolutionäre Restaurierung adliger Macht, im Schloß steinerner Ausdruck geworden, als unzeitgemäß und reaktionär disqualifiziert. Die drei unheimlichen Gestalten, gigantische Wächter über Vergangenheit, Gegenwart und Zukunft, repräsentieren das Wunschdenken des politisch entmachteten Bürgertums.

So sprachen sie; abschütteln dabei
Ihr dürres Laub die Äste!
Die blanken Äxte schwingen die Drei,
Da bekreuzen sich Fromm die Gäste;
Ein mächtiger Schlag, ein donnernder Knall,
Ein Staubgewölk, ein dröhnender Fall!
In Trümmern liegt die Veste.

Auch in Chamissos Ballade „Die versunkene Burg“ wird die Stätte adliger Machtausübung durch phantastische Einwirkungen in Schutt und Asche gelegt. Drei Raubritter, pejorative Verkörperungen der drei Machtträger der reaktionären Heiligen Allianz, terrorisieren das Land und plündern es aus. Auf dem Höhepunkt ihres verbrecherischen Handelns aber rollt plötzlich der Donner, der Felsen kracht und wankt und die Erde tut sich auf, die Burg zusammen mit ihren räuberischen Herren zu verschlingen. Wiederum muß in phantastischer Inszenierung die verderbliche Macht liquidiert werden, weil ein realhistorischer Umsturz an der Ohnmacht der Unterdrückten scheitern müßte.

Doch der von phantastischer Aggression bestimmte Balladentypus trat in der Folgezeit mehr und mehr zurück. Die Hoffnungen und Visionen, von den Dichtern beschworen, waren längst unglaubwürdig geworden. Drückend legte sich die Stickluft der Restauration auf die Gemüter, Resignation und Angst auslösend in einer Zeit, in der die Vergangenheit die Zukunft usurpiert hatte.

In Eduard Mörikes berühmter Ballade „Die Geister am Mummelsee“ (1828), entstanden im Kontext des „Orplid“-Mythos, schlägt sich die tiefe Resignation angesichts der restaurativen Lebensverhältnisse im Rahmen einer phantastischen Szene in morbider Sehnsucht nieder. Immer wieder wiederholt sich zur Mitternacht vor den Augen des Betrachters das unheimlich schöne und faszinierende Totengeleit des letzten Königs von Orplid, ein vor allem von Mörike entworfenes Zauberreich träumerischer Lebenserfüllung. Ausgeträumt scheint jedoch der schöne Traum, und Tod und Beisetzung in dem verheißungsvoll grünspiegelnden See würden Entlastung vom Druck eines sinnlos gewordenen Lebens und endgültige Befreiung bedeuten. Von der verlockenden, gespenstischen Szene mit der rätselhaten, glänzenden Frau am Sarge des Königs geht eine unheimliche Faszination aus:

Jetzt öffnet der See das grünspiegelnde Tor;
Gib acht, nun tauchen sie nieder!
Es schwankt eine lebende Treppe hervor,
Und - drunten summen die Lieder.

Ergriffen von dem nekromantischen Zauber ist der Betrachter selbst, der am Ende nur mit knapper Not den Geistern zu entkommen scheint. Im Grunde aber läßt der Schluß sein Entkommen offen, da er sich kaum loszureißen vermag von der düster schönen, fast erotischen Verlockung, einzutauchen in das ewige Vergessen. Auf eine perspektivelose Zeit reagiert die Ballade mit einer phantastisch inszenierten Todessehnsucht, die von den imaginativ geschauten Gestalten auf den Schauenden selbst übergeht. Fließend werden die Grenzen zwischen dem Wirklichen und dem Phantastischen, dem sich zum Tode neigenden Leben und dem ins Leben hineinragenden Tod, dem man sich lebensmüde zu ergeben bereit ist. In phantastischer Vision senken sich die Schleier des Todes über eine verdämmernde Welt.

Außerhalb des Orplid-Mythos prägen sich in Mörikes Ballade „Der Feuerreiter“ markant phantastische Züge aus. In dem gespenstischen Feuerdämon mit der roten Mütze, dem bonnet rouge der Jakobiner, verkörpern sich die Kräfte des politischen Radikalismus der Zeit. Sein besessener Kampf gegen die elementare Gewalt, in der sich das Übermächtige, die als naturgegeben erlebte Staatsgewalt spiegelt, ist zum Scheitern verurteilt. Am Schluß ist der Feuerreiter nur noch ein zu Asche zerfallendes Gespenst, mit dem der Radikalismus, phantastisch verfremdet, zu Grabe getragen wird. Phantastischer Stil wird zum Ausdruck einer tiefen politischen Resignation.

Nikolaus Lenaus phantastische Balladen formulieren den Tod, fern aller ästhetischen Verklärung, als das sinnlose Ende eines nicht minder sinnlosen Lebens. Die 1832 entstandene Ballade „Der Raubschütz“ läßt den von Förster erschossenen Wilderer noch einmal wiederkehren und ihn wie unter unwiderstehlichem Zwang das Wildern fortsetzen. Zwischen den Welten diesseits wie jenseits des Todes gibt es offenbar keine Unterschiede. Hier wie dort herrschen die gleichen Handlungsmuster. Noch der Gestorbene muß endlos wiederholen, woran der Lebende bereits gescheitert ist. Im Kreis dreht sich menschliches Dasein, ohne Sinn und Ziel. Zum Schluß stellt der über Zeit und Tod nachgrübelnde Müller dem Raubschütz die entscheidende Frage:

Der kühn gewordne Müller fragt:
„Was ists in jener Welt?“
Da murmelt trüben Angesichts
Der Jägersmann: „Es ist halt nichts!“

Endgültig aufgegeben ist die romantische Sehnsucht nach einer Erfüllung im Unendlichen. Allzu konturlos und vage, sind die Träume von einer fernen Welt zu Grabe getragen. Die Trostlosigkeit der Zeit hat auch die Dichter aus den letzten, verzweifelt imaginierten Paradiesen verstoßen. Auf die Leere im Alltag antwortet das Nichts, die leere Transzendenz. Alleingelassen mit seinen Enttäuschungen und Ängsten, verabschiedet der Mensch letztendlich den in der Not beschworenen Gott als eine Ausgeburt bodenloser Verzweiflung. Das phantastische Motiv des Wiedergängers wird zum Medium einer bitteren letzten Wahrheit, die keinen Zweifel mehr zuläßt. Phantastik, alle Spekulationen abschneidend, avanciert zur unumstößlichen Erkenntnis eines ebenso sinn- wie heillosen Daseins.

Die vier Jahre später entstandene Ballade „Der traurige Mönch" (1836) nimmt das Thema noch einmal auf und radikalisiert es zugleich. Der Reiter dort bewegt sich von vornherein in einer Grenzsituation jenseits von Schutz und Geborgenheit. Überall begegnet ihm Verfallenes. Der Turm, Fluchtort vor dem Unwetter, ist nur noch Ruine. Längst gestorben sind die einstigen Bewohner. Für den Schutzsuchenden erweist er sich in tragischer Ironie als Sackgasse, aus der er innerlich nicht mehr herausfindet. Unendliches Leid und radikale Untergangsstimmung verbinden sich in der gespenstischen Erscheinung des Mönchs:

Der Mönch hat sich vor ihn gestellt,
So klagend still, so schaurig,
Als weine stumm aus ihm die Welt,
So traurig, o wie traurig!
Der Wandrer schaut ihn unverwandt
Und wird von Mitleid übermannt

Der große und geheime Schmerz,
Der die Natur durchzittert,
Den ahnen mag ein blutend Herz,
Den die Verzweiflung wittert,
Doch nicht erreicht - der Schmerz erscheint
Im Aug des Mönchs, der Reiter weint.

Im Mönch verkörpern sich universales Sterben und universale Trauer. Am Rande des Lebens, am Ende aller Wege und Wanderungen, erfährt der Mensch die tödliche Wahrheit seines Daseins, die Vergeblichkeit aller Jenseitshoffnung. Zum erbärmlichen Gespenst heruntergekommen ist der Vertreter der Geistlichkeit. Der Glaube zerinnt zur phantastischen Illusion.

Der letzten Hoffnung beraubt, den sicheren ausweglosen Verfall vor Augen, reitet der Reiter am nächsten Morgen willenlos in den See. Was sich anfangs vor ihm aufgetürmt hatte, wies nicht hinauf in den Himmel, sondern hinab in den Abgrund, aus dem es kein Auferstehen geben wird. Das phantastische Ereignis widerlegt die metaphysische Spekulation. Jenseits des Lebens beginnt nicht die Ewigkeit der Erlösung, sondern das ewige Schweigen.

Der romantische Wanderer, der im Reiter noch einmal auferstanden scheint, setzt seinen Wanderungen ein gewaltsames Ende, nachdem sich alle Horizonte geschlossen haben.

Der verengte, beschädigte Mensch steht im Zentrum der phantastischen Balladendichtung von Annette von Droste -Hülshoff. Mit ihr erreichen das Genre und die literarische Phantastik einen Höhepunkt im 19. Jahrhundert. Der verängstigte Knabe, bewußt ist ein Kind als zentrale Gestalt gewählt, der in dem balladischen Heidebild „Der Knabe im Moor“ (1841) durch das als unheimlich erlebte, trügerisch grundlose Moor stürzt, bedrängt von vorgestellten gespenstischen Erscheinungen, verkörpert in restaurativer Zeit die Situation des Menschen, dem eine persönliche Entwicklung versagt ist. Seine Jugend ist ohne Perspektiven, und sein Weg führt ihn am Ende nicht in die Weite, sondern in die Enge des Hauses, Fluchtort im Bewußtsein einer bedrohlichen, das Individuum verängstigenden und verdrängenden Außenwelt.

Unheimlich bevölkert mit gespenstischen, kriminalisierten Wiedergängern, ist der Raum außerhalb des Hauses dem einzelnen verschlossen. Eine Welt aber, aus der der Mensch verdrängt ist, verzerrt sich ins Phantastische. In den Gespenstern und Wiedergängern stehen die namenlosen Ängste derer auf, die sich in die Enge zurückgestoßen sehen. Angst hat stets zu tun mit der Verengung der Horizonte und der Lebenräume, mit der Beschneidung von Mobilität und der Verhinderung von Wachstum und Entfaltung. Die unheimlichen Wiedergänger, Projektionen des durch das soziale Umfeld verstellten kindlichen Bewußtseins, verkörpern jeder auf seine Weise öffentlich verfemtes Handeln. Ihre eindeutige Kriminalisierung diffamiert dabei alles, was die öffentlich gesetzten Normen mißachtet. Charakteristisch für die Unversöhnlichkeit einer normativ erstarrten Gesellschaft sind die gnadenlose Verbannung der Normverletzer ins Moor und ihre abschreckende Mystifizierung in der Überlieferung. Im Spiegel seiner Geschichten, seiner Vorstellungen und seines Aberglaubens offenbart sich der verengte Mensch unter dem Druck von Herrschaft. „Der Knabe im Moor“ ist ein Psychogramm des durch autoritäre Strukturen beschädigten Individuums, das, heimgesucht von Verletzungsängsten, sich schon früh in das Getto der Häuslichkeit und der Innerlichkeit abgedrängt sieht.

Die Ballade „Das Fräulein von Rodenschild“ (1841) endet mit einer sichtbaren körperlichen Beschädigung. In der Osternacht sieht sich ein adeliges Fräulein plötzlich mit seiner Doppelgängerin konfrontiert. Am Fenster stehend, auf der Schwelle zum Frühling von einer irritierenden sinnlichen Erregung erfaßt, erlebt das Fräulein die andere draußen wie eine blendende Erscheinung in freizügiger, völlig gelöster Bewegung. Im phantastischen Motiv der Doppelgängerin spiegelt sich die Unvereinbarkeit kollektiver Normerwartungen mit der sich im einzelnen regenden naturhaft-sinnlichen Lebenslust.

O weh meine Augen! bin ich verrückt?
Was gleitet entlang das Treppengeländ?
Hab' ich nicht so aus dem Spiegel geblickt?
Das sind meine Glieder, - welch ein Geblend'!
Nun hebt es die Hände, wie Zwirnes Flocken,
Das ist mein Strich über Stirn und Locken! -
Weh, bin ich toll, oder nahet mein End'!

Angst erfaßt das Fräulein am Fenster, Angst vor der Entdeckung des als schuldhaft erlebten Verlangens. Das, was man aus dem Bewußtsein verdrängt zu haben schien, die sinnliche Natur des Menschen, taucht plötzlich wieder im bürgerlichen Alltag auf und ruft in ihrer blendenden, faszinierenden Schönheit Irritationen hervor. Beim Hausgesinde löst der freizügige Auftritt der gespenstischen Doppelgängerin von vornherein eine sittliche Reaktion aus. Streng wird die Trennung der Geschlechter eingehalten, als Wacht stellt sich die Zofe vor die Mädchen. Die Doppelgängerin ist für das Fräulein die Gestalt gewordene Scham über die Aufruhr der Sinne, auf sie wird das unbehagliche Gefühl, bloßgestellt zu sein, projiziert.

Nur dann kann das Fräulein zu einer überlebensfähigen, öffentlich akzeptierten Identität zurückfinden, wenn es die verfemten heimlichen erotischen Wünsche bezwingt, wenn es die Doppelgängerin zu stellen und auszulöschen vermag. Den Höhepunkt bildet die unmittelbare Begegnung. Wie eine Abschiedsgeste wirkt die Handreichung. Das Schemen löst sich auf und zugleich mit seinem Verschwinden ist die erotische Versuchung in die Latenz abgedrängt.

Am Schluß steht die gelungene Sublimierung. Im Tanz scheinen die zwischengeschlechtlichen Beziehungen einer hinreichenden gesellschaftlichen Kontrolle unterworfen. Aber die gelungene Abwehr der offenbar nicht geduldeten Wünsche ist nicht spurlos an dem Fräulein vorübergegangen. Die als Folge der phantastischen Begegnung gelähmte rechte Hand, das eigentliche Handlungsorgan, verweist verräterisch auf die Verkümmerung von Leben und die Einschränkung der Handlungsfreiheit. Mit dem Verzicht auf erotische Wunscherfüllung ist zugleich ein Stück des lebendigen Menschen abgestorben. Die soziale Integration des nach Schutz und Geborgenheit verlangenden Subjekts in der Restaurationsgesellschft wird nur gewährt um den Preis der vollen vitalen Existenz.

Wenige Jahre vor der bürgerlichen Revolution von 1848 greift Ferdinand Freiligrath noch einmal die phantastische Ballade als Appell zur politischen Erneuerung auf. Bezeichnend aber ist, daß von der phantastischen Erscheinung im Unterschied zu Uhland, Kerner und Heine nicht länger eine unmittelbare Aggression ausgeht. Die spukende aus der Sage bekannte Gräfin von Orlamünde tritt in der Ballade „Die weiße Frau“ (1844) an das Bett des schlafenden Preußenkönigs, ihn zu mahnen, den Schrei des Volkes nach Recht und Freiheit nicht zu überhören. Der Kindsmord, den die sagenhafte Gräfin begangen hat, wird verglichen mit dem Abwürgen des Vertrauens, das das Volk dem König immer noch entgegenbringt. Angesprochen sind hier sowohl der König als auch das Volk, dessen demokratische Ansprüche in der weißen Frau Gestalt gewinnen. Die phantastische Figur aber vermag nur zu mahnen, entscheidendes Eingreifen in den Geschichtsverlauf ist ihr versagt. In einer nüchterner und realistischer gewordenen Welt lassen sich im phantastischen Stil allein noch die Wünsche und Ideen der notwendigen gesellschaftlich-geschichtlichen Erneuerungen abbilden. Zu erfüllen und zu realisieren aber vermögen sie nur die, die die Macht dazu in Händen halten.

Eine Sonderstellung innerhalb der Entwicklung der phantastischen Ballade nimmt Heinrich Heine ein, zumal sein „Belsatzar“ mit seiner unmittelbar aggressive Akte entfesselnden Phantastik eine Ausnahme blieb. In dem kleinen epischen Gedicht „Die Fensterschau", ebenfalls aus dem „Buch der Lieder" (1827), kündigt sich bereits ein deutlicher Wandel in der Rezeption des Genres an. Das gespenstisch bleiche Aussehen der Liebenden ist lediglich Symptom der intensiv erlebten Sehnsucht nach körperlicher Vereinigung, die dann in der Gespensterstunde stattfindet:

Bald aber lag sie in Heinrichs Arm,
Allnächtlich zur Zeit der Gespenster.

Gespensterhaftes und Phantastisches erscheinen in parodistischer Perspektive als ebenso exaltiert wie lebensfremd. Angesichts natürlicher, lebensnaher Erfüllung wirken sie nur noch lächerlich.

Parodistisch behandelt Heine auch das sich gelegentlich phantastischer Motivik bedienende politische Gedicht. Zur Veranschaulichung der rückwärts gewandten politischen Ideale seiner Zeit aktualisiert Heine in der Sonettballade „Die Nacht auf dem Drachenfels" (1822) das Repertoire der Geister- und Ritterballade, indem er fliegende Nebelfrauen, Burggeister und düstere Ritterschatten, untermalt von Klirren, Rasseln und dem Gekrächz der Eule, in augenzwinkernd unheimlicher Inszenierung vorführt. Die einzigen konkreten Folgen des reaktionären, deutschtümelnden Feierrituals auf dem Drachenfels sind Husten und Schnupfen nach einer durchwachten, kalten Nacht.

Entlarvend ist die makaber schwüle Szene in der Ballade „Die Beschwörung" (1844), wo ein junger Franziskaner, der schwarzen Magie ergeben, die Leiche der schönsten Frau herbeiwünscht. Doch die schmerzlich seufzende Tote und der Mönch vermögen sich nur wortlos anzustarren. Ernüchtert sieht sich der Beschwörer mit der sinnlichen Sterilität seines eigenen, asketisch leblosen Daseins konfrontiert, in dem alles Schöne längst abgestorben ist.

Eine differenzierte Weiterentwicklung der Gattungsparodie gelingt Heine mit den beiden Balladen „Maria Antoinette" und „Himmelsbräute", beide aus dem „Romanzero" (1851). Kritische Originalität gewinnt die erstgenannte Ballade durch die Parallelisierung der vorrevolutionären und der restaurativen Geschichtsphasen. Vergangenes ragt in die Geschichtsgegenwart hinein, durchdringt und überlagert sie und läßt das, was ist, als unzeitgemäß erscheinen. In groteskem Widerspruch zum hellen Tag und zum Sonnenschein steht das gespenstische Treiben im Innern des Schlosses. Von den Wiedergängern des ancien régime geht eine tödlich lähmende Wirkung aus. Bedrückende Anschaulichkeit gewinnt die restaurative Lebenssituation in den Bildern abgelebter Gespenster, die am hellichten Tage ihr Unwesen treiben. Beißender Spott trifft den reaktionären Unfug in der grotesken Darstellung der kopflosen Wiedergänger:

Doch sonderbar! Es dünkt mich schier,
Als hätten die armen Geschöpfe
Gar nicht bemerkt, wie tot sie sind
Und daß sie verloren die Köpfe.

Ein leeres Gespreize, ganz wie sonst,
Ein abgeschmacktes Scherwenzen -
Possierlich sind und schauderhaft
Die kopflosen Referenzen.

In der Kopflosigkeit spiegelt sich die Hirn- und Geistlosigkeit des abgetakelten Adels vor 1789 wie nach 1815. Der Betrachter aber weidet sich an dem makabren Spaß, ohne Hoffnung zu wecken auf eine Erneuerung des öffentlichen Lebens. Geschichte und Politik sind offenbar nur noch in phantastischer Inszenierung darzustellen. Zwar ist es möglich, das reaktionäre Unwesen literarisch bloßzustellen, politisch beizukommen ist ihm jedoch nicht. Phantastisches erscheint bei Heine als das Lebenswidrige und Leblose schlechthin, die den Anspruch auf eine konkrete Existenz, auf Genuß und Glück in der Freiheit ständig fatal durchkreuzen.

Witzig attackiert er wiederholt die sinnlose christliche Entsagungsdoktrin. Die gespenstisch wiedergehenden Nonnen in der phantastischen Ballade „Himmelsbräute“ klagen sich an, ihrem Heiland, der einstmals die Dornenkrone getragen habe, ein Hirschgeweih aufgesetzt zu haben, so daß er ihnen als vergeltungssüchtiger Hahnrei nun den Eingang ins Himmelreich verwehre. Doch ihr Abschwören der Weltlust wirkt nur halbherzig. Genüßlich erinnern sie sich immer noch an die verführerischen Details ihrer Liebhaber, an deren glänzende Schnurrbärte und reizende Uniformen. Ins Himmelreich möchten die Nonnen nicht in erster Linie wegen der beglückenden Gottesnähe, sondern vor allem, weil die Wärme dort, der Kälte des Grabes vorzuziehen ist.

Grabentstiegner Spuk der Nacht,
Müssen büßend wir nunmehre
Irre gehn in diesen Mauern -
Miserere! Miserere!

Ach, im Grabe ist es gut,
Ob es gleich viel besser wäre
In dem warmen Himmelreiche -
Miserere! Miserere!

Süßer Jesus, o vergib
Endlich uns die Schuld, die schwere,
Schließ uns auf den warmen Himmel -
Miserere! Miserere!

Heines phantastische Balladendichtung markiert in parodistischer Verarbeitung der einschlägigen Motive das vorläufige Ende eines Genres, das der aufkommenden realistischen Orientierung nicht mehr gerecht zu werden schien. Phantastik, so wie sie Heine versteht, ist das, was einer menschlich erfüllten Wirklichkeit und einem konkreten, immanenten Dasein entgegensteht.

5. Die Fatalität des Lebens

Spätestens nach der gescheiterten bürgerlichen Revolution von 1848 ebbten das Interesse an der Politik und das Engagement für eine gesellschaftliche Erneuerung merklich ab. Enttäuscht von der öffentlichen Entwicklung, transzendenten Spekulationen entsagend, wandte man sich dem Menschen und seinen konkreten Lebensbedingungen zu. Zentral war die Frage nach Lebensmöglichkeiten in einem enger gewordenen Raum und darin einbeschlossen die nüchterne Gewißheit der eigenzerstörerischen Kräfte im Menschen selbst.

Skeptisch idealen Entwürfen gegenüber, begann man, sich den realen Verwicklungen und Verstrickungen zu stellen, sie auszusprechen, statt sie mit Blick auf hochfliegende Ideale zu verdrängen. Aus der Auseinandersetzung mit den dunklen, destruktiven Energien im Menschen, mit seinem Streben, die ihm gezogenen Grenzen zu überschreiten und sich im Chaotischen zu verlieren, erwuchsen aber auch neue Möglichkeiten des phantastischen Gestaltens.

Was bereits bei Goethe anklang, der dämonische Aspekt des Bewußtseins, erfuhr bei den Autoren in der Phase des Realismus eine schonungslos ungeschminkte Darstellung, die sich auch in einer Reihe phantastischer Balladen der Zeit ausprägte. Thematisiert wurde die Fatalität eines Lebens, das den Keim seiner Zerstörung in sich selbst trägt. An die Stelle des zur idealen Vollendung berufenen Menschen trat der Mensch mit seinen zerstörerischen Neigungen und seiner Selbstüberschätzung, der er allein durch willentliche Entsagung Herr zu werden imstande wäre. Im Vordergrund stand die ganz und gar unvollkommene und unzulängliche Menschennatur ohne das geringste Talent, sich ideal zu profilieren.

Züge der phantastischen Ballade im Realismus zeigen sich zuerst in einigen Stücken Friedrich Hebbels. Die 1843 entstandene Ballade „S'ist Mitternacht“ gestaltet eine dramatische Szene, in der ein Schlafender, heimgesucht von einem bösen, aggressiven Traum, einen Wachenden, der ihn wachrütteln will, mit dem Messer bedroht und ihn schließlich ersticht, ohne daß er aufwacht. Tief aus dem Unterbewußten, aus der Zone ungezügelter, scheinbar grundloser Aggression steigt der zerstörerische Trieb auf, besitzergreifend von dem schrecklich Träumenden, der zum Mörder wird.

Erschütternd ist das Willkürliche, gänzlich Unmotivierte der Tat, ein Akt purer Destruktion, durch nichts anderes begründet als durch die im Menschen lauernden Vernichtungskräfte, die sich bei vermindertem Bewußtsein wahllos ihre Opfer suchen. Latente Gewaltbereitschaft entstellt das Gesicht des Menschen und verzerrt es zur bestialischen Fratze. Tief hinein leuchtet die Phantastik in die menschlichen Abgründe und stellt in der absurden Zerstörungstat das humane Profil des Menschen in Frage. Unter Verzicht auf das herkömmliche, phantastische Motivrepertoire entwickelt

Hebbel das Grauen aus dem außer Kontrolle geratenen, archaisch triebhaften Potential der menschlichen Psyche. Richten sich in Goethes „Erlkönig“ die aus dem Unbewußten aufsteigenden Obsessionen noch gegen den Besessenen selbst, so wird hier der von blinder Aggressivität Besessene zum Mörder seines Mitmenschen.

Die später entstandene Ballade „Der Zauberhain“ (1859) kreist ähnlich wie der „Erlkönig“ um selbstzerstörerische Obsessionen. Ein junger Ritter dringt trotz der wiederholten Warnungen des lebensweisen Betrachters und Erzählers in eine verwunschene Region ein, pflückt dort in verderblicher Faszination die schwarze Rose, lauscht dem entzückenden Gesang des bunten Vogels und fällt am Ende dem betörend schönen Trugbild der Hexe zum Opfer. Was als märchenhafte Verheißung erscheint, bringt nicht die Erfüllung der höchsten Wünsche, sondern den Tod.

Vom Leben geht ein tödlicher Zauber aus, sofern man, die Grenzen mißachtend, seinem hemmungslosen Verlangen nach Schönheit und Glück folgt. Auf dem Höhepunkt schlägt die greifbar nahe Erfüllung in die bitterste Enttäuschung um und läßt den grenzenlos Verlangenden ins Bodenlose abstürzen. Jenseits der Selbstbeschränkung und der Grenzen des engen, vertrauten Daseins liegen Gefährdung und Grauen.

Doch er kann sich nicht bezwingen,
Und nun ists um ihn geschehen,
Denn er wird das Höllenbildnis
Immer schöner werden sehen.

Spei sie an, und dein Entzücken
Wandelt sich in Haß und Grauen,
Denn sie schrumpft vor dir zusammen,
Und du kannst sie niederhauen!

Doch zu spät! Die Blätter fallen
Schon mit Macht, um ihn zu decken,
Denn der Zweite kommt gezogen,
Und ein Toter könnt ihn schrecken!

Der ernüchterte Bürger um die Jahrhundertmitte hat gelernt, hochfliegenden Wünschen zu entsagen und sich zu bescheiden, mit dem, was ihm geblieben ist. Verboten sind die Wünsche nach leidenschaftlicher Lebenserfüllung und nach dem selbstvergessenen Eintauchen in das Schöne um seiner selbst willen. Diffamiert zur Hexe sind die begehrenswerte Frau und die Verlockungen der Erotik jenseits des bürgerlichen Alltags. Phantastisch verfremdet und Verderben bringend ist alles, was den Bürger im Kreis seiner Pflichten irre machen und ihn zum Ausbruch verleiten könnte. Die phantastische Ballade entwirft das Schreckbild des Menschen, der sich seinen verborgensten Antrieben hemmungslos überläßt.

Bereits einige Jahre vor Hebbel hatte Theodor Storm die phantastische Ballade als Ausdruck des unbedingten Verlangens gestaltet, das die eng gezogenen Grenzen des bürgerlichen Alltags nicht akzeptieren will. Allerdings richtet sich nun die Kritik weniger gegen das Verlangen selbst, als gegen das soziale Umfeld, in dem es sich nicht erfüllen kann. Im Zentrum der Stormschen „Walpurgisnacht" (1837) steht das von ihrem Geliebten verlassene Mädchen am Kreuzweg, wo die Wirklichkeit und das phantastische Reich der Geister aufeinanderprallen. Auf die klagende Anrufung des Mädchens erscheinen das wilde Heer der Hexen und schließlich der teuflische Meister selbst.

Den vertrauten Erwartungen zuwiderlaufend, erweist sich der Teufel als ebenso faszinierender wie anhänglicher Liebhaber. Nicht im bürgerlichen Alltag, sondern im phantastischen Reich der Geister findet die Erfüllung statt. In der Walpurgisnacht, auf der Schwelle zum Frühling, wird der Aufbruch des Menschen aus dem Unbehagen in einer freudlos domestizierten Welt ahnbar. Der einzelne tritt heraus aus seinen einschränkenden Lebenszusammenhängen und erlebt, indem er sich ganz dem andern, dem Tabuierten verschreibt, die Erfüllung seiner sinnlichen Natur, der er nicht entgehen kann und will. Verräterisch ist aber auch hier, daß zunächst die Grenzen der Bürgerlichkeit überschritten werden müssen, um sich sinnlich ganz ausleben zu können. Auf den ersten Blick scheint Storm die Sicht der Gesellschaft zu teilen, die das Erotische verteufelt, dann allerdings, in einer ironischen Wendung, läßt er die, die verteufeln, in einem fragwürdigen Licht erscheinen, während er den Teufel selbst beinahe liebevoll porträtiert.

Abb. 2
Johann Heinrich Füssli: Die drei Hexen (1782/83).
Kunsthaus Zürich

Der Nachtwind peitscht die tolle Schar
Im Kreis um die weinende Dirne,
Da packt sie der Meister am goldenen Haar
Und schwingt sie im sausenden Reigen,
Und wie im Zwielicht der Auerhahn schreit,
Da hat der Teufel die Dirne gefreit
Und hat sie nimmer gelassen.

Vergleichbar behandelt Storm die gleiche Thematik in der „Tannkönig“-Ballade aus dem Jahr 1843. In der titelgebenden Gestalt verkörpert sich die mythische Kraft des Eros, die es in dem noch schlummernden Mädchen in der Waldhütte zu erwecken gilt, um es über die Enge des eigenen Lebensraums hinauszuführen und es teilhaben zu lassen an der Weite naturhafter Entfaltung. Aber die Erweckung scheitert an dem ängstlichen Festhalten des Mädchens an den Autoritäten seines sittlich strengen Umfelds. Befangen in ihnen, ist ihm die allem Anschein nach unchristliche Welt des Tannkönigs unheimlich. Sittlich-religiöse Beschränkung und sinnlich-naturhafte Erweiterung schließen einander aus. Was auf den ersten Blick phantastisch erscheint, die mythische Figur des Tannkönigs, repräsentiert das eigentlich Wirkliche, umfassender als das beschränkte bürgerliche Leben, das den Anspruch erhebt, das eigentlich wirkliche zu sein. Mit Storms Balladendichtung endet zunächst die spannungsgeladene Verknüpfung von Erotik und Phantastik. Die realistische Ballade, soweit sie sich phantastischer Elemente bedient, wendet sich allgemeiner dem zerstörerischen Handeln des Menschen durch ungezügelte Aggression und Selbstüberschätzung zu.

Im Rahmen der Geschichtsballade beschwört Conrad Ferdinand Meyer in „König Etzels Schwert“ (1864) die furchtbaren Folgen entfesselter Gewalt. Trotz eindringlicher Warnungen, die „tote Welt“ erneut zum Leben zu erwecken, wählt ein Ritter das Schwert Etzels, des Hunnenkönigs. Unersättlich, in scheinbar mörderischer Selbsttätigkeit, der der Ritter keinen Einhalt zu gebieten vermag, metzelt es die Feinde in einer Schlacht aus reiner Lust am Morden nieder, bis der Ritter selbst dem von grauenvollen Leben erfüllten Schwert zum Opfer fällt.

„Laß ab!“ Es zuckt in grauser Lust,
Der Ritter stürzt mit seinem Pferd,
Und jubelnd sticht ihm durch die Brust
Des Hunnen unersättlich Schwert.

Was man als Schauerballade mißverstehen könnte, ist die Darstellung der real existierenden, latenten Aggression im Menschen, dem am Ende jegliche Kontrolle entgleitet. Nur durch die Schwertwahl des Ritters wider alle Vernunft konnte das Eigenleben des fatalen Requisits entbunden werden, nur in seiner Hand erwacht das Schwert aufs neue zur Grauen und Tod verbreitenden Lebendigkeit. Auslösend ist nicht das Instrument, sondern der Mensch selbst, überwältigt von der Aussicht auf die allen anderen überlegene Gewalt in seinen Händen. Sein eigenes ungezügeltes Aggressionspotential ist verantwortlich für das folgende blutige Geschehen, dem er schließlich erliegt.

Wer die Gewalt entfesselt, kommt in ihr um. Phantastisch ist der zügellose, sich an seinen anarchischen Trieb versklavende Mensch, der die Welt in einen Schrecken ohne Ende stürzt. Im Jahr des preußisch-dänischen Kriegs erschienen, dem weitere Schlachten bis zum Triumph des deutschen Nationalgedankens folgen sollten, ist Meyers Ballade ein ebenso hellsichtiges wie folgenloses Menetekel, sofern man es als ein Warnzeichen auffaßt. Anscheinend unausrottbar und unkontrollierbar ist die Gewaltbereitschaft des Menschen. Dies ist die realistische Erkenntnis aus der phantastisch verfremdeten balladischen Situation.

Neben einer kriegerisch-aggressiven Geschichte in der zweiten Jahrhunderthälfte war es vor allem die industrielle Revolution, die im Menschen gefährliche, sich selbst und seine Welt bedrohende Energien entband. Der technische Fortschritt schien alle Grenzen niederzureißen und die Allmacht des Menschen zu offenbaren. Aus solch menschlicher Selbstüberschätzung entwickelte Theodor Fontane 1880 seine Ballade „Die Brück' am Tay". Den authentischen Hintergrund bildete ein verheerendes Eisenbahnunglück im Jahr zuvor in Schottland. Elementare, in den aus Shakespeares „Macbeth" entlehnten Hexen verkörperte Kräfte lassen die Eisenbahnbrücke einstürzen und reißen den Zug in die Tiefe:

> „Hei!
> Wie Splitter brach das Gebälk entzwei."
> „Tand, Tand
> Ist das Gebilde von Menschenhand."

Phantastisch scheinen die destruktiven Energien, die sich der konstruktiven Rationalität des Menschen entziehen und aller Träume von technischer Perfektion und Allmacht spotten. Die Versuche des Menschen, seine Welt zu beherrschen, sind letztendlich zum Scheitern verurteilt. Bezeichnend ist aber auch hier, daß erst das selbstüberschätzende Allmachtstreben des Menschen die destruktiven Kräfte auf den Plan ruft.

Phantastisch wird die Welt, wenn der Mensch die Grenzen, die ihm die Natur setzt, überschreitet und versucht, sich zum Herrn über das elementare Gefüge seines Lebensraums aufzuschwingen. Wie Meyers Warnung vor dem latenten Aggressionspotential so ist auch Fontanes Warnung vor der unbegrenzten technologischen Innovation folgenlos geblieben. Immer wieder droht der gewaltbereite, von seinen Ideen und Visionen besessene Mensch seine Welt in ein phantastisches Chaos zu stürzen.

Einen Nachklang der realistischen Ballade bildet das Balladenwerk Detlev von Liliencrons, allerdings noch konsequenter auf die Situation konzentriert, auf das Momentane, den eigentlichen Brennpunkt des Erlebens. In der Nachfolge Fontanes steht „Der Blitzzug“ (1903). Hier wie dort geht es um ein verheerendes Eisenbahnunglück, bei Liliencron als jederzeit mögliche technische Panne indes nur vorgestellt. Das Phantastische, weniger zentral als bei Fontane, aber von ebenso durchschlagender Wirkung, tritt nur am Rande entgegen. Von unheilvollen Vorzeichen begleitet ist der in der Dunkelheit dahinrasende Zug:

Fortfortfort Fortfortfort steht an der Kurve
Steht da der Tod mit der Bombe zum Wurfe?
Halthalthalthalthalthalthalthalt ein -
Ein anderer Zug fährt schräg hinein.

Am Ende häufen sich Tote und Trümmer. Ging es bei Fontane um den technischen Größenwahn des Menschen, der das Eingreifen der Elemente herausforderte, so betont Liliencron den Sinnesbetrug des Menschen im Rausch der Geschwindigkeit, die unersättliche Sehnsucht nach unbegrenzter Mobilität, die am Ende tödlich durchkreuzt wird. Als phantastische Drohung bricht der Tod in die Träume der Menschen ein, die rastlos von einem Ziel zum andern unterwegs, ihrem Verhängnis entkommen oder zumindest doch es erfolgreich unterdrücken zu können glauben. Ähnlich wie bei Fontane artikuliert der phantastische Stil bei Liliencron den Einbruch des unbezwinglich Elementaren in eine vom Menschen errichtete Scheinwelt.

In der Ballade „Der Tod“ versucht die von der Jagd besessene Gräfin als Herrin über Leben und Tod sich über ihre eigene, elementare Begrenztheit hinwegzutäuschen. Doch in den Augen eines ihrer Windhunde lauert der Tod selbst, der auch ihr am Ende zum Verhängnis wird. Aus den gebrochenen Augen des verendeten Fängers tritt „ein mager Männchen“ und verbeugt sich hämisch vor der Gräfin, die im Wahnsinn stirbt.

Zu einer unheimlichen Begegnung kommt es in der Ballade „Die Spinnerin von Sanct Peter“. Dem Erzähler scheint die sagenhafte Gestalt in den Dünen, deren Anblick Unglück undTod bringen soll, nur eine Puppe, bis er ihr in einer Sommernacht selbst begegnet:

> Da - entsetzlich! dreht sie langsam,
> Lautlos - ruckweis wie ein Uhrwerk
> Ihre Stirn nach meiner Stirne:
> Grinst mich eine Leiche an?

In einer grauenvollen Momentaufnahme, der grausigen Szene in Hitchcocks „Psycho“ nicht unähnlich, wird der einzelne, unterstrichen durch die einem Uhrwerk vergleichbare ruckartige Bewegung, an die Zeitlichkeit seiner Existenz erinnert, eine Mahnung, die unmittelbar erlebt, im Grauen vor dem unausweichlichen Ende von phantastischer Eindringlichkeit ist.

Tragikomisch ist der Mensch, der glaubt, Herr über das Leben zu sein, während er in Wahrheit nur dessen Opfer ist. In der balladischen Adaption der Golemsage („Der Golem“, 1908) läßt Liliencron den selbstherrlichen Rabbi Löw eines Tages vergessen, seinem Geschöpf den lebensstiftenden Zauberzettel aus dem Mund zu nehmen. Plötzlich entpuppt sich der bisher dienstbare Geist als ein furchterregendes zerstörerisches Monster. Eine Katastrophe ungeahnten Ausmaßes bahnt sich an, bis es dem Rabbi am Ende doch noch gelingt, den Golem zu bezwingen. Die komisch ironischen Untertöne entlarven die Selbstüberschätzung des Erfinders, der zwar noch einmal davonkommt, dessen Erfindung aber den selbstverschuldeten Untergang der eigenen Welt hätte bedeuten können. Phantastisch ist die drohende, nur mit Mühe abgewendete Herrschaft des Produkts über seinen Produzenten.

Nicht noch einmal hat der Rabbi
Einen Golem sich geschnitzelt,
Jede Lust war ihm vergangen:
Allzu klug ist manchmal dumm.

6. Visionen des Verfalls

Die Erstarrung der wilhelminischen Gesellschaft, die sich rasant verselbständigende technische Entwicklung und das Bewußtsein, in einer sich dem Ende zuneigenden geschichtlichen Phase zu leben, verbunden mit der Angst vor kurz bevorstehenden Kriegskatastrophen, führten der literarischen Phantastik neue Impulse zu. Unüberhörbar nahmen insbesondere in den Werken der Expressionisten die Prophetien des Untergangs Gestalt an. Die konsequent gestaltete Wesensschau, das, was der zeitgenösssische Philosoph Husserl die eidetische Reduktion nennt, enthüllte in Abkehr von der Konzentration auf die bloße Oberfläche als den Kern des Lebens die latent wirksame Zerstörung. Literatur entwarf angesichts bedrohlicher Entwicklungen Visionen des Verfalls. Dort, wo die Kräfte des Verfalls, der Auflösung und der Zerstörung ein eigenmächtiges, gespenstisch unheimliches Leben gewinnen, entstehen vereinzelt phantastische Balladen. Der Mensch ist als Handelnder ausgeschaltet. An seine Stelle treten die sich verselbständigenden Verfallsprozesse.

In diesem Sinne wählt Georg Trakl für ein bereits 1909 entstandenes Gedicht den programmatischen Titel „Ballade“. Zwei Personen treten auf, ein Narr und ein Mädchen. In der stummen Szene ist die Rede von drei geheimnisvollen Zeichen, die der Narr in den Sand schrieb, und einem Becher, blutrot und schwer gefüllt. Was jedoch auf den ersten Blick verheißungsvoll beginnt, endet enttäuschend. Zum Schluß, nachdem der Narr den Becher selbst ausgetrunken hat, steht das Mädchen da mit leeren Händen, und der Wind verweht die nicht näher erklärten drei Zeichen. Begleitet wird die Szene von der schwindenden Sonne und dem verlöschenden Licht in der Hand des Mädchens, während das Meer am Anfang und am Ende sein Lied singt, gleichförmig und teilnahmslos.

Das Leben ist nichts anderes als ein leeres Versprechen, gegeben von einem Narren. Vergangenheit, Gegenwart und Zukunft, die drei Stufen der Zeit, verwehen wie der Sand im Wind. Die närrisch sinnlose Zeit leert den Becher des individuellen Lebens, ohne daß der einzelne zu genießen vermag, was er zunächst in Händen zu halten meint. Das Leben des Menschen ist eine närrische Episode am Rande der an seinem Schicksal unbeteiligten, ihn abweisenden Ewigkeit.

Die Ballade erzählt den Mythos von der Sinnlosigkeit der individuellen Existenz, von der Flüchtigkeit und Leere des Menschenlebens. Ins Absurde mündet die mythische Sinndeutung der Wirklichkeit. Der leere Becher, das verlöschende Licht und die verwehten Spuren konfrontieren den einzelnen mit dem Nichts als dem Grund seines Daseins.

Das etwa um die gleiche Zeit wie die programmatische Verfallsballade entstandene Gedicht „Melusine" greift die altfranzösische Sage auf, in der eine schöne Meerfrau einen Adligen heiratet und von diesem in Fischgestalt überrascht, zurück ins Meer muß. Als Trauernde kehrt sie jedoch kurzfristig wieder, um ihre Kinder zu nähren. Melusine kommt in der Sagenüberlieferung der nährenden Mutter Erde gleich, unterstrichen noch durch ihren Bezug zum Wasser und zum Meer. Durch ein schuldhaftes Verhalten der Menschen reißt die Verbindung zum Elementaren jedoch ab. Problematisiert wird vor allem das gefährdete Verhältnis zwischen dem Menschen und seinem natürlichen Urgrund.

Wie Trakl die mythische Sinnstiftung in einem phantastischen Entwurf ins Absurde wendet, so deutet er auch hier die überkommene Sage fundamental um. In einem Dialog stehen sich Mutter und Kind gegenüber. Aber Melusine ist nicht heimgekehrt, ihr Kind im herkömmlichen Sinn zu versorgen. Verräterisch sind die Antworten, die sie geduldig, aber bestimmt gibt. Der Blätterfall zur Nacht, von dem das Kind aus seinem schönen Traum aufgewacht ist, das tränenbleiche Gesicht des Frühlings, der brennende Mund und das Weinen des Kindes, das sich allzu hart angefaßt fühlt, verweisen nicht auf zärtliche, mütterliche Zuwendung und ein Erwachen der Lebensfreude, sondern auf ein trauriges Verhängnis, das in das Leben des Kindes eingetreten ist.

Die Mutter ist nicht gekommen, ihr Kind dem Leben zu erhalten, ihr Erscheinen bedeutet vielmehr Sterben und frühen Tod, euphemistisch umschrieben mit dem Himmel, in den Melusine mit ihrem Kind gehen will. Die große Mutter Erde ist nicht die Lebensstifterin, sondern die Todesbotin, nicht die Wiege, sondern das Grab des Lebens. Am Schluß werden die Augen Melusines weiß wie die einer leblosen Statue. Jäh bricht der Dialog ab.

Da löschten alle Lichter aus
Und tiefe Nacht durchwehte das Haus.

Aus der tragischen Kontrafaktur der Sage, die ursprünglich Partei ergreift für das heranwachsende Leben, das durch die abgerissene Verbindung unverschuldet gefährdet scheint, entwickelt Trakl eine phantastische Sterbeszene. Das Leben, das die Mutter ihrem Kind geschenkt, ist immer schon ein Leben zum Tode, ein schöner Traum, den die Wirklichkeit des Sterbens nach dem Erwachen Lügen straft.

In den Umdeutungen des sinnstiftenden Mythos wie der ursprünglich Leben verheißenden Melusinen-Sage gestaltet Trakl Visionen des Verfalls. Nicht die Entfaltung, sondern der Verfall ist das eigentliche Gesetz des Lebens. Er ist die tiefste Wahrheit des Existierenden, aus der normalen Wahrnehmung verdrängt, daher auch nur in phantastischen Umdeutungen anschaubar. In einer Geschichtsphase, die als Endzeit erlebt wurde, artikulieren sich in der Phantastik die Vernichtungsängste auf der Schwelle zwischen dem Ende der alten und dem Anbruch der neuen, mit tiefen Verunsicherungen erwarteten Zeit.

Die 1913 gedruckte Ballade „Die junge Magd“ rückt den phantastischen Auflösungsprozeß des Menschen ins Zentrum. Von vornherein tritt die Magd als handelndes Subjekt in den Hintergrund. Das unbestimmte Personalpronomen „es“, Details der belebten und unbelebten Natur, eigentümlich verselbständigte Körperteile und Requisiten der täglichen Arbeitswelt verdrängen den Menschen aus der Handlungsmitte. Die Außenwelt gewinnt eine gespenstische Eigenmacht über den einzelnen, dem die Kontrolle über sich und seinen Lebensraum entgleitet und der sich einem unaufhaltsamen Auflösungsprozeß ausgesetzt sieht. In Wendungen wie „Schwebt ihr Antlitz durch den Weiher / Weht ihr Haar in kahlen Zweigen“ ist die Eigenbewegung der Körperteile grotesk gesteigert. Der Mensch scheint in Fragmente zerfallen. Parallel dazu verläuft ein Auseinanderbrechen der Außenorientierung. Die wahrgenommenen Dinge, offenbar außerhalb jeder inneren Ordnung, können nur noch in einem sinnlosen Nebeneinander wahrgenommen werden. Die häufige Verwendung von Passivformen wie „verzaubert“, „umschmeichelt“, „von Schmerz geschüttelt“ und „ermattet von Beschwerde“ verraten das Ausgeliefertsein des Menschen an undurchschaute, anonyme Prozesse.

Hilflos, von einer unerklärlichen Macht getrieben, bewegt sich die Titelfigur. So „gaukelt sie in Fieberträumen“, „huscht am Tor vorüber“, „taumelt in die Schmiede“, „hascht... mit hilfloser Gebärde“ und „stürzt betäubt zur Erde“. An die Stelle vom Subjekt gesteuerter Handlungen ist ein ohnmächtiger Trancezustand getreten. Beherrschendes Thema der Ballade ist der Identitätsverlust des Menschen in einer phantastisch verfremdeten Umwelt, die den einzelnen in zunehmende Auflösung hineintreibt:

Silbern schaut ihr Bild im Spiegel
Fremd sie an im Zwielichtscheine

Und verdämmert fahl im Spiegel
Und ihr graut vor seiner Reine.

Trakls Ballade entwirft das human gefährdete Bild des Menschen in einer Phase zunehmender Anonymisierung und Kollektivierung unter dem Druck der rasanten industriell-kapitalistischen Entwicklung. Sich selbst fremd in einer fremd gewordenen Welt, beginnt sich der Mensch zu einem phantastischen Schemen aufzulösen, bei entschwindender Wirklichkeit verkümmert zu einer bloßen Schattenexistenz. In dem Maße, wie der einzelne an den Rand gedrängt wird, verwandelt sich die Welt in eine unheimliche Szenerie. In düsteren Bildern beschwört die phantastische Ballade Visionen der menschlichen Auflösung in unmenschlicher Zeit. Phantastischer Stil, der in vielen seiner Werke spürbar ist, ermöglicht Trakl die Oberfläche der Erscheinungen zu durchdringen und hinter ihnen die Tendenzen einer geschichtlichen Entwicklung offenzulegen, die im Begriff ist, den Menschen endgültig zu dezentrieren.

Georg Heym, neben Georg Trakl der bedeutendste Vertreter des expressionistischen Gedichts, wählt ebenfalls gelegentlich die phantastische Ballade als Aussageweise visionär geschauter Untergänge. Effektvoll, sensationelle Übersteigerungen nicht scheuend, inszeniert Heym makaber schaurige Vernichtungsorgien. Am bekanntesten geworden ist sein balladisches Gedicht „Der Gott der Stadt“ (1910), in der Baal, der Gott der Zerstörung, verzehrendes Feuer durch die Stadt jagt. Die mythische Figur, hoch oben auf einem Häuserblock, ist der dämonische Aspekt der großstädtisch-industriellen Entwicklung, die sich anschickt, alle anderen Lebensformen zu verdrängen. Der Größenwahn des modernen Fortschritts ruft das Grauen der Destruktion ins Leben, mit gnadenloser Zerstörungswut einfallend in das Gewirr der Häuser, der Schlote und Fabriken. Auf den Knien liegend vor dem Götzen, werden die Menschen im Sog der von ihnen entfesselten gigantischen Prozesse zu seinen ohnmächtigen Opfern.

Aus der Sicht des Dämons der Destruktion entsteht ein Inferno der Verwüstung, noch als mythische Vision, aber als Drohung und Verhängnis auf einer Zivilisation lastend, die alles Maß und alle humane Selbstbeschränkung hinter sich gelassen hat. Phantastik inszeniert im Zeitalter der industriellen Revolution das kaum noch abwendbare selbstverschuldete Chaos.

1911 entwirft Heym mit dem Gedicht „Der Krieg“ ein phantastisches Schreckensbild der Zerstörung, das dem vorausgegangenen nicht nachsteht, es im Detail und in der Häufung vielmehr noch übersteigt. Aus dem Götzen Baal ist der Dämon Krieg geworden, namenlos, ein zu konkretem, furchtbaren Leben erwachtes Abstraktum. Wiederum fällt er in die Städte ein, in die Gassen und Märkte, nichts zurücklassend als Verwüstung und Tod. Deutlich suggeriert wird der Zusammenhang von überhitzter industriell-wirtschaftlicher Konjunktur und Krieg. Der Krieg, ein unheimlicher Wiedergänger „aus Gewölben tief“, ist die lauernde Aggression im Bewußtsein der Menschen selbst, die immer dann hervorbricht, wenn die Pläne und Projekte ins Monumentale ausgeweitet werden und die Kontrolle verlorengeht über das Hervorgebrachte. Phantastisch ist der selbstzerstörerische Trieb, der massenhafte

Selbstmord der Menschen um eines fragwürdigen Fortschritts willen.

> Eine große Stadt versank in gelbem Rauch,
> Warf sich lautlos in des Abgrunds Bauch.
> Aber riesig über glühnden Trümmern steht
> Der in wilde Himmel dreimal seine Fackel dreht...

Kein einzelner ist herausgehoben. In den Untergang sind alle hineingerissen. Ein kollektives Sterben hat von der Welt Besitz ergriffen, nur der Krieg, die entfesselte destruktive Urkraft, scheint individualisiert. In ihm gewinnt der herkömmliche Balladenheld neue, mythische Dimensionen. Er ist es, der die letzte Schlacht einleitet, in der am Ende alles Leben ausgelöscht sein wird. Eine abgründige Welt tut sich auf, über die die ins Monströse gesteigerte Destruktion triumphiert.

„Wilde Himmel“ stehen am Ende, nicht die Himmel der Erlösung und des Friedens, sondern in euphemistischer Ironie die Himmel, die in Wahrheit die Hölle sind, die Hölle der Aggression und des Kriegs, der als Triumphator über das Nichts, in das er die Welt zurückgestoßen hat, seine Siegesfackel schwingt. Heym erreicht gerade in phantastischen Balladen wie „Der Gott der Stadt“ und „Der Krieg“ eine Erneuerung des Genres, indem er das individuell handelnde Personal durch das Kollektiv und durch mythische Figurationen ersetzt und dadurch die Untergangsvisionen als unabwendbares, universales Schicksal erscheinen läßt. Aus dem Balladenhelden und seinen Widersachern ist der Henker als Herr der Welt und das Heer der Gerichteten geworden.

Heyms visionäre Phantastik verwandelt die Welt in eine monumentale Nekropole. Vergleichbar mit dem Krieg stilisiert er den Schlaf in „Die Schläfer“ (1910) zu einer mythischen Figur mit dunkelrotem Schnabel und kalter Schwinge, einen Ton „von krankem Violett“ ausstoßend. Für die Schläfer in der Dunkelheit der Nacht wird er zum geflügelten Tod. Hypnos ist aufgegangen in seinem Bruder Thanatos, Tod und Schlaf sind identisch. Eine morbide Landschaft breitet sich aus. Mit dem roten Mal des Todes ist der schwarze Leib der Nacht stigmatisiert, und bodenlos abgrün-

Abb. 3
Arnold Böcklin: Die Pest (1898). Kunstmuseum Basel

dig zieht das Wasser den Blick in die Tiefe. Der Mond träuft sein Gift in die Herzen der Schläfer, in die Schattenbäume tief ihre Wurzeln schlagen. Böse Träume entfacht der Todesvogel Schlaf in den von namenlosen Qualen heimgesuchten Schläfern.

In negativ radikalisierender, schwarzer Metaphorik artikuliert sich eine konsequent letale Phantastik, die eine grauenvolle Todeslandschaft entwirft. Tritt der Tod in der Maske des Schlafs auf, so haben die Schläfer die Rolle der Sterbenden übernommen. Ein Erwachen aus dem Todesschlaf wird es nicht geben. Die „Frucht im welken Jahr" sind in der für Heym charakteristischen makaber euphemistischen Ausdrucksweise die unzählig gestorbenen Tode.

Gerade in seinen phantastischen Balladen gestaltet Heym eine eigene Mythologie des Grauens. Abstraktes wie der Krieg und der Schlaf erwachen zu konkretem, unheimlich zerstörerischen Leben, und Konkretes wie die lebendigen Menschen verfallen der unwiderruflichen Auslöschung. Eine düstere Endzeitlandschaft breitet sich aus, erfüllt von apokalyptischen Schrecken, gesteigert noch durch die Verweigerung einer Hoffnung stiftenden Perspektive. Heyms phantastische Balladen beschwören visionär den finalen Untergang des Menschen, die Apokalypse ohne Zukunft, das Weltende ohne Neuanfang.

Nicht so sehr großer visionärer Entwurf als ein phantastisches Kammerspiel ist Heyms Ballade „Der Tod des Schauspielers" (1910). Der bedeutende Schauspieler großer, lebensvoller Rollen wird auf der Bühne, mitten im Spiel, vom Ernst des Todes gestellt. Das Leben, das er in wechselnden Rollen immer wieder verkörpert hat, erscheint plötzlich als bloße Bühnenfiktion, von bedrückender Wirklichkeit ist allein der Tod, der den Schauspieler aus der Rolle fallen läßt und ihn am Ende aller Rollen mit seiner eigentlichen sterblichen Identität konfrontiert.

Spiel verwandelt sich in Ernst, die Fiktion der Lebensentwürfe in die Wirklichkeit des Sterbens. Theater ist nicht länger ein symbolischer Ort und die Bühne nicht die Bretter, die die Welt bedeuten, Theater verwandelt sich plötzlich vielmehr in die Welt und das Dasein selbst, wo die tödliche Wahrheit alle Sinnbilder verdrängt und aufhebt. Was phantastisch erscheint, der Einbruch des Todes, ist die reale Katastrophe des Lebens, der das Theatralische nicht standzuhalten vermag.

Und das Licht geht aus.
Wahnsinn des Schweigens. Doch der Vorhang weht
Um einen Schatten, der im Dunkel steht,
Und von der schwarzen Bühne starrt ins Haus.

7. Aggressionsphantasien und Alpträume

Mit dem Ende der expressionistischen Phase bricht die Tradition der phantastischen Ballade zunächst ab. Betonte Nüchternheit, die Orientierung am faktisch Gegebenen und Erfahrbaren und das Bemühen um objektive Gegenständlichkeit, all das, was man mit dem Begriff von der Neuen Sachlichkeit zu erfassen versuchte, boten der phantastischen Dichtung wenig Ansatzpunkte. Allzu pathetisch und obskur erschienen nun auch die visionäre Beschwörung naher Untergänge und die Prophetie des Chaos. Man kehrte zur bürgerlichen Normalität zurück.

Impulse für eine neue phantastische Literatur gingen wieder einmal von den gesellschaftlich-geschichtlichen Bedingungen aus. Im Gefolge des ersten Weltkriegs und angesichts der zunehmenden Turbulenzen der Weimarer Republik, insbesondere aber mit dem Sieg des Nationalsozialismus über die demokratischen Bewegungen, der Machtergreifung durch die Nazis und dem Ausbruch des zweiten Weltkriegs nahmen die Vernichtungsängste erneut zu, verstärkt durch die Brutalität der totalitären Diktatur und durch das immer deutlicher in Erscheinung tretende Kriegsgrauen. Trügerisch erwiesen sich die Eindrücke der Konsolidierung der Lebensverhältnisse. Wieder schien die Welt ausden Fugen. Gelegentlich nahm sich die Ballade auch unmittelbar des gesellschaftlichen Zustands der Weimarer Zeit an, in der man die Erschütterung durch den ersten Weltkrieg und die politischen Wirren in einem Amusement ohne Ende zu betäuben versuchte.

Nicht länger im visionär phantastischen Stil des Expressionismus wurde das Grauen des Kriegs beschworen, sondern auf dem Hintergrund realgeschichtlicher Erfahrungen, die groteske Züge annahmen. Ein Vorläufer dieses Stilwandels innerhalb der Entwicklung der phantastischen Ballade bildet Brechts „Legende vom toten Soldaten“, die, zwischen 1918 und 1919 entstanden, sich auf den ersten Weltkrieg bezieht, aber darüber hinaus das nationalistisch bornierte Bewußtsein bis zum Zusammenbruch 1945 bloßstellt. Das Gedicht, vielfach als das stärkste des frühen Brecht angesehen, markiert den Beginn einer neuen modernen Phantastik unter Kriegsschock. Das, was der Krieg den Menschen angetan hat, fordert eine grotesk- phantastische Aussageweise heraus, weil alle Mittel eines realistischen Stils vor diesem Grauen versagen. Der Erfolg der makabren Ballade war durchschlagend. Auf der Liste der Nationalsozialisten mit den Namen der Personen, die nach der Machtergreifung in Haft genommen werden sollten, soll Brecht als Verfasser dieses Gedichts bereits 1923 an fünfter Stelle genannt worden sein.

Die Legende handelt in der Endphase des Weltkriegs von der Wiederausgrabung des Soldaten, der bereits den Heldentod gestorben war und von den Ärzten für k.v., d.h. kriegsverwendungsfähig, erklärt wird, weil er sich im Grab offenbar nur vor der Gefahr drücken wolle. In einem grotesk makabren Zug mit dem zur Wiedergängerei gezwungenen toten Soldaten geht es durch das Land, unbezwinglichen deutschen Heldenmut verbreitend, unterstützt von den Patrioten unter dem zur Deutschlandfahne umgefärbten Leichenhemd. Der „Pfaffe" schwenkt das Weihrauchfaß, um den Verwesungsgestank zu vertreiben, und unter den Klängen flotter Marschmusik scheint selbst die Leiche noch dem soldatischen Drill zwanghaft zu gehorchen:

> Voran die Musik mit Tschindradra
> Spielt einen flotten Marsch,
> Und der Soldat, so wie er's gelernt
> Schmeißt seine Beine vom Arsch.

Die grotesk phantastische Szene stellt auf der einen Seite den kriegstreibenden Nationalismus bloß und zeichnet auf der anderen in der Karikatur des Wiedergängers wider Willen das Bild des geschundenen und vergewaltigten Menschen. Wie ein Alptraum zieht der Zug vorüber, mit dem verwesenden Leichnam im Zentrum, in dem sich grotesk das Grauen des Kriegs, aber auch die ungeheure Perversion des Nationalismus abbildet.

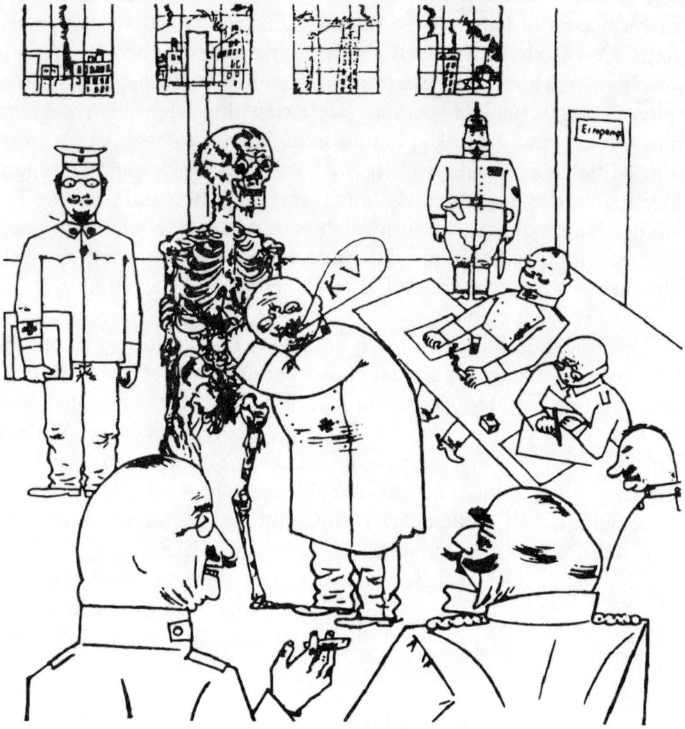

Abb. 4
Georg Grosz: Karikatur (1919/20).

Während die Wunden des Kriegs noch kaum verheilt waren, sich im unheilvoll instabilen politischen Klima der Weimarer Zeit Ängste vor neuen Katastrophen entwickelten, amüsierten sich die, die es sich leisten konnten, über alle schlimmen Heimsuchungen hinweg. Erich Kästners Ballade „Maskenball im Hochgebirge“ (1930) zeigt typische Vertreter der Weimarer Schickeria beim modisch gewordenen Skilaufen. Eine nächtliche Skifahrt in Begleitung der Jazzkapelle endet für die lächerlichen Poseure in einem phantastisch unwirklichen Mummenschanz schließlich unter einer Lawine:

Das Gebirge machte böse Miene,
Das Gebirge wollte seine Ruh.
Und mit einer mittleren Lawine
deckte es die blöde Bande zu.

Die Jagd nach immer raffinierteren Genüssen in den „roaring twenties“, der Wunsch, einfach alles zu vergessen, provoziert, nachdem es der Natur zu bunt geworden ist, eine burleske Aggressionsphantasie, gerichtet gegen das politisch indifferente, sich zu Tode amüsierende Großbürgertum, das jeden Blick für die Wirklichkeit verloren hatte und nicht zuletzt verantwortlich war für die bedrohliche politische Entwicklung, indem es an den Verhältnissen profitierte, statt sich kritisch mit ihnen auseinanderzusetzen und Einfluß zu nehmen.

Die phantastisch ironische Entlarvung der Gesellschaft blieb jedoch die Ausnahme. Phantastik nahm sich in der Folgezeit vor allem der drohenden und tatsächlichen Katastrophen der Zeit an, indem sie nicht nur Alpträume des vergewaltigten Menschen entwarf, sondern sich, wenn auch verschlüsselt, gegen die Mächtigen selbst wandte, in deren Händen die Macht längst pervertiert war. Aggressionsphantasien, gerichtet gegen die Tyrannen, mußten das real eingreifende und verändernde Handeln ersetzen. Oskar Loerke kleidet die phantastische Aggression in seinem kurz nach 1939 entstandenen Gedicht „Das schlimme Märchenschloß“ in eine vom Wünschen vorangetriebene Märchenhandlung. Die einleitende Porträtskizze des Despoten, der „jede Regung Geist verbot“ und der selbst über die Natur und die Tiere zu gebieten scheint, läßt keinen Zweifel daran, wer sich hinter dem Porträtierten verbirgt. Offen den Namen auszusprechen aber, käme einem Selbstmord gleich. Verschlüsselung dient der Tarnung des ohnmächtigen Rebellen, der nur von dem einen Wunsch erfüllt ist, den Despoten zu vernichten.

Der Wunsch, im Märchen in der Regel positiv gerichtet auf einen Zuwachs an Wohlstand und Reichtum, auf die Erfüllung der Liebe und des persönlichen Glücks, ist hier eigentümlich negativ gewendet, indem derjenige zunächst zu beseitigen ist, der dem Glück im Wege steht. Der heimliche Attentäter wird jedoch gestellt, ohne daß man sein Vorhaben durchschaut, und den Felsen hinuntergestoßen. Sein Wunsch aber überlebt ihn und tötet den Despoten dennoch:

Der Morgenvogel sang es schon.
Der Fürst fiel davon tot vom Thron.

Der Geist triumphiert über die Gewalt, die vorgestellte Vernichtung des Tyrannen über dessen reales, scheinbar unangreifbares Dasein. Kompensatorisches Wunschdenken steigert sich in phantastische Aggressionsphantasien hinein, erfüllt von unbedingtem Vernichtungswillen und doch völlig folgenlos. Die Liquidierung des Despoten bleibt nur ein Märchen, ein Wunschtraum, der für den Ohnmächtigen geschichtlich nicht in Erfüllung gehen kann. Phantastik mit ihrer literarischen Inszenierung eines Ritualmords zeugt von der Ohnmacht der Intellektuellen im Umfeld realer Macht. Sie ist Teil des inneren Exils, in dem der politisch Entmündigte seine folgenlosen Vernichtungsdrohungen formuliert. Loerkes phantastische Ballade ist zur Zeit des Nationalsozialismus nicht veröffentlicht worden. Erst 1949 gab Hermann Kasack die Nachlaßgedichte unter dem Titel „Die Abschiedshand“ heraus.

Die gegen ein unmenschliches Regime gerichteten Aggressionsphantasien blieben jedoch vereinzelt. Beherrschend war die Hinwendung zu den ungezählten Opfern des nationalsozialistischen Terrors. In der phantastischen Ballade kehren sie zurück als gespenstische Wiedergänger, geschunden, verkrüppelt, ihrer menschlichen Würde beraubt.

Ein beeindruckendes Beispiel ist Peter Huchels „Die Schattenchaussee“ (1947), später dem Zyklus „Der Rückzug“ eingefügt. Wie bei Loerke steht hier, für die herkömmliche Ballade ungewöhnlich, ein Ich-Erzähler im Vordergrund, vor dessen Augen ein gespenstischer Trupp von Toten vorüberzieht. Die Wahl der Ich-Perspektive erhöht den Grad der Glaubwürdigkeit und macht die halluzinierten Schreckbilder spontan miterlebbar. Mitten in eine Naturidylle, in ein abgeschiedenes Dasein brechen sie ein, „geschwärzt von Pulverdunst“ und „gebeugt von modernder Last“.

Nach ihrem Erscheinen ist nichts mehr, wie es war. Die Saat ist verbrannt, kalt ist der Tau der Blätter und die Wege sind vermint. Mit leeren, blutigen Händen ziehen die Toten des Krieges dahin, unheimliche Schatten, aus der Sinnlosigkeit kommend auf dem Weg in die Leere:

Sie hatten dem großen Sterben gedient
und Sterben war ihr Gewinn.
Im Acker lag ein rostiger Pflug,
sie starrten ihn traurig an...
Da sah ich mich selber im grauen Zug,
der langsam im Nebel zerann.

Unaufhaltsam dringen die Toten auch in das Bewußtsein des Betrachters ein und scheinen ihn mitzunehmen auf ihrem Weg. In der nebelverhangenen Landschaft mit den leblosen Requisiten und der sich ausbreitenden Kälte, in einer menschenfeindlichen Atmosphäre ist der Tod allgegenwärtig, alles und jeden in seinen Sog ziehend. Die Katastrophe des Kriegs hat die Welt in ein Niemandsland verwandelt, in dem es kein Bleiben, aber auch keine Ziele mehr gibt, bevölkert von Schatten, die auf die noch Lebenden fallen und sie einbeziehen in die allgemeine Auflösung. Huchels Ballade halluziniert den Alptraum vom großen verheerenden Kriegssterben, nach dem das Leben keinen Sinn mehr zu haben scheint, da der Mensch das Recht zu sein für alle Zeiten verwirkt hat.

In Günter Kunerts Ballade „Der ungebetene Gast" (1965) tritt ein gespenstischer Gast ohne Augen und mit klaffenden Wunden an der Kehle an den Tisch einer Gesellschaft, die sich zum Essen niedergelassen hat. Aufrüttelnder noch als der Geist des ermordeten Banquo in Shakespeares „Macbeth" verkörpert der stumme Wiedergänger das mörderische Grauen des Krieges und die Menschenverachtung. Steht er doch für das Massensterben im Gefolge eines aggressiven Nationalismus und für eine menschliche Katastrophe unfaßbaren Ausmaßes. Die phantastische Ballade ruft in Gestalt des wiedergehenden Opfers den Horror mörderischer Gewalt im Namen eines Kriegs zurück, bei dem der Mensch auf der Strecke blieb.

Phantastisch ist aber nicht nur das Opfer, sondern auch der kaltblütige Gleichmut der Gesellschaft. Erst mit dem gespenstischen Krüppel vor Augen scheinen die oft geprobten Verdrängungsmanöver zu versagen. Auch wenn man sich zum Essen zwingt und zur Tagesordnung zurückzukehren versucht, bleiben die aus dem Unbewußten aufgestiegenen Reminiszenzen des Grauens gegenwärtig. Die schockierende Szene konfrontiert den bürgerlichen Nachkriegsalltag mit dem Furchtbaren, das man vergessen möchte, mit den entstellten Opfern einer mitzuverantwortenden Geschichte. Nur dann wird die Gegenwart eine humane Zukunft haben, wenn sie sich der Vergangenheit schonungslos stellt.

Dabei geht es nicht nur um die jüngste Katastrophe des Kriegs, sondern auch um die über Generationen mitfortgeschleppten ideologischen Bornierungen. Kunerts „Neuere Ballade infolge älterer Sage“ (1967) steigt tief hinab in die Rumpelkammer des deutschen Geschichtsgeistes. Auf ihrem Grund führt der Kaiser Barbarossa im Schoße des Kyffhäuser noch immer ein gespenstisches Leben. Auf ihn berufen sich alle selbsternannten messianischen Erretter Deutschlands, die die Sage am Leben erhalten, nach der der mittelalterliche Kaiser oder ein anderer Schlagetot eines Tages ans Licht kommt „und alle deutschen Widersprüche gordischer Natur mit einem Schlage löst.“

Aber die Ballade fördert nicht nur den ideologischen Schutt aus grauer Vergangenheit zutage, gleichzeitig stutzt sie ihn auch auf seine Hinfälligkeit und Bedeutungslosigkeit zurück. Im Grunde ist das, was die Sage im Kyffhäuser ortet und im Bewußtsein der Deutschen weiter als aggressives Gespenst spukt, nur noch ein „mürbes lauerndes Gebein“, ja im Grunde noch weniger:

Tief in Höhlen des Kyffhäuser
lebt nur noch als Schimmelpilz
eine alte deutsche Sage:
die betrogne Hoffnung wills.

Phantastisch ist das bornierte Geschichtsbewußtsein, das sich an eine Chimäre klammert, um den Wahn angeblicher deutscher Größe und die fixe Idee eines Sendungsbewußtseins Deutschlands zu nähren. Immer noch virulent sind die Gespenster, die im Bewußtsein der Deutschen ihr Unwesen treiben und Aggressionsphantasien entzünden können. Die schrittweise Auflösung der Kaisersage mit dem scheinbar allmächtigen Wiedergänger im Zentrum entlarvt den Glauben an den nationalen Endsieg als Ausgeburt eines revanchistischen Chauvinismus nach zwei verheerenden Niederlagen. Ziel des phantastischen Stils, der das Gespenstische ad absurdum führt und es als gegenstandslos erklärt, ist die Entrümpelung des nationalistisch infizierten deutschen Bewußtseins.

Von tiefem Geschichtspessimismus bestimmt ist Volker von Törnes „Lied von den apokalyptischen Reitern“ (1968). Bereits Brecht hatte in dem 1945 begonnenen, Fragment gebliebenen „Lehrgedicht“. geplant, die apokalyptischen Reiter über die Kriegstreibenden hereinbrechen zu lassen. Volker von Törne geht jedoch über die Kriegssituation hinaus. Die vier Reiter aus der Geheimen Offenbarung, die für Gewalt, Krieg, Hunger und Tod stehen, immer wieder verheerend und vernichtend in das menschliche Leben einfallend, verkörpern in einer vereinfachten, pointierten Auffassung nicht nur den Krieg, sondern auch das Kriegsgewinnlertum, die Macht der Gewalt und die Macht des Geldes. Krieg und Kapital, sich gegenseitig stützend, sind die Zwingherren der Menschen, die aus den Niederlagen und der Ausbeutung ihre Gewinne ziehen. Verantwortlich für die immer wieder neu heraufziehenden Katastrophen sind aber nicht nur sie, sondern vor allem auch diejenigen, die sich von den falschen Versprechungen der fatalen Reiter in den Bann schlagen lassen und ihnen zuarbeiten:

> Sie wechseln die Knochen. Sie wechseln die Haut.
> Sie bleiben doch immer die alten.
> Ihr habt ihnen wieder ein Haus gebaut,
> in dem sie euch niederhalten.

Weltgeschichte stellt sich dar als die Aufeinanderfolge der immer gleichen Szenen von Niederlage und Sieg, Verlust und Gewinn, von Kriegen, die stets neu ausbrechen, und von ungeheuren Profiten. Ein im Grunde phantastisches Panorama, da der Mensch darin bloß als Opfer vorkommt, niedergehalten von imperialistischen und kapitalistischen Interessen, die in den apokalyptischen Reitern immer wieder neu auferstehen. Apokalyptisch ist auch für Volker von Törne nicht länger die Vernichtung des Alten, um dem Neuen den Weg zu bahnen, sondern die Katastrophe in Permanenz. Geschichtspessimismus und politische Frustration haben offenbar phantastische Dimensionen angenommen.

Neben dem Krieg ist es vor allem das Kapital, das zur Entstellung des Menschlichen führt und phantastische Darstellungen herausfordert. Hans Carl Artmanns Ballade „Drei Mohren stehn im Felde“ (1975) führt den mächtigen Haziendero irgendwo in Südamerika vor, der seinen Reichtum durch Ausbeutung erworben hat und ihn unersättlich vermehrt. Gnadenlos scheinen ihm die Mohren und Kreolen auf seinen Feldern in der Gluthitze ausgeliefert, während er selbst auf seiner Veranda Siesta hält. In der Anlage erinnert die balladische Szene an die Darstellung despotischer Herrscher in gesellschaftskritischen Balladen des 19. Jahrhunderts, nur daß aus dem politischen nun ein wirtschaftlicher Tyrann geworden ist. Ähnlich wie dort ist auch hier dem Despoten mit normalen Mitteln nicht beizukommen. In Anspielung auf Heines „Belsatzar“ erscheint dem ausbeuterischen Haziendero plötzlich das Verdammungsurteil:

> da, plötzlich auf der mauer,
> erscheint in blanker schrift:
> kreuz mene tekel pharsin,
> mann, im kaffee war gift.

Zu beseitigen ist der Tyrann offenbar nur dann, wenn sich die höhere Gerechtigkeit gegen ihn auflehnt und sich mit den Opfern verbündet. Der Giftanschlag der Kreolin wird durch die phantastische Schrift bestätigt und besiegelt das Ende des Ausbeuters. Doch was bei Heine real durchgeführt wird, geschieht hier nur im Lied des rebellischen Papageis. In Wahrheit müssen die Mohren weiterschwitzen, und der Haziendero kann weiter Siesta halten auf seiner Veranda. Die Ballade mit ihrem phantastischen Menetekel beschwört nur eine Aggressionsphantasie. Ob sie realisiert werden kann, bleibt fraglich. Bestenfalls stellt sie eine Herausforderung dar, die allerdings auf bloß fiktiver Ebene verharrt, mehr Wunschtraum als Handlungsanweisung. Die überlieferte, aggresive Phantastik artikulierende Ballade ist nur noch ein literarisches Spiel.

8. Untergangsszenarien

Eine vorläufig letzte Stufe erreicht die phantastische Ballade in der Gestaltung von Untergangsszenarien. Gewisse Parallelen ergeben sich dabei zu der expressionistischen Realisierung des Genres, wenn es jetzt auch nicht um die tiefe Beunruhigung angesichts des Traditionsverfalls und die Kriegsängste geht, sondern um einen radikalen Orientierungs- und Sinnverlust im Gefolge der Verdrängung des Menschen und seiner wahren Interessen durch Produktions- und Funktionszwänge.

Zu keiner Zeit haben die Produkte und Technologien eine solche Herrschaft ausgeübt, niemals war der Mensch versklavter an seine eigenen Hervorbringungen, niemals war er hilfloser scheinbar unerklärlichen Katastrophen ausgeliefert und niemals blickte er ratloser in die Zukunft. Eine makabre Lust an Untergängen bemächtigt sich gelegentlich der Medien und des Films, ein schwarzer Humor vor dem endgültigen Aus, begleitet von namenlosen Ängsten in einer sinnlos gewordenen Welt, in der der Mensch seinen Platz verloren zu haben scheint.

Die Grenzen zwischen der Fiktion und der Wirklichkeit des Chaos verschwimmen. Phantastischer Stil artikuliert in besonderer Weise das Bewußtsein, an einem Abgrund mit unheimlicher Anziehungskraft zu stehen.

Bereits 1957 veröffentlichte Marie Luise Kaschnitz in den „Neuen Gedichten“ ihre Ballade „Die Kinder dieser Welt“. Anspielend auf das bekannte Märchenmotiv von den sieben Bergen, unternehmen die Kinder ihre Reise bis hin zu dem letzten der Berge, ihrem eigentlichen Ziel. Die Reise wird zur beispielhaften Lebensfahrt mit all ihren Höhen und Tiefen. Lebensfreude und Lebensgier, Todesahnungen, Liebesverlangen und Verletzungsängste wechseln einander ab. Hochgestimmt und niedergeschlagen, übermütig und kleinmütig erleben die Kinder das Panorama der Welt und ihre flüchtigen Angebote. Auf dem siebten Berg sind sie am Ende ihrer Reise und an ihrem angestrebten Reiseziel. Aber dort ist kein Haus, nichts, was sie aufnehmen könnte. Traurig, die bunten Luftballons, die sie bisher begleitet haben, fahrenlassend, verlieren sie sich klagend im Wald.

Die phantastisch mythische Szene entwickelt sich aus der Umkehrung des Märchens. Nicht das Happy-End der Geborgenheit erwartet die Kinder, sondern das Verlorengehen in der Welt, aus der sie nach ihrer rasanten Lebensfahrt sang- und klanglos scheiden müssen. „Kinder der Lilofee“ werden sie in Anspielung auf die Volksballade „Es freit ein wilder Wassermann“ genannt, Kinder, deren Heimat nicht das Leben mit seinem Laub und seinem grünen Gras ist, sondern die Welt unten auf dem Grund, abgeschieden von aller Lebensfreude und Lebenslust. Am Ende steht das Versinken, nicht der Aufstieg, das Verlorengehen in einem dunklen, namenlosen Schicksal. Das Dasein aber, verkürzt um Hoffnung und Zukunft, wo die Enttäuschung am Ende alle Märchenwünsche des Anfangs durchkreuzt, ist phantastisch.

Bestimmt ist der Untergang allen Kreaturen, vergeblich der Traum, die Zeit besiegen zu können. In Ernst Meisters Gedicht „Euch, Tulpen, Narzissen“ (1960) mit unverkennbar balladischem Zuschnitt erzählt das Ich seinen Traum vom Sieg über die Zeit, der vor der Wirklichkeit der Blumen, denen nur eine kurze Frist zugemessen ist, zur Illusion zerrinnt:

euch, Tulpen, Narzissen,
bekenn ich den Traum:

daß ich stand
hoch über Grüften
auf Lerchenstiege
gealterten Turmes,
ein
Räuber der Glocken,
der
stundentönenden;

die ich hinabstieß
beim Zürnen der Engel, beim
Schrei'n der Dämonen.

Das siegreiche Handeln ist nur geträumt, die balladische Aktion nur in Gang gesetzt von dem vergeblichen Wunsch zu überleben.

Die Dämonen der Zeit beherrschen die Szene, nicht der Balladenheld in seiner bloß geträumten Rolle.

Hoffnungslos verläuft die Reise in Christoph Meckels „Argonautenballade“ (1969) mit den programmatischen Einleitungszeilen:

> „Dem Traum folgen, und abermal dem Traum folgen.“
> „Keinem Menschen ist Grund zu Hoffnung gegeben.“

Wie bei Marie Luise Kaschnitz das Märchen, so bildet hier die mythische Erzählung von den Argonauten die Grundlage, griechische Helden, die ausfuhren, das Goldene Vlies zu holen. Aber im Gegensatz zu der berühmten Sage gelangen die Argonauten bei Meckel nie ans Ziel, ein Ziel, das sich ohnehin mehr und mehr zu einer Fata Morgana aufzulösen beginnt. Die Fahrt dreimal um den Erdball übersteigt das Vorstellungsvermögen, aus den Fluten reckt Leviathan seinen aufgerissenen Rachen, wie ein Schindanger der Helden erscheint das Meer. Längst sind alle Heldenträume ausgeträumt, die Schatzsuche entpuppt sich als fixe Idee. Der Argonautenzug wird zur phantastischen Reise zu einem Ziel, das es nicht gibt:

> Und einen Traum, der uns trägt
> nocheinmal,
> Traum, den wir jagen
> von neuem
> unerbittlich
> quer durch den offnen Horizont ins Nichts.

Die phantastische Ballade der Gegenwart ist von grenzenloser Hoffnungslosigkeit. Wo die Horizonte ins Nichts führen und ihre Öffnungen nur ins Leere blicken lassen, löst sich das Leben auf zu einem unwirklichen Traum, zu einer Jagd auf Chimären, zu einem sinnlosen Aufbruch ins Niemandsland. Das Schattenreich ist identisch mit der Welt, in der alle Hoffnung in Verzweiflung, jeder Sinn in Absurdität mündet.

Mit der lapidaren Überschrift „Ballade“ (1962) titelt Meckel ein Gedicht, in dem ein Hahn nicht die helle, goldene Morgensonne ankündigt, sondern „eine schwarze Sonne“ herbeischreit. Eine wilde Flucht beginnt, dem drohenden Verhängnis zu entkommen, ohne daß es eine wirkliche Chance zu geben scheint:

> Da hinter siebenfachem Regen stieg
> die Sonne schwarz und schnell, stand ohne Laut,
> und krachte finster auf die Ebenen nieder.

Die Ballade wird zum Medium eines globalen Untergangsszenarios, scheinbar grundlos heraufbeschworen und mit tödlicher Sicherheit hereinbrechend. Die Natur selbst erhebt ihre Stimme, das Ende aller Tage zu verkünden, die Vernichtung der Welt einzuläuten. Fraglich bleibt, ob die schwarze Sonne ein Bild ist für die nukleare Gewalt, ob sie vielleicht allgemein stehen soll für die vom Menschen entfesselte Zerstörung seines eigenen Lebensraums. Antworten werden nicht gegeben. Aber gerade darin liegt das Phantastische begründet, zumindest in seiner modernen Auffassung, in der Inszenierung allem Anschein nach sinnloser Untergänge, in der schlimmen Ahnung, daß alles Leben ebenso zufällig wie ungeschützt und daher jederzeit auszulöschen ist, ohne daß man eine Theodizee oder ähnliche Spekulationen bemühen muß.

In Karl Krolows ebenfalls nur mit Ballade (1965) überschriebenem Gedicht geht es nicht um das globale Ende, sondern um das Ende des Ichs. Ausgesetzt dem verderblichen Einfluß des Monds, des Gestirns der Nacht, erlebt das Ich das Verrinnen der Zeit. In phantastischen Bildern breitet sich eine endzeitliche Landschaft aus, schwarz und voll unheimlichen Eigenlebens der Dinge. Heiser schreien die Toten den Mond an, den Herrscher der Totenwelt, wegen seiner wechselnden Phasen im Mythos mit Sterben und Wiederauferstehen in Verbindung gebracht. Aber nichts antwortet auf ihre Verzweiflungsschreie. Zerfallend zu Laub, sich auflösend im Vegetativen, verhallen ihre Schritte schließlich in der Tiefe der Nacht. Am Ende ist auch das Ich selbst vom Mondlicht verschlungen. Die phantastische Szene fängt die Katastrophe des Individuums ein, eingeschlossen in der Zeit, mit dem Verlangen nach

Ewigkeit, das in der Rückkehr zur Erde, in der schlimmen Metamorphose des bewußten ins unbewußte Leben erstickt wird.

Auffallend ist in der Ballade der Gegenwart die Tendenz zum Grotesk-Phantastischen. Dabei löst das Groteske Zusammenhängendes auf und präsentiert das einstmals Verbundene als ein bloßes Nebeneinander heterogener Details. Im Spiegel grotesker Diffusion erscheint die Welt sinnlos. Wie der groteske so zerschlägt auch der phantastische Stil scheinbar Fetsgefügtes, doch weniger durch heterogene Detaillierung als durch den zerstörerischen Einbruch des sich aller Erklärungen Entziehenden.

In der Ballade „mein famili" (1971) von Ror Wolf verbinden sich beide Stilfunktionen. Die Familienmitglieder sitzen am Tisch und sind doch isoliert, ohne Verbindung zum andern. Zwischen die Worte des Vaters drängen sich immer wieder banale Requisiten und Vorgänge. Die Beschreibung reiht willkürlich äußere Details. Verstümmelt und entstellt sind die Wörter. In ihre Elemente zerlegt ist die ritualisierte Essenshandlung. Die Familie, letzte Zuflucht bürgerlicher Sehnsüchte nach Geborgenheit, ist in Auflösung begriffen und das Miteinander ihrer Mitglieder zu einem sinnlosen Ritual erstarrt. Zum Schluß bricht das Chaos in die Familiengroteske ein:

wie glotzt aus seinem leib das brot
wie rollt es rollt es durch die tür
die base sitzt vor dem klavier
und spielt ohn brot ist große not

die schürz der mutter weht herum
die uhr platzt an der wand und da
grinst unterm bottich grinst die schab
der vater spricht seht euch nicht um

Die Gegenstände machen sich selbständig. Vor der unkontrollierbaren Katastrophe vermag der Mensch nur noch die Augen zu verschließen. Groteskes und Phantastisches verbinden sich, die Auflösung und Zerstörung sozialer Zusammenhänge ins Bewußtsein zu heben.

Ähnlich grotesk- phantastisch geht es in Artmanns „Nun kommt der schreckliche Taifun“ (1975) zu. Der plötzlich einbrechende Wirbelsturm, der große Wind, richtet ein unbeschreibliches Wirrwarr an. Chinesen stürzen aus den Betten und Europäer „muhn“ wie aufgeschrecktes Rindvieh, wobei offenbar auch die angemessene Wortwahl verwirrt erscheint. Sich biegende Mangobäume, fliegende Flöten und Klarinetten, schwebende Delphine und der Orang Utan, der seine Ketten sprengt, bilden ein monströs sinnloses Durcheinander, heterogene Informationen, Fragmente eines Ganzen, dessen Gestalt unauffindbar zerstört ist.

Der blanke Unsinn hat sich der Szene bemächtigt in Form des flitzenden Schattens, der gleich zwölf Nofreteten vor sich herjagt und in „flutterzinen“ und „rauchsonetten“ ein Lied singt von einer im Chaos versinkenden Welt, in der Zigaretten, seltsam verselbständigt, aus Kirchen qualmen und Bankhäuser einfach abhanden kommen. Sinn in diesem grotesken Szenario zu suchen, wäre Unsinn, da sein Sinn, wenn es denn überhaupt einen gibt, darin besteht, Sinnlosigkeit zu produzieren.

Die Ganzheit der Welt hat sich aufgelöst, verwirbelt zu Vexierbildern des Unsinns, auseinandergebrochen zu einem Puzzlespiel, dessen Fragmente kein Bild mehr ergeben, zusammengestürzt zu einem Chaos, in dem jede Erinnerung an die Ordnung, die einmal war, erloschen ist. Die Welt geht unter in einer grotesk lächerlichen Vision:

aus tanzbars purzeln
omeletten
ein kartenturm
geht flott zu schanden
die nacht fällt
gelblich auf manhattan.

III. „DUNKLE GÄNGE"

Die phantastische Geschichte

Geschichte als Bezeichnung für kürzere und kürzeste Erzählungen ist nicht sehr geläufig und gilt als Gattungsname für unbrauchbar. Allzu undeutlich scheinen die Konturen, kaum auszumachen echt differenzierende Merkmale, ganz zu schweigen von einer markanten, unverwechselbaren Aussagerichtung. Allerdings spricht man vom Geschichtenerzählen und verbindet Geschichten gern mit Attributen wie spannend, heiter, seltsam, unheimlich u.a.m.

Um die Jahrhundertwende bis hinein in die 30er Jahre fällt im Bereich der phantastischen Literatur ein geradezu inflationärer Gebrauch auf. Meyrink nennt seine Veröffentlichung „Orchideen" (1904) und „Wachsfigurenkabinett" (1908) „sonderbare Geschichten", Paul Busson wählt den Haupttitel „Seltsame Geschichten" (1919), ebenso nennt Ewers sein Sammlungen „Die Besessenen"(1909) und „Das Grauen" (1911) im Untertitel. Beliebt ist überhaupt das Attribut „seltsam", so bei Alexander Moritz Freys „Außenseiter" (1927), bei Isolde Kurz für ihre Sammlung „Die Stunde des Unsichtbaren" (1927), bei Erwin Straniks „Unheimliches Erlebnis" (1926) und bei Karl Hans Strobls „Lemuria" (1917). Daneben schreibt Bodo Wildberg „Dunkle Geschichten" (1911), Hans Wohlböld „Unheimliche Geschichten" (1901), J.E. Poritzky „Gespenstergeschichten" (1913) und Hans Friedrich Blunck „Spukgeschichten" (1931). Toni Schwabe legt 1920 mit seinem „Gespensterschiff" ein „Jahrbuch für die unheimliche Geschichte" vor. Die Liste ließe sich mühelos verlängern.

Wirft man einen Blick auf die einzelnen Beispiele, so erscheint als gemeinsames Charakteristikum neben dem Bemühen um Kürze die Konzentration auf ein einziges erregendes Ereignis, das im Unterschied zur Novelle nicht entwickelt wird, sondern von vornherein als beunruhigendes Moment präsent ist und Irritationen hervorruft. Oft bleiben Ungeklärtes und Rätselhaftes zurück, nachhaltige Erschütterungen des Vertrauens in das Normale und All-

Abb. 5
Karl Ritter: Titelbild für "Das Gespensterschiff" (1920)

tägliche. Gewisse Parallelen gibt es dabei zum offenen Schluß der Kurzgeschichte. Die situative Pointierung und die Konzentration auf einen krisenhaften Moment verbinden die Geschichte aber auch mit der Ballade, als deren moderne Ausprägung in Prosa sie angesehen werden kann, allerdings ohne das balladische Pathos, weniger dem Geschichtlichen als dem Zeitgenössischen sich zuwendend. Die phantastische Geschichte spürt das unheimlich Beunruhigende mitten im bürgerlichen Alltag auf. Für einen Augenblick scheinen die vertrauten Orientierungen außer Kraft gesetzt, die Grenzen zwischen dem Erklärbaren und Unerklärlichen, zwischen Sicherheit und Ausgeliefertsein beginnen zu verschwimmen. Die phantastische Geschichte gestaltet einen Moment gesteigerter Verunsicherung, in dem sich die bisher vertraute Welt ins Unheimliche verzerrt.

1. Der erschreckte Bürger

Klammert man einmal die Gespensterepisoden in Jean Pauls „Siebenkäs“ (1796/97) und in „Schmelzles Reise nach Flätz“ (1807) aus, in denen es im wesentlichen um eine Überwindung der gewöhnlichen Gespenstergeschichte zugunsten eines höheren Geisterglaubens geht, so finden sich erste Spuren der phantastischen Geschichte in Gottfried Peter Rauschniks „Gespenstersagen“ (1817), in denen sich Elemente des Schauerromans mit der moralischen Lehre noch im Stil des 18. Jahrhunderts verbinden, so wie im „Gespensterbuch“ von Johann August Apel und Friedrich Laun, bereits zwischen 1810 und 1811 erschienen. Durch Webers Oper berühmt geworden ist vor allem die Freischütz-Sage. Deutlich sind auch hier die Anklänge an die traditionelle Schauerliteratur, versetzt mit Motven aus Legende, Märchen, Zauberhistorien und Mysterien. Alles in allem herrscht jedoch der Typus der überkommenen Gespenstergeschichte vor mit dem Auftreten von Geistern und Spukgestalten zur Erregung von Spannung und Nervenkitzel.

Ähnliches gilt für Wilhelm Hauffs „Die Geschichte von dem Gespensterschiff“ aus dem Märchen-Almanach auf das Jahr 1826, in der der Ich-Erzähler auf ein Schiff gerät mit den Leichen der gewaltsam ums Leben gekommenen Mannschaft und dem am Segelmast hingerichteten Kapitän. Nacht für Nacht erwachen die Toten zu neuem Leben und müssen das gräßliche Morden wiederholen.

Handelt es sich hier um nichts mehr als eine spannend erzählte Schauergeschichte, so kommt in einigen der recht knappen Erzählungen Friedrich Hebbels die trostlos tragische Determiniertheit des Menschen zum Ausdruck. Nicht im eigentlichen Sinn phantastisch, aber erfüllt von Grauen, Angst und vorgestellten wie wirklichen Katastrophen sind die beiden Geschichten „Eine Nacht im Jägerhause“ (1837) und „Die Kuh“ (1849). Während sich in der ersten Geschichte die Furcht der beiden Freunde, sie seien in das Haus eines berüchtigten Massenmörders eingekehrt, sich nach einer grauenvollen Nacht als grundlos erweist, so erschlägt der Bauer in der zweiten Geschichte im Affekt sein eigenes Kind, nachdem dieses das mühsam für den Kauf einer Kuh erarbeitete Geld nach dem Vorbild des väterlichen Pfeifenanzündens verbrannt hat. Die Tat löst in einer sich selbständig entfaltenden Schreckensautomatik den Tod des Bauern, seiner Frau und eines Knechts sowie das Niederbrennen des Hofs aus. Hebbels Geschichten nehmen in der Intensität des Grauens und der Vernichtungsängste vieles vorweg, was später die phantastische Geschichte ausmachen sollte.

Als Vorläufer des Genres kann Theodor Storms Sammlung kurzer Geschichten gelten, die zwischen 1858 und 1859 konzipiert und 1862 in der Berliner Modezeitung „Viktoria“ unter dem Titel „Am Kamin“ veröffentlicht wurden. Die Erzählsituation am Kamin suggeriert den ordnenden und sichernden bürgerlichen Lebensrahmen, der durch die Geschichten jedoch immer wieder relativiert und in Frage gestellt wird. Im ganzen handelt es sich um acht, in zwei Vierergruppen unterteilte Geschichten.

Die ersten vier kreisen ausnahmslos um Tod und Sterben. Phantastische Fiktion wird zum Medium einer hyperrealistischen Erkenntnis, empfindlich nicht nur für die Ausdehnung der Erscheinung in Zeit und Raum, sondern auch für deren unweigerliche räumlich-zeitliche Auflösung. Gleich in der ersten Geschichte erleidet ein Kind, im Traum von einem Wolf verfolgt, Todesängste. Der Traum wird zum Wahrheitsspiegel der bereits aus dem kindlich Unterbewußten aufsteigenden Gewißheit des Sterbenmüssens. Unvorbereitet überfällt einen jungen Kaufmann auf einer Lustfahrt in der zweiten Geschichte die jähe Erkenntnis einer „schlimmen Stelle“. Für einen Augenblick scheint der junge Mann, abgeschieden von den anderen, wie in Trance, konfrontiert mit der eigenen tödlichen Zukunft, die bereits kurz darauf zur Gegenwart wird.

In der dritten Geschichte verdichten sich geisterhaftes Mondlicht, die enge Kammer, die Situation des Schlafens, das ungestalte, molkige Ding und das Kehren mit dem Besen zur zwanghaften Präsenz des Todes, zur Auflösung der Gestalt zu einem Haufen Kehricht. Eher versöhnlich endet die erste Vierergruppe mit der Schilderung der Mutter, die über ihren Tod hinaus den um sie besorgten Sohn tröstet. Mit einem weißen Tuch scheint die Verstorbene denen zuzuwinken, in deren Bewußtsein sie einen festen Platz behalten wird.

In der zweiten Vierergruppe geht es weniger um das existentielle Schicksal als um das soziale Gewissen. Die geizige Witwe eines reichen Zahlmeisters erscheint nach ihrem Tod als ewig frierende, Wärme suchende Wiedergängerin. In dem bekannten phantastischen Motiv offenbart sich die Habgier als Herzenskälte. Über ihren Tod hinaus erleidet die Habgierige eine grauenvoll quälende Einsamkeit. In der zweiten Geschichte mahnt ein Traum den Gutsbesitzer an seine Fürsorgepflicht den Ärmsten unter seiner Arbeiterschaft gegenüber. Tatsächliches menschliches Versagen steht im Mittelpunkt der dritten Geschichte. Bei der Vorbereitung eines Garnisonballs überträgt ein abkommandierter Offizier seinem Freund das Amt, weiterhin für die Herrichtung des baufälligen Kornspeichers als Tanzsaal zu sorgen. Wenige Tage später erscheint dem Offizier der Freund in einem Zweiten Gesicht, phantastischer Verweis auf dessen tatsächlichen Tod unter der eingestürzten Speicherdecke. Die abgeschobene Verantwortung holt den Leichtsinnigen ein und spricht ihn schuldig.

Ähnlich wie die erste so endet auch die zweite Vierergruppe versöhnlich. Ein um die Harmonie von Körper und Seele besorgter Patient nimmt seinem Arzt das Versprechen ab, nach seinem Ableben auf eine Sektion zu verzichten. Als der Patient jedoch in der Abwesenheit des Hausarztes stirbt, nimmt der vertretende Kollege eine Sektion vor, ist aber bereit, die entnommenen Teile scheinbar vollständig wieder für die Beisetzung herauszugeben. Erst einige Zeit danach, auf eine plötzliche telepathische Eingebung hin, erfährt der Hausarzt von der Unaufrichtigkeit seines Kollegen, der seinerzeit das Herz des Verstorbenen präpariert zurückbehalten hatte.

Die Totalität menschlicher Existenz umfaßt die Lebenspraxis wie das Todesbewußtsein, das individuelle Dasein wie die soziale Verantwortung. Die phantastischen Geschichten Storms formulieren Kritik an dem, in einer unzulässig verkürzten Wirklichkeit lebenden Bürger, der den Tod wie den Nächsten aus seinem Leben ausklammert. Die Folge ist das Grauen angesichts der fürchterlichen Leere, die den einzelnen in den unbewachten Augenblicken seines Daseins überfällt. Das Grauen aber ist Mittel der Katharsis, die darauf abzielt, das in den Bereichen existentieller und sozialer Kernerfahrungen verflachte bürgerliche Bewußtsein wieder zu vertiefen und die sich in der Spannweite zwischen Leben und Sterben, Ich und Du erfüllende Ganzheit des Menschen zu reklamieren.

Die phantastische Geschichte Storms wirft in einem unheimlich erregenden, heilsam aufschreckenden Augenblick ein jäh enthüllendes Schlaglicht auf die verkümmerte gesellschaftliche Wirklichkeit. Die Geschichten „Am Kamin“, in die „Gesammelten Schriften“ nicht aufgenommen, und erst 1913 nach ihrer Wiederentdeckung im Nachtragsband der Werkausgabe zugänglich gemacht, paßten mit ihrer Konzentration auf den erregenden Moment einer unheimlichen Begegnung in eine Zeit, die sich anschickte, die kurze Erzählform zum Medium des Phantastischen zu entwickeln.

2. Unheimliche Begegnungen

In der phantastischen Geschichte um die Jahrhundertwende spiegeln sich Orientierungskrisen im Gefolge des grassierenden Traditionsverfalls, verknüpft mit einer kritischen Revision des Menschenbildes, ebenso wie allgemeine Daseinsängste angesichts sich verselbständigender rasanter technologischer, wirtschaftlicher und geschichtlicher Entwicklungen. Charakteristisch für die strukturelle Gestaltung ist dabei wie schon in den Kamingeschichten Storms der situative Ereignisentwurf, in dem sich wie in einem Brennpunkt die Krise offenbart.

Oskar Panizza, Irrenarzt aus Kissingen, ist vor allem bekannt als berüchtigter Autor des blasphemischen Stücks „Das Liebeskonzil“, in dem eine vom Teufel mit Salome, der verruchtesten unter den Weibern, gezeugte himmlisch schöne Frau reihenweise katholische Würdenträger verführt. Die Vertreter der Kirche und des Glaubens verkommen zu Figuren in einem frivolen Mummenschanz, Ausdruck einer fundamentalen Sinnskepsis. Unmittelbar nach der Veröffentlichung wurde das Buch konfisziert und Panizza zu einem Jahr Gefängnis verurteilt.

In seiner Erzählung „Das Wirtshaus zur Dreifaltigkeit“(1890) entlädt sich die Ohnmacht des orientierungslos gewordenen Bewußtseins in einer grotesk- phantastischen Parodie der traditionellen Sinninstanzen. Zielscheibe der Kritik ist auch hier der als abgelebt und wirkungslos angesehene Katholizismus. Ein Wanderer gelangt in trostloser Winterlandschaft in ein einsam gelegenes Gasthaus. Die gewählte Figur und die Szene verweisen sinnbildlich auf den Lebensweg des Menschen und seine Suche nach einem sinngebenden Ziel, das in der Trostlosigkeit der Umgebung jedoch längst aus den Augen geraten ist.

Im Gasthof trifft der Wanderer einen weißhaarigen Greis, einen schwärmerischen jungen Mann und Maria, eine schlampige Dreißigerin mit orientalischen Zügen, während aus dem Schweinestall die halb menschlichen und halb tierischen Laute eines dort eingesperrten, mysteriösen Wesens herüberdringen. Eine phantastisch bedrückende Szenerie entfaltet sich, in der der krankhaft um seinen Einfluß fürchtende Greis, der den jungen Mann Christian als seinen Sohn vorstellt, an dem er sein Wohlgefallen habe, Christian selbst, der sehnsüchtig danach verlangt, für die in Schmutz und Schlechtigkeit versunkene Welt zu sterben, und Maria, die ihren Sohn von einem übernatürlichen Wesen empfangen haben will, sich als Gottvater, Gottes Sohn und Gottes Mutter in grotesk verschlamptem Ambiente entpuppen.

In phantastischer Blasphemie werden die zentralen christlichen Heilsträger und mit ihnen die christliche Heilsbotschaft bloßgestellt. Kraft- und wirkungslos ist der Glaube an die längst ins Abseits gedrängten, entgötterten göttlichen Wesen von einst, die, ohnmächtig, schwindsüchtig und verwahrlost, alle Heilserwartungen desillusionierend, zu Schattenexistenzen in einer Spelunke verkommen sind. Die dürftige Bewirtung, die unwirtliche Unterbringung, der durch und durch verkommene Zustand des Gasthauses offenbaren das wahre Gesicht eines abgewirtschafteten Glaubens und seine schockierende Erbärmlichkeit.

Das im Schweinestall eingesperrte Wesen, offenbar der Teufel selbst, verweist auf die Verdrängung des Körperlich-Sexuellen und damit auf die Unnatur einer leib- und menschenfeindlichen, im Grunde verlogenen Moral. Auf einem seiner Rundgänge findet der Wanderer auch Zugang zu dem Zimmer, in dem Maria ihren Sohn von einem überirdischen Wesen empfangen haben will. „Die Decke, ebenso wie der ganze Boden, waren über und über mit Taubendreck bedeckt“. Wörtlich genommen wird die Darstellung des Hl. Geistes bei Johannes, wo er als Taube vom Himmel herabfährt. Doch das angeblich göttliche Wesen ist ein wütend gurrender Tauber, der nichts weiter zurückläßt als den normalen Taubendreck.

Fast fluchtartig verläßt der Wanderer am Morgen den schaurigen Ort phantastischer Desillusionierung und findet sich wieder auf einem Weg ohne Ziel, betrogen um die Hoffnung auf körperliche wie seelisch-geistige Rekreation. Der abschließende, endgültig demaskierende Hinweis, daß es sich bei dem Gasthof in Wahrheit um eine Schinderhütte handelt, rückt das Wirtshaus zur Dreifaltigkeit in die Nähe des sagenhaften Nobiskrugs, Ort des Übergangs in das Nichts.

In Panizzas phantastischen Erzählungen, unter denen die vorliegende die gelungenste ist, gewinnt die literarische Phantastik eine aggressiv kritische Dimension, ohne daß sich allerdings aus der parodistischen Vision der Entgötterung Wege auftun zu einer neuen Sinngebung des Lebens. Die Zerschlagung der traditionellen Werte läßt eine ungeheuer trostlose Leere zurück. Am Ende steht die Verzweiflung an einem sinnlosen Dasein.

Hanns Heinz Ewers, Herausgeber der „Galerie der Phantasten“, einer der populärsten Phantastik-Autoren um die Jahrhundertwende und darüber hinaus, erweitert das Spektrum um eine betont voyeuristische Komponente. Souverän verfügt er über das Repertoire phantastischer Themen und Motive, die er zum Panoptikum eines lustvollen Grauens montiert. Hervorstechend ist vor allem die grell choreographierte phantastische Szene, die den Leser zum

Voyeur tabuierter Perversionen machen soll. Kernthema ist die unter destruktivem Aspekt behandelte Liebe der Geschlechter, die Dämonisierung des Erotischen, das den einzelnen in den vernichtenden Sog anarchischer Triebentfesselung hineinzieht. Dämonische Züge erhält vor allem die verführerische, mit den Kräften einer ebenso urwüchsigen wie chaotischen Sinnlichkeit ausgestattete Frau. Die femme fatale, die Venus vulgivaga schickt sich an, ihre gnadenlose Herrschaft über den Mann zu installieren.

In Ewers' Phantastik des zerstörerischen Eros sind sowohl die Emanzipationsbestrebungen der Frau um die Jahrhundertwende eingegangen, die antrat, in die wohlgehüteten männlichen Pfründen einzudringen, als auch die psychoanalytischen Einsichten in die dunklen, anarchischen Triebsphären, in die von der Moral und der Gesellschaft niedergehaltenen primären Regungen des Es, die jederzeit in die wohlgeordnete bürgerliche Welt einbrechen können. Die Erschütterung des klassischen Menschenbildes durch die Psychoanalyse und die Infragestellung traditioneller männlicher Autorität durch die weiblichen Emanzipationsbewegungen riefen Orientierungsängste hervor. Die Verflechtung von psychoanalytischer Erkenntnis und emanzipatorischem Aufbruch in der Identifikation des urtümlich Triebhaften mit der Frau verleihen den phantastischen Erzählungen von Hanns Heinz Ewers ihren schillernden Charakter zwischen trivialer Kompensation und seriöser Auseinandersetzung mit dem Abgründigen menschlicher Existenz.

„Der letzte Wille der Stanislawa d'Asp“, die einleitende Erzählung zu der 1909 erschienenen Sammlung „Die Besessenen“, stellt mit einer Prostituierten eine femme fatale nach dem Geschmack der Zeit in den Mittelpunkt. Im Bordellmilieu bahnt sich eine verhängnisvolle Beziehung zwischen der Dirne und dem Grafen Vincens an, der sich willenlos allen Launen seiner grausamen Venus fügt und sie schließlich, nachdem er alles darangesetzt hat, sie von der Schwindsucht zu heilen, zur Frau nimmt. Sie aber betrügt ihn mit seinem besten Freund und zieht sich von ihrem Mann, nachdem dieser sich geweigert hat, sie mit ihrem Geliebten ziehen zu lassen, kaltblütig zurück. Ihr Interesse gilt allein noch dem Studium geheimnisvoller Praktiken, ihren Körper nach ihrem Tode zu konservieren. Zuvor verfügt sie in einem letzten Willen die endgültige Bestattung ihrer sterblichen Überreste in einer Urne in dem gräflichen Erbbegräbnis.

Die Urnenbestattung verdichtet sich zur eigentlichen phantastischen Geschichte, auf die das Vorausgegangene lediglich hinzuführen hatte. Zusammen mit dem Freund, dem einstigen Geliebten seiner Frau, wird der Graf nach der Exhumierung Zeuge des unverwesten Zustands des Leichnams. Um aber dem letzten Willen der Verstorbenen gerecht zu werden, muß er in einem grausig makabren Schlußakt die Leiche zerstückeln und verfällt darüber in Wahnsinn. „Er lachte nicht mehr, aber auf seinem starren Gesicht lag ein eiziges, über die Maßen zufriedenes Grinsen... Mit starken festen Schritten schritt er über den Weg, in den hocherhobenen Armen die schwere, rote Urne.“

Die Versklavung an die erotisch ebenso faszinierende wie zerstörerische Frau führt konsequent zum Verlust der eigenen Persönlichkeit. Nicht Erfüllung erfährt der Venussklave, sondern heillose Zerrüttung. Noch über den Tod hinaus wirkt das Dämonische des Weibes, geht ihr teuflisches Kalkül auf. Den Besitz ihres Leibes gewährt die gnadenlose Geliebte nur um den Preis des Identitätsverlusts und dann auch nicht ganz, sondern grausam dekomponiert. Höhnisch macht die Verstorbene noch über das Grab hinaus deutlich, daß das, was dem Mann gehört hat, nur Fetzen und Lumpen gewesen sind. Was der Wahnsinnige in der Urne davonträgt, sind die Trümmer seiner Illusion, von ihm selbst zerstört. Nur der Wahnsinn gaukelt ihm den Besitz des Ganzen vor.

Der Geschlechtsdämon Weib wird in phantastischer Übersteigerung zum Henker des Mannes, indem die Frau den erotischen Trieb nur entfesselt, um den ihr Ausgelieferten ungerührt abstürzen zu lassen. La belle sans merci, die gnadenlose Schöne, verkörpert den destruktiven Aspekt des Eros, dessen einziges Ziel die Zerstörung ist. In seiner wohl besten Erzählung „Die Spinne“, ebenfalls aus der Sammlung „Die Besessenen“, greift Ewers das Motiv der Männer mordenden femme fatale erneut auf. Ein Medizinstudent schließt sich in einem Zimmer ein, wo sich bereits zwei Männer unter rätselhaften Umständen erhängt haben, um dem Geheimnis auf die Spur zu kommen. Doch auch er, wie er in seinem Tagebuch minutiös festhält, wird zum Opfer des grauenvollen Verhängnisses in Gestalt einer Spinnenfrau, die ihn zwischen

Angst und Wollust in den Tod treibt. „Wieder die Angst, wieder! Ich weiß, ich werde sie ansehen, werde aufstehen, werde mich erhängen; nicht davor fürchte ich mich. O nein - das ist schön, das ist köstlich.“ Effektvoll nutzt Ewers das überkommene Sagenmotiv. Häufig erscheint die Spinne in der Überlieferung als Umklammernde und Aussaugende, als phantastisches Sinnbild der furchtbaren Mutter wie der furchtbaren Geliebten, die Leben und Liebe verheißen, in Wahrheit aber dem Mann den Tod bringen im Netz ihrer Verlockungen, in das er sich heillos verstrickt. Der Lebenstrieb des Eros wandelt sich in grausamer Konsequenz zum Todestrieb. Das einmal erwachte erotische Verlangen initiiert die Selbstdestruktion.

Bei aller zugestandenen reißerischen Erzählweise, die auch Geschmacklosigkeiten nicht scheut, gelingt es Ewers dennoch, das insbesondere durch die zeitgenössische Psychoanalyse erschütterte Menschenbild des Wahren, Guten und Edlen in phantastische Bilder und Szenen umzusetzen. Deutlich wird die Ambivalenz des Lebens, das gleichzeitige Bestehen erotischer und destruktiver Energien, aufbauender und zerstörerischer Kräfte, die Polarität von Liebe und Tod als das eigentliche Daseinsgesetz.

Von der Problematik der Geschlechterliebe handelt auch Alfred Döblins 1911 im „Sturm“ veröffentlichte phantastische Geschichte „Der Ritter Blaubart“, die 1913 in die Sammlung „Die Ermordung einer Butterblume“ übernommen wurde. Nach einem mysteriösen Unfall in einer sumpfigen Einöde am Meer, wo nur Ratten und Kröten hausen, läßt sich der Baron Paolo di Selvi dort ein Schloß bauen. In der Folgezeit kommen drei Frauen des Barons unter geheimnisvollen, nie aufgeklärten Umständen ums Leben. Es geht das Gerücht, er habe sich einem in den Klippen hausenden Monster verschrieben, das zu bestimmten Fristen Menschenopfer verlange. Erst eine junge Frau, die den Baron aufrichtig, aber vergeblich liebt, löst, sich selbst aufopfernd, die Zerstörung des Schlosses und die Befreiung des Barons von den monströsen Einflüssen aus.

Nicht die Frau, sondern der Mann ist beherrscht von den Kräften des den unteren psychischen Schichten angehörenden, verschlingenden Eros, versinnbildlicht in der abgründig morastigen Gegend am Meer, wo man den Baron seinerzeit, bedeckt mit

Lehm und Tang, gefunden hatte, und verkörpert in dem aus der Tiefe aufsteigenden Ungeheuer, einer „Meduse mit zahllosen ringelnden Fängen.“ Erschüttert wird aufs Neue das optimistische Menschenbild, indem der Erzähler das dämonische Dunkel, die grausamen Triebenergien hinter allen Illusionen entlarvt. Brüchig erscheinen mit einem Mal die sichernden Institutionen bürgerlichen Lebens, seine Ethik, seine Ideale und nicht zuletzt die Ehe als Keimzelle der Gemeinschaft. Der abschließende Sprung in die Legende mit der sich selbst aufopfernden Frau als Gegenbild zum brutalen Egoismus des Eros läßt die Verfallenheit des Menschen an dämonisch zerstörerische Energien im Grunde nur noch umso stärker hervortreten, da er offenbar unfähig ist, ihrer selbst aus eigener Kraft Herr zu werden.

Mit Ewers zählt Karl Hans Strobl zu den fruchtbarsten phantastischen Erzählern seiner Zeit. Zwischen 1919 und 1921 gab er die vielbeachtete Zeitschrift „Der Orchideengarten“ heraus, ein bunt gemischtes Magazin der literarischen Phantastik. Seine besten eigenen phantastischen Geschichten sind in dem 1917 in der „Galerie der Phantasten“ unter dem Titel „Lemuria“ erschienenen Band gesammelt. Hervorstechendes Thema bei Strobl ist das Scheitern aller menschlichen Versuche, im Unerklärlichen und Rätselhaften menschlicher Existenz Orientierung und Sinn zu finden. Der Tod, in allen Geschichten des österreichischen Erzählers in düsterer Sinnlichkeit gegenwärtig, löst Urängste aus und provoziert zugleich unzulängliche Gegenentwürfe und Erklärungsversuche.

Im „Aderlaßmännchen“ (1909) verschafft sich ein Vampir in der Maske des zugelassenen Arztes Zugang zu einem Stift, um den Nonnen wie gewohnt zur Ader zu gehen. Schon bald enthüllt sich die wahre Natur des Eindringlings. Ohnmacht und Angst breiten sich aus. Die Vorsteherin „sah wie in unheimlich langen Nächten voll dämmernder Stimmen in die Augen der Finsternis.“ In der entfesselten Orgie von Blut und Sex entpuppt sich der falsche Arzt als der verstorbene französische Philosoph Saint-Simon. Der noch von Heine hochgeschätzte Sozialist, der seinerzeit durch eine religiöse Reform ein neues Christentum der werktätigen Bruderliebe ohne Priester und Dogma anstrebte, ist zu einem schäbigen Blutsauger verkommen, der nichts als „Bündel von Häuten und Kleidern“ zurückläßt.

Der falsche Arzt wird zum Mörder, der einstige Sozialist zum blutigen Schinder und sein Ideal der Bruderliebe erstickt in einem mörderischen Blutrausch. Selbst das Bild des Heilands, von Messerchen, Lanzetten und Nadeln durchbohrt, ist zerschnitten, sein Gesicht verzerrt und sein Mund, ursprünglich fest geschlossen, steht offen „wie zu einem Schrei des Entsetzens.“ Weder die sozialistischen noch die christlichen Heilslehren können den Tod als der unausweichlichen Katastrophe menschlicher Existenz Einhalt gebieten. Vor ihm versagen am Ende alle Sinnentwürfe und Spekulationen.

Gnadenlos gestaltet die literarische Phantastik das Desaster des Lebens, ohne Zuflucht zu nehmen zu okkulten Kompensationen. Der übersteigernde phantastische Umgang mit Heilslehren und Ideologien gerät dabei in die Nähe einer makabren Parodierung. Eine Rettung für den Menschen gibt es weder im Diesseits noch im Jenseits. Der Arzt wird zum Schlächter und der Erlöser zum ohnmächtigen Opfer, dessen Entsetzensschrei ungehört verhallt.

In der Geschichte „Das Grabmal auf dem Père Lachaise“ (1913) wählt ein Wissenschaftler nach einer mysteriösen Einladung für ein Jahr seinen Arbeitsplatz im marmornen Grabmal einer russischen Fürstin, um hier sein Lebenswerk über den Verfall und die Endlichkeit der Materie zum Abschluß zu bringen. aber erneut endet das Bemühen um die Lösung der Lebensrätsel in einer Katastrophe. Der Wissenschaftler, fett gefüttert von den überlebenden Bediensteten, dient der vampirischen Fürstin nur als eine immer wieder frisch aufgefüllte Blutbank und als Prostituierter ihrer sexuellen Perversionen. „Sie trinkt meine Kraft fort, sie saugt mein Leben ein... Die Gestalt, die mir anfangs leicht und luftig erschien, wie eine Wolke, ist in den letzten Nächten körperhaft schwer geworden, lastet auf mir...“

Der Wissenschaftler, der glaubte, Licht tragen zu können in die dunklen Verschlingungen des Lebens, verfängt sich zum Schluß selbst in ihnen, indem er seine Geliebte tötet, die er mit seiner nächtlichen Quälerin verwechselt. Die angebliche Befreiungstat führt zur Ermordung der Liebe, eine Entwicklung, die der geistig verwirrte, bereits vampirisierte Ich-Erzähler jedoch nicht mehr durchschaut.

Abb. 6
Richard Teschner: Illustration zu Strobls Erzählung
"Gebärden da gibt es vertrackte" (1917)

Wie die Heilslehren sind auch alle Anstrengungen wissenschaftlicher Forschung untauglich, dem realen Grauen wirkungsvoll zu begegnen und es zu bewältigen. Die Zeit, die sich unheilvoll auf den Weltkrieg zubewegte, in der der technische Fortschritt sich in atemberaubendem Tempo über die Menschen und ihre wirklichen Interessen hinwegsetzte, schien allen Erklärungsversuchen, allen wissenschaftlichen Bewältigungen zu trotzen. Dem zur Katastrophe hindrängenden Prozeß schien weder intellektuell noch ethisch beizukommen zu sein.

Strobls Phantastik konterkariert aber nicht nur die ethischen Systeme und die wissenschaftliche Forschung. Sie relativiert darüberhinaus auch alle spekulativen, sektiererischen und okkulten Versuche, Sinn zu stiften in einer Phase, in der dem Menschen die Kontrolle über das, was zwanghaft geschieht, längst entglitten ist. Der Medizinstudent in „Gebärden da gibt es vertrackte“ (1914) erkennt zwar den Tod als das absolut Sinnlose, glaubt aber zugleich daran, das derjenige, der „ein höheres Ich erreichen“ und sich „reinigen und läutern könne“, im Maße seiner Güte „sein Leben verlängerte, und die ganz Großen wüchsen in die Ewigkeit hinein.“ Von makaber entlarvender Pointierung ist es indes, daß er seine an beliebte fernöstliche Weisheitslehren der Zeit erinnernde Spekulationen einer Tänzerin vorträgt, die ihn am Ende mit zu sich nimmt und sich vor seinen Augen allmählich auflöst. „Aber das Fleisch war seltsam verändert, es zog sich nur wie eine dünne blasse Gallertschicht über den blanken Knochen ihrer Tanzmaske.“ Am Schluß beginnt die Tänzerin im Stil der Gerippe aus Goethes bekannter Ballade „mit heftig geworfenen, weit ausgerenkten, sieghaften Gebärden den lüsternen eckigen, vertrackten Tanz des Phantoms...“

Der glühende Anwalt menschlicher Größe ist desillusionierter Zeuge des großen Totentanzes des Lebens, sein Glaube an die prinzipiell mögliche Veredlung des Menschen und dessen dadurch bewirkte Lebensverlängerung nur haltlose Spekulation, abstrakte Fluchtgebärde im Angesicht des konkreten Grauens. Wirklicher als jedes fein gesponnene philosophische System ist die detailliert wahrgenommene Auflösung des Fleisches. Der Idealismus hat ausgedient. An seine Stelle ist das illusionslos gesehene Sein einer Natur getreten, das zerstört und zerstört wird, ein Sein, das in grausamer Phantastik wie in der Geschichte vom Grabmal und vom Aderlaßmännchen unsterblich zu sein scheint und tödliche Wunden schlägt, ein Sein, das den Keim seines Verfalls immer schon in sich trägt.

Keine Ideen, nicht der Geist und das Bewußtsein bestimmen das Leben, sondern das Verschlingende und Verschlungenwerden der Materie in einem sinnlosen phantastischen Kreislauf, so wie der Forscher in dem mamornen Grabmal nur genährt und am Leben gehalten wird, um dem Monster, das wie das Leben selbst unsterblich ist, als Nahrung zu dienen. „...ich werde gemästet... mein schwammiger, aufgetriebener Leib ist nur ein Behälter für recht viel Blut... für einen Vampir, der jede Nacht kommt, um sich satt zu trinken.“ Im Vampir gewinnt das phantastische Paradox Gestalt, das der Tod immer wieder zum Leben erwacht und das Leben immer wieder in den Tod sinkt. Ein absurder Kreislauf, in dem das Leben den Tod am Leben erhält, indem es sich ihm stets neu übergeben muß.

Tod ist auch das zentrale Thema in Thea von Harbous früher Veröffentlichung „Die Masken des Todes. Sieben Geschichten in einer“ (1915). Verbunden sind die Geschichten im Stil der novellistischen Rahmenerzählung, in der sieben junge Männer, nachdem sie ihren Spaziergang beendet haben, auf die Idee kommen, sich Geschichten zu erzählen, in denen das Un- und Außergewöhnliche eine Rolle spielen soll. Geschickt den Erzählrahmen als Sphäre des Alltäglichen und Normalen nutzend, stellt das Erzählte jeweils das ganz andere, zutiefst Beunruhigende dar.

Gleich in der ersten Geschichte „Das Notizbuch“ begegnet ein überarbeiteter erschöpfter Geschäftsmann dem geheimnisvollen Professor Thanatos, der ihn auf einem Tiefpunkt seines Lebens mit Blick auf das Ende die Sinnlosigkeit seines rastlosen Treibens vor Augen führt. Der Tod erscheint als Arzt in einer Welt leerer Betriebsamkeit. Bei einem Zugunglück kommt der Geschäftsmann ums Leben und erkennt sterbend, mit wem er seine letzten Stunden verbracht hat:

> „Und er sah, während die Schatten des Sterbens seine Augen verdunkelten, wie die Gestalt des Fremden den Bahndamm erstieg und auf ihm entlangschreitend höher und höher wuchs, ein

> wandelnder Schattenriß, - bis er zuletzt eins wurde mit der düsteren Wölke, die über der Unglücksstätte hing, als hinge sie über der Welt.“

In der Geschichte „Der Schatten“ erhält das Phantastische einen deutlich aggressiven Akzent. Ein Schauspieler sieht sich verfolgt von dem gespenstischen Schatten eines ehemaligen Kollegen und Freundes, mit dessen Frau er eine Affäre gehabt hat. Wie ein Alptraum legt sich der Schatten des Betrogenen auf den Betrüger und treibt ihn in den Wahsinn. Geburt und Tod rücken in der Geschichte „Die Mutter“ im Zeitraum einer Nacht nahe aneinander. Das Neugeborene im Korb neben sich, ahnt die Mutter plötzlich die Gegenwart des Todes, hört, wie er seine Sense schärft und in die Kammer tritt. Vor seiner sinnlich bedrückenden Präsenz flieht sie mit ihrem Kind auf die Straße, immer in der Gewißheit, von dem Ungeheuerlichen verfolgt zu werden. Doch jede Flucht ist sinnlos. Beide, Mutter und Kind, werden schließlich die Opfer des unheimlichen Verfolgers. Dem Tod verfallen ist das Leben von allem Anfang an. Ob als existentielles Schicksal oder als gnadenlose Vergeltung, in vielen Masken tritt der Tod in den Alltag ein, unfehlbar Grauen auslösend vor dem dunklen Ende. Die einzelnen Lebensgeschichten münden in die eine, allumfassende Geschichte vom Tode.

Der dritte, äußerst erfolgreiche Erzähler phantastischer Geschichten um die Jahrhunderwende ist neben Ewers und Strobl Gustav Meyrink. Die wichtigsten seiner Geschichten sind gesammelt in „Des deutschen Spießers Wunderhorn“ (1913).Es enthält im einzelnen die früher erschienenen Sammlungen „Der heiße Soldat“ (1903), „Orchideen“ (1904 und „Wachsfigurenkabinett (1907). „Fledermäuse“, eine Sammlung von sieben weiteren Geschichten, erschien 1916. Meyrinks zentrales Thema sind die immer wieder überraschenden, mitunter schockierenden Übergänge von der Normalität des Alltags zum Ungewöhnlichen, zu dem, was hinter der Oberfläche der Dinge und Ereignisse sichtbar wird, wobei offenbleibt, ob das Normale das eigentlich Ungewöhnliche oder das Ungewöhnliche das eigentlich Normale ist. In jedem Fall erzählen die Geschichten von dem Zeitpunkt, an dem die Polarität des Daseins hervortritt. Phantastisch ist vor allem die Überschreitung der Grenzen der Normalerwartung, der spontan geöffnete Blick auf das, was die Normalität in Frage stellt.

In der Geschichte „Die Urne von St. Gingolph“ betritt der Ich-Erzähler einen uralten, verwilderten Park mit einem verfallenen Schloß, weitab von allen bekannten und vertrauten Wegen. Bei einer verwitterten Urne fällt er in einen tiefen Schlaf. Träumend geht ihm eine vergangene Welt auf. Eine Frau auf der Suche nach ihrem Kind, von ihrem argwöhnischen Gatten, der ahnt, daß seine Frau ihn betrogen hat, aus der Wiege gestohlen. In der Urne ist der kleine Leichnam beigesetzt. Die Frau aber, die ihr Kind nicht finden kann, verfällt dem Wahnsinn und stirbt.

Nach dem Erwachen liegt wie ein Alp der Traum von der Urne noch immer auf dem Ich-Erzähler. Die Gegend hat sich vor seinem inneren Auge verwandelt. Was im Frieden der Natur zu ruhen schien, still und abgeschieden, ist in der Erinnerung des Träumers von der Tragik des Geschauten erfüllt, von Verzweiflung, Untreue, Argwohn, Haß, Wahnsinn und Tod. Auf dem Grund des Lebens treten der Jammer und das Leid der Existenz zutage, die dunklen Aspekte des Daseins, Die abgeschiedene Naturidylle wird durchsichtig für die Tragik, die der Welt zugrunde liegt und den trügerischen Schein des Friedens zerreißt.

Die Geschichte „Die Pflanzen des Dr. Cinderella“ kreist um eine kleine Bronzefigur, aus dem Wüstensand in Theben gehoben, wahrscheinlich die Darstellung einer ägyptischen Hieroglyphe. Dominant ist der bildliche Eindruck, und gerade in dieser Bildhaftigkeit liegt die magische Wirkung des Fundes begründet. Auf den Ich-Erzähler übt die Figur einen rätselhaften Zauber aus, der ihn auf einen Weg drängt zwischen Erkenntnis und Entsetzen. Die Bronze kommt ihm vor wie „ein Lotse mit einer Maske vor dem Gesicht, der schweigend beim Morgengrauen das Schiff des Lebens betritt. Der aus jenen Abgründen stammt, dahin unsere Seele wandern mag, wenn der Tiefschlaf die Tore des Tages verschlossen.“

Die Statue stellt eine Figur dar, die beide Arme über den Kopf erhoben hat und mit den Fingerspitzen den Scheitel berührt. Die Augen sind wie bei einem Schlafenden geschlossen. Der ringförmige Eindruck verweist auf das altägyptische Ewigkeitssymbol der Uroboros-Schlange, die sich selbst in den Schwanz beißt, später auch als alchemistisches Sinnbild verwendet für die sich wandelnde Materie.

Dem inneren Zwang, den die Figur auf ihn ausübt folgend, gelangt der Ich-Erzähler in die Gewölbe des Dr. Cinderella, wo auf Holzspalieren zusammengestückelte Adern ranken, in denen Blut pulsiert, dazwischen glitzern Augen von allen nur denkbaren Lebewesen. Alles ist der „Beseelung beraubt, und auf rein vegetatives Wachstum heruntergedrückt.“ Der Ich-Erzähler erhält Einblick in den Vollzug unbewußten Lebens, aus dem das Individuum nur kurzfristig heraustritt, um dann wieder einzutreten in den vegetativen Kreislauf der Natur. In der Erzählung „Meister Leonhard“ aus den „Fledermäusen“ ist die Rede von der „Wanderung der Seele im Kreis durch die Nebel der Geburten zurück zum Tod.“ Auch der Name Cinderella mit seiner Anspielung auf lat. cinis für Asche, Leichenasche verweist auf den Tod. Sterben des individuellen Lebens bedeutet nicht völlige Auslöschung, sondern im Wechsel der Wiedergeburten ständige Rückkehr ins vegetativ Unbewußte. Desillusioniert aber werden alle Hoffnungen auf ein individuelles, bewußtes Weiterleben.

Am Schluß scheint der Ich-Erzähler mit der Gestalt des Cinderella zu verschmelzen. Sein Weg, von der Bronzefigur vorgezeichnet, hat ihn zum Wissenden und Weisen werden lassen. Ziel des bewußten Lebens ist sein Augehen in der Ewigkeit des Unbewußten. Dem Ich-Erzähler ist, als begegne ihm am Ende Anubis selbst, der ägyptische Totengott, der den Dienst an den Toten versieht.

Erneut wird im Prozeß einer phantastischen Metamorphose das Bewußtsein durchlässig für die Erkenntnis der chthonischen Kräfte, deren Kreislauf alles Leben zwischen Geburt und Tod angehört. Phantastische Literatur verabschiedet einmal mehr die jenseitige Apotheose des Menschen und alle idealistischen Hypostasierungen. Der Mensch ist wie alle Kreaturen ein Geschöpf der Erde, aus ihr kommt er, in sie kehrt er zurück. Dies ist die eigentliche Wirklichkeit seiner Existenz, während idealistische und transzendente Konzepte lediglich phantastische Spekulationen sind.

Meyrinks im Grunde expressionistisches Darstellungsprinzip, die Oberfläche des bloß Phänomenalen zum Essentiellen hin zu durchdringen, bewährt sich auch dort, wo er die scheinbar normalen gesellschaftlichen Autoritäten satirisch bissig als phantastische Elemente entlarvt. Überzeugend verbinden sich Phantastik und Satire in der Geschichte „Das verdunstete Gehirn“. Die bloße Berührung mit einem preußischen Polizeihelm genügt dort, das Gehirn völlig aufzulösen. Nicht von ungefähr widmet Meyrink seine Geschichte mit einem Augenzwinkern dem Schuster Voigt, dem Hauptmann von Köpenick, war es diesem doch gelungen, allein durch das Anlegen einer preußischen Offiziersuniform alles Nachdenken bei den anderen auszuschalten und sie dazu zu bringen, sich vor der bloßen Fassade zu verneigen. Hirnlos und phantastisch ist in der Tat eine Autorität, die die ihr Untergebenen zu Erfüllungsgehilfen verkümmern läßt, so daß sie der Form und der kostümierten Attrappe widerspruchslos gehorchen. Meyrinks phantastische Geschichten erschüttern das naive Vertrauen in die bloße Erscheinungsweise der Dinge und enthüllen gerade das, was am vertrautesten und völlig normal erscheint als fremd und im höchsten Grade fragwürdig.

Dies gilt im gleichen Maße für Franz Kafka, den zu seiner Zeit unterschätzten Erzähler aus Prag, der 1913 eine Sammlung kurzer Prosastücke unter dem Titel „Betrachtung“ vorlegte. Immer wieder tut sich eine unendlich rätselhafte Welt auf für die umherirrenden Gestalten, unverstandenen und unheimlichen Begegnungen ausgesetzt, Irritationen, die sowohl aus ihrem Innern als auch aus der Außenwelt auf sie eindringen.

Wie „in einer Rennbahn“ läuft das Ich in der kurzen Erzählung „Unglücklichsein“ in seiner Wohnung hin und her, immer auf dem Weg nach neuen Zielen und gleichzeitig auf der Flucht vor ihnen, im Grunde ohne einen wirklichen Bezugspunkt, von zermürbender Rastlosigkeit ergriffen. Da erscheint im dunklen Korridor ein Kind, wie ein „kleines Gespenst“, in sich ruhend, in anmutiger Bewegung, bemüht, den anderen in seiner Hektik zu beschwichtigen. Spontan erkennt das Ich, daß die Natur des Kindes, frei von der geschäftigen Unruhe und der atemlosen Jagd nach immer neuen Zielen, im Grunde auch seine eigene ist, nur unter dem Druck der Alltagszwecke verfremdet und pervertiert. Aus ihm selbst steigt die Erinnerung auf an das, was es einmal war und was es, den Zwecken und Zielen ausgeliefert, verdrängt hat.

Aber die Erkenntnis der Identität des Kindes mit sich selbst hat keine Folgen, weil das Ich nicht wirklich zu einer radikalen Wende bereit ist. Die verschüttete Seite seiner Existenz, die Rettung und Erlösung bedeuten könnten, bleibt nur ein Gespenst aus der Vergangenheit, heimlich geliebt, aber zugleich der Geschäftigkeit des Alltags geopfert. „Aber weil ich mich gar so verlassen fühlte, ging ich lieber hinauf und legte mich schlafen.“

In der aus dem Nachlaß stammenden Erzählung „Der Schlag ans Hoftor“ (1917) wird die scheinbar vertraute Welt plötzlich fremd und unheimlich. Auf „dem Nachhauseweg“ des Ich-Erzählers mit seiner Schwester schlägt diese aus nicht näher bezeichneten Gründen an ein Hoftor. Wenig später wird der Bruder in Haft genommen und in eine Stube des Hofs geführt, die ihm wie eine Gefängniszelle vorkommt, aus der kaum noch ein Entrinnen möglich scheint. Sein Glaube, daß man ihm nichts beweisen könne, sein Vertrauen auf seine Überlegenheit als Städter dem Bauernvolk gegenüber und sein vorsorglicher Rat an die Schwester, sich ein besseres Kleid anzuziehen, erweisen sich als wirkungslos und hinfällig und hindern ihn daran, sich offen mit seiner problematischen Lage zu beschäftigen. Vielleicht aber sind es gerade diese Ausflüchte und Taktiken, die ihn schuldig machen.

Rätselhaft auf jeden Fall bleibt das völlig unangemessene Verhältnis zwischen der Tat, einer Bagatelle, und dem gerichtlichen Aufwand. Rätselhaft ist aber auch, warum der Bruder und seine Schwester auf ihrem Nachhauseweg, also in einer normalerweise vertrauten Region in ein ihnen absolut unbekanntes Dorf mit dem vorgelagerten Hof gelangen. Kafka deckt keines der Rätsel auf.

Plötzlich findet man sich, aus seiner normalen Umgebung kommend, in einer anderen Welt wieder, die man ungestraft herausfordern zu können glaubt und von der man prompt zur Rechenschaft gezogen wird. Das Hoftor außerhalb des Dorfs markiert dabei den Übergang von der einen in die andere Welt, von der Welt, in der man sich frei bewegen konnte, in eine Welt, in der man sich als Gefangener wiederfindet. Verräterisch aber ist, daß nicht die Schwester, die den Schlag geführt hat, vor Gericht steht, sondern der Bruder, der bemüht ist, alles herunterzuspielen, um mit heiler Haut davonzukommen. Es ist die Befangenheit in den Scheinsicherungen der Normalität, die das Unheimliche auf den Plan ruft, das Andere, das Unfaßbare, das man im Vorübergehen herausfordern zu können glaubte und das einen dennoch einholt, es ist die Ungesichertheit menschlicher Existenz, die plötzlich dort hereinbricht, wo man sich schon auf dem Weg nach Hause, kurz vor dem Eintritt in die schützenden eigenen vier Wände befindet.

Die Geschichten des wie Kafka aus Prag stammenden Erzählers Leo Perutz, erstmals 1930 in dem Band „Herr erbarme dich meiner“ gesammelt, sind nicht durchgängig phantastisch. Dort, wo Phantastisches Gestalt gewinnt, erscheint es ebenso unaufdringlich wie hintergründig. Perutz verzichtet in seiner eher sachlichen, unpathetischen Erzählweise auf das oft monströse Repertoire des Genres, auf Gespenstisches und Okkultes. Das Grauen erwächst aus der plötzlichen Desorientierung des Menschen mitten in seinem Lebensalltag, den er allem Anschein nach bis zu diesem Augenblick völlig im Griff zu haben schien. Abrupt scheint der Faden gerissen, der Lebensrhythmus fatal gestört und das persönliche Ende absehbar, ohne daß ein wirklich plausibler Grund für den schlimmen Wandel genannt wird.

Die bereits 1907 veröffentlichte Geschichte vom „Feldwebel Schramek“, die später den Titel „Das Gasthaus zur Kartätsche“ erhielt, erzählt von Jindrich Chwastek, wie er jetzt heißt, einem trinkfesten, lebenslustigen, witzigen Feldwebel, der die Leute im Gasthaus unterhält und sich gelegentlich mit anderen Soldaten rauft, ein Kerl, wie er im Buche steht, allerdings mit einem gewissen Hang zur Melancholie. Als eine Frau aus seiner Vergangenheit, mit einem Oberleutnant verheiratet, wieder in sein Leben tritt, werden alte Erinnerungen wach. Schon vorher war die Rede von einem Bild, auf dem Chwastek in Leutnantsuniform mit eben dieser Frau zu sehen ist. Auf die Frage, ob er ihr nahegestanden habe, antwortet er: „...kein Mensch steht dem andern nahe... Auch die besten Freunde stehen nur nebeneinander in derselben Landschaft.“

Im Grunde lebt der Feldwebel ein auf sich selbst zurückgeworfenes Leben, über dem die Schatten einer enttäuschenden Vergangenheit zu liegen scheinen, etwas, was die Erfüllung seiner Lebenswünsche zunichte gemacht hat. Dunkel bleibt, was ihn den Leutnantsrang gekostet hat. Alkohol und ein gewisser Oberleutnant sollen dabei eine Rolle gespielt haben. Vielleicht ist es der,

der jetzt wieder in sein Leben getreten ist, ein Freund von damals, der bei der Frau erfolgreicher gewesen war als er. Auf jeden Fall ist die jetzige Frau des Oberleutnants eine Jugendliebe Chwasteks gewesen, beide haben sich bereits als Kinder gekannt. Mit ihrem Erscheinen brechen die alten Wunden wieder auf. „Es gibt kein größeres Unglück für einen Menschen“, kommentiert Chwastek seine eigene Lage, „als wenn er unversehens in seine eigene Vergangenheit hineingerät.“ Die dunkel andeutende, nie völlig aufklärende Erzählweise vermittelt den Eindruck eines ebenso undurchschaubaren wie unaufhaltsam sich vollziehenden Schicksals. Am Ende erschießt sich Chwastek.

Der Schluß knüpft wieder an den Anfang an, wo der Selbstmord bereits geschildert wurde, so daß sich in analytischer Darbietung der Kreis schließt, in dem schicksalhaft das Leben eines Menschen scheiterte. Sein Untergang ist der Brennpunkt des Erzählens. In ihm erfüllt sich pointiert die Geschichte. Detailliert schildert der Erzähler einleitend den verschlungenen Weg der Kugel, die die Brust des Feldwebels durchschlägt, allerlei Unheil anrichtet und schließlich im Gehäuse einer Uhr steckenbleibt, die Zeit gleichsam anhaltend, aus der Chwastek, von der Vergangenheit überwältigt, herausgetreten ist. Die eigenmächtig dahinfliegende Kugel wird zum Symbol des nicht aufzuhaltenden Schicksals, das erst dann zur Ruhe kommt, wenn es sein Zerstörungswerk vollendet hat.

Phantastisch ist die Fatalität eines Lebens, dessen tragisches Ende bereits die Vergangenheit festgelegt hat, ein Ende, das sich unausweichlich, mit gespenstischer Folgerichtigkeit vollzieht. Die große Lebensenttäuschung, die der Feldwebel lautstark zu überspielen versuchte, holt ihn ein und tötet ihn. Alles ist letztlich von einem blinden Schicksal bestimmt, dem der Mensch nicht entgehen kann, das ihn auch nach Jahren noch stellt und vernichtet.

In der fatalistischen Entmündigung des Menschen, in der Verwandlung der Welt in einen dunklen Schicksalsraum und in der absurden Kreisbewegung des Lebens, das sich von der persönlichen Krise fortzubewegen meint, während es geradezu wieder auf sie zuläuft, spiegelt sich der fatalistische Geschichtspessimismus der Zeit, die nicht nur in Österreich, wenn dort auch besonders intensiv, als eine Zeit zum Ende hin erlebt wurde ohne den Glauben an eine Richtungsänderung durch menschliches Eingreifen. Die Gewißheit aber, im Sog eines blinden, unaufhaltsamen Schicksals in den Abgrund gerissen zu werden, löst ein phantastisch gesteigertes Grauen aus vor einem Dasein, in dem das scheinbar Zufällige Glied in einer Kette der sich folgerichtig vollziehenden Katastrophe ist.

Die Geschichte „Der Mond lacht", von Perutz 1914 erstmals erwähnt, versinnbildlicht das Walten eines rätselhaften Schicksals unter dem unheilvollen Einfluß des Mondes auf Vertreter eines alten Geschlechts aus der Bretagne. Immer, wenn der Mond aus wolkenlosem Nachthimmel herniederscheint, löst er übernervöse, krankhafte Reaktionen bei den Betroffenen aus, gesteigert bis zur Lähmung des Handlungswillens oder bis zu unsinnigen Aggressionen gegen den Mond, indem der Lunatiker beginnt, das Gestirn der Nacht mit seinem angeblich tückisch lasterhaften, von bösen Leidenschaften zerwühlten Gesicht zu beschießen.

Die traumatisch sich äußernde Mondsucht ist allem Anschein nach unheilbar. Sie befällt den einzelnen und zwingt ihn auf einen Weg, der ihn todsicher ins Verderben führt. Der letzte Vertreter des Geschlechts, sein Teleskop auf den alten Widersacher richtend, sieht plötzlich im hellen Mondlicht seine junge hübsche Frau in den Armen seines Gutsnachbarn. Während der Mond in der Gewißheit seines letzten Triumphs zu lachen scheint, dringt der betrogene Ehemann in das Zimmer des ehebrecherischen Paars ein, versetzt dem Nachbarn einen Peitschenhieb und wird von diesem in einem Akt der Notwehr erschossen. Mit ihm ist das Geschlecht ausgestorben, der Mond hat sein unerklärliches, Jahrhunderte andauerndes Zerstörungswerk vollbracht.

Ausgeliefert scheint der Mensch rätselhaften Gewalten, von außen in sein scheinbar gesichertes Leben eindringend und es auslöschend. Vielleicht aber, und diese Möglichkeit bleibt offen, liegen die zerstörerischen Gewalten im einzelnen selbst, von gewissen Einflüssen nur geweckt, die den Prozeß der Selbstzerstörung lediglich einleiten. Nicht minder phantastisch indes ist die Annahme einer im Menschen wirksamen destruktiven Kraft, gerichtet gegen den angeblich stärksten aller Triebe, den Selbsterhaltungstrieb, den sie in sein Gegenteil verkehrt.

Ein Meister der phantastischen Geschichte ist Moritz Alexander Frey, dessen Schaffen allerdings nicht im Phantastischen aufgeht, erinnert sei an seinen Roman „Die Pflasterkästen“ (1929), der seine Kriegserfahrungen als Sanitäter aufarbeitet. Überhaupt gilt der aus München stammende Frey bei den Kennern des Phantastischen als Geheimtip, während er in seiner Zeit neben Ewers, Strobl und Meyrink nur geringe Beachtung fand. Zu seinen besten Sammlungen zählen „Dunkle Gänge“ (1913), „Spuk des Alltags“ (1920) und „Außenseiter“ (1927).

Die Geschichte „Das unbewohnte Haus“ aus den „Dunklen Gängen“ fand 1914 Eingang in das von Felix Schloemp herausgegebene „Unheimliche Buch“. Die Rede ist von einem alten, verlassenen Haus mitten in einer großen Stadt. Der Erzähler erfährt von einer Chronik aus dem Jahr 1708, die von der Ermordung einer schönen jungen Frau in dem Haus während eines Fests berichtet, und von einer Zeitungsmeldung genau hundert Jahre später, nach der Anwohner ein gespenstisches Treiben in dem Haus beobachtet haben wollen. Nun nach weiteren hundert Jahren, scheint sich wieder Leben in dem Haus zu regen. Der Erzähler wird dort zur Nachtzeit Zeuge eines Gelages, bei der eine verführerisch schöne Frau, eine Prostituierte, von ihren Freiern auf Anstiftung ihres Mannes erstochen wird.

Am nächsten Morgen weiß der Erzähler nach dem Erwachen nicht mehr, ob es sich um ein wirkliches Erlebnis oder um einen Traum gehandelt hat. „Gleichviel“, heißt es zum Schluß, „es hat sich zugetragen“. Die Grenzen zwischen Imagination und Wirklichkeit, zwischen dem imaginierenden Traumbewußtsein und dem wirklich Gesehenen werden fließend. Phantastisches Erzählen erweitert das Wahrnehmungsspektrum um das Mögliche, das Gestalt annehmend, zur Wirklichkeit wird und das Wirkliche selbst zu einem Kaleidoskop der produktiven Einbildungskraft auflöst. Phantastisch ist das Spiel mit der Wahrnehmung, das Schwinden fester Grenzen, die Verschmelzung des Authentischen mit dem Virtuellen. Freys Phantastik relativiert jede eindeutige Orientierung und löst den Alltag in Vexierbilder auf. Scheinbar Vertrautes wird mit einem Male unheimlich.

In der Geschichte „Weltuntergang“, ebenfalls aus den „Dunklen Gängen“ ergreift die phantastische Imagination des Unheimlichen

Besitz von der Welt. Mitten im nächtlichen Treiben einer Großstadt erlischt der Mond. „Da - während ich emporblickte - geschah etwas Unbegreifliches. Der Mond verblaßte plötzlich. Er verlosch so schnell, wie man ein Licht ausbläst.“ Die Geschichte gestaltet die Fiktion eines Weltuntergangs als wirkliches, vielfach beglaubigtes Geschehen. Wie eine Einspielung aus einem Katastrophenfilm läuft die Szene ab, Angst und Grauen vor dem Furchtbaren verbreitend. Die schlimmsten Ahnungen werden wahr, als der Himmel zur Zeit der erwarteten Morgendämmerung unergründlich schwarz bleibt. „Es gab keine Hoffnung mehr, die Sonne kam nicht. Nie mehr, nie mehr!“

Phantastik simuliert das Schlimmstmögliche, das, was allen in die Zukunft gespannten Erwartungen und allem planvollen Eingreifen ein Ende setzt. Ungeschützt und ohnmächtig sieht sich der Mensch dem Desaster eines Endes ohne neuen Anfang gegenüber. Zweifellos sind auch Freys phantastische Geschichten, seine Neigung zu Prophetien des Untergangs, geprägt von den Vernichtungsängsten der Zeit auf der Schwelle zum Weltkrieg. Als er seine zweite Erzählsammlung „Spuk des Alltags“ 1920 veröffentlichte, war der erste Weltkrieg vorüber, an dem Frey als Sanitäter im gleichen Regiment mit Hitler teilgenommen hatte. „Militär und Krieg“, läßt der erklärte Pazifist Frey eine seiner Gestalten in dem 1944 erschienenen Exilroman „Hölle und Himmel“ sagen, „sind die albernste, schamloseste, dümmste Gemeinheit von der Welt.“ Das Trauma der schrecklichen Menschheitskatastrophe wirkte fort. An die Stelle der Prophetien und Schreckensvisionen traten die Alpträume unter dem Druck einer traumatisierenden Vergangenheit.

Die düstere Geschichte „Verzweiflung“ aus „Spuk des Alltags“ ist erfüllt von beklemmender Angst. Völlig unvorbereitet begegnet dem Ich-Erzähler eines Tages sein schrecklicher Doppelgänger, der Leiche für Leiche treppaufwärts auf den Speicher seines Hauses trägt. In dem grausigen Vorgang schlägt sich die quälende Erinnerung an den ersten Weltkrieg und seine Greuel nieder. Plötzlich steht das massenhafte Töten in der phantastischen Begegnung wieder vor Augen. Der mit Leichen angefüllte Speicher, den der Erzähler betritt, veranschaulicht das verdrängte Bewußtsein des Schrecklichen und des Grauens. Die furchtbare Erinnerung, die nicht zum Schweigen zu bringen ist, wird zur Mahnung an die Gegenwart, in der bereits neue Aggressionen gegen die sogenannte Schmach von Versailles geschürt wurden. Gerade die geschichtliche Situation zwischen den Weltkriegen wies der Phantastik die Aufgabe zu, mit den Mitteln des Grauens zu warnen, ohne Hoffnung jedoch, daß Schreckliche abwenden zu können, wie denn der phantastische Autor überhaupt weniger geleitet ist von dem Glauben an die verändernde und sinnstiftende Kraft der Literatur als von der schlimmen Ahnung der unaufhebbaren Sinnlosigkeit der Welt.

Die Geschichte mit dem merkwürdigen Titel „Hütlein“, die den Erzählband „Außenseiter“ einleitet, erzählt von einem Sonderling in einem baufälligen Schlößchen, umgeben von einem verwilderten Park, von Sumpf und Moor. In einem Vogelkäfig hält er ein Wesen, das offenbar nur von ihm als phosphoreszierender Schein wahrgenommen wird. Beim Anblick des Licht aussendenden Phantoms wird ihm plötzlich deutlich, „daß aller Stoffe Wesen die Verwesung ist und daß viele Stoffe herrlich leuchten im Verfall.“ Baufälligkeit, Verwilderung und die allmähliche Auflösung des Stofflichen, sinnfällig im Phantom, erstellen eine Szenerie des Sterbens und Vergehens. Das Wesen vollendet sich in der Verwesung, paradoxerweise also in seiner Auflösung. Zum Schluß versinkt der einsame Sonderling bei einem Spaziergang im Moor. „Es war, als führe er langsam abwärts in einem Lift - es war nicht einmal sehr schlimm.“

Der Tod ohne Trost und Hoffnung, ohne okkulte oder religiöse Verheißungen, erscheint jenseits aller Beschönigungen als phantastische Realität. Mit sparsamsten Mitteln gestaltet Frey die Konfrontation des Menschen mit seinem unwiderruflichen Ende. Phantastisch wirkt die unverstellte Realität, weil vor ihr alle Erklärungen und Sinnstiftungen versagen, mit denen man sich eine künstliche, bedeutungsvolle Wirklichkeit schafft, die aber in Wahrheit die eigentlich irreale ist. Freys Geschichte ist eine phantastische Parabel der conditio humana unter dem leitenden Aspekt ihrer Hinfälligkeit. Skurril ironisiert er in dem rätselhaft phosphoreszierenden Wesen und im Diminutiv seines Namens den Wunschglauben der Menschen, in guter Hut geborgen zu sein.

Einer der letzten bedeutenden phantastischen Erzähler im ersten Drittel des 20. Jahrhunderts ist Willy Seidel, der sich darüber hinaus einen Namen machte mit exotischen Romanen. Seine phantastischen Geschichten und Novellen liegen vor in dem 1930 erschienenen Band „Die magische Laterne des Herrn Zinkeisen“.

Seidel ist wie viele Erzähler des Genres befaßt mit dem Ende des Menschen, mit seinem frühen tragischen Tod, aber auch mit dem allmählichen Absterben im Alter. Eigenartig aber ist, daß er Sterben und Tod keineswegs in phantastisch düsteren Farben malt, als rätselhaften Einbruch darstellt in das Leben, sondern als ein natürliches Ende, als den früher oder später erwarteten Abschluß einer befristeten Entwicklung. Doch über dieses Ende hinaus deutet sich ein neuer Anfang an, die Ahnung von einer Ewigkeit, die das befristete, stets gefährdete Leben in seiner Enge und Beschränktheit selbst phantastisch erscheinen läßt. Seidel fühlte sich vielfach verbunden mit der Romantik. Seinem Sammelband stellt er einen Dialog mit E.T.A. Hoffmann in Gedichtform voraus, in dem die Unsterblichkeit der Phantasie hervorgehoben wird. Wie sein großes Vorbild, so überschreitet auch Seidel gern die enggezogenen Grenzen des Lebensalltags hin zu einem geahnten Zustand jenseits aller Begrenzung.

In der kleinen Erzählung „Psyche und Tod“ spricht der Geistliche am Sarg des an der Cholera gestorbenen sechsjährigen Jan Gustav von der Menschenseele, verkörpert in Psyche, zu der Amor wie in der berühmten Erzählung von Apuleius in unsterblicher Liebe entbrannt ist. Sein Hinweis auf den Genius Tod, der den Jungen früh hinausgeführt hat aus seinem unvollkommenen Leben, so daß seine Seele sich in Gestalt eines leuchtenden Falters befreit in die Unsterblichkeit hinausschwingen kann, hinterläßt auf die ältere Schwester einen tiefen Eindruck. Und tatsächlich sieht sie wenig später ihren Bruder in weiß leuchtender Gestalt, jauchzend mit gläserner Stimme, dem Fluß zueilen, um einzutauchen in das ewig dahinfließende Leben. Zurück bleiben die Menschen, noch gefesselt in ihrem armseligen Puppenzustand, gebunden an ein unfreies, phantastisches Dasein zwischen Angst und Hoffnung, Leben und Tod, in ständiger Verunsicherung und Verzweiflung.

Im Mittelpunkt der Geschichte „Masken des Frühlings“ steht eine alternde Gräfin, die sich regelmäßig zwischen Fastnachtssonntag und Aschermittwoch zurückzieht in ein Zimmer ihres Schlosses, versorgt mit allem, was sie zum Leben braucht, darunter auch Wein und Champagner. Ihre junge Nichte, bei einem Besuch neugierig geworden, beobachtet durch ein Schlüsselloch im Nebenraum, wie ihre Tante aus einer Truhe eine weißgeschminkte Puppe in weiten, weißen Seidenkleidern herauszieht, die unter ihren Händen plötzlich zum Leben erwacht. Pierrot, bekannt als komische Figur des italienischen Theaters, schlägt die Augen auf wie die frühlingshafte Natur draußen und feiert mit der sich zusehends verjüngenden alten Dame das Karnevalsfest auf der Schwelle zum neu anbrechenden Leben.

Die Nichte aber hält es am dritten Tag, am Aschermittwoch, nicht länger, als sie sieht, wie ihre Tante ihr selbst in ihrer Jugend immer ähnlicher wird. In einem burlesken Streit stirbt die alte Dame und auch für Pierrot ist die Zeit wieder einmal abgelaufen. In der Nichte jedoch überleben im ewigen Kreislauf des Lebens die Jugend und das Verlangen nach Liebe.

Phantastisch ist wiederum das, was man für das eigentliche Leben hält, in dem man einsam ist, sich langweilt und altert, der Eintönigkeit des Alltags ausgesetzt. Das wirkliche Leben aber findet statt in Gestalt der commedia dell' arte, mit ihrer ewigen Jugend, ihrer Lebenslust, ihrer Freude und ihrer Liebeserfüllung. Was für die Tante versunken ist, ersteht für die Nichte neu, unverwüstlich und unsterblich. Seidels Geschichten heben das Phantastische auf, indem sie die Endlichkeit des einzelnen jeweils auflösen in der Unendlichkeit des Ganzen. Nur unter dem Aspekt des bloß Individuellen, eines Daseins zwischen Geburt und Tod, ist das Leben phantastisch, als Ganzes betrachtet aber, setzt sich der immer wieder neu gebärende Zyklus bis in alle Ewigkeit fort, in der nichts verlorengeht, sondern nur in einem anderen, aber nun zutiefst bejahten Zustand überlebt.

3. Die fremde Welt

Nicht mehr so spektakulär, in speziellen Erzählbänden gesammelt, aber weiterhin durchaus präsent und wirksam, begegnet die phantastische Geschichte über 1945 hinaus bis in die Gegenwart. Zunehmend reagiert sie auf eine immer fremder werdende, den Menschen aus dem Mittelpunkt verdrängende Welt. Oft findet sich der einzelne undurchschaubaren Situationen und Ereignissen gegenüber, die ihn verwirren, ihn an sich und seinem Lebensraum irre werden lassen und ihn lähmen. Es ist eine Welt, in der er seinen Platz verloren hat, eine unheimliche Welt, die sich seinem Einfluß entzieht und ihn bis zur persönlichen Unkenntlichkeit vereinnahmt, eine Welt, die in dem Maße, wie sie berechenbar und erklärbar erscheint, unberechenbar und unerklärlich wird, in der er sich in Ersatz- und Pseudowelten einzurichten versucht, um zu überleben.

Stand am Anfang das Schlüsselerlebnis des 2. Weltkriegs mit seiner Menschenverachtung und dem Menschen in der Rolle des Opfers, ein Geschichtsdesaster, das trotz aller Versuche, es zu vergessen, das Bild vom Menschen verdüsterte, so drängten bald rasante wirtschaftliche und technologische Prozesse den einzelnen und seine Interessen an den Rand. Doch im gleichen Ausmaß, wie sich die Apparatenszene verselbständigte, die technologischen Revolutionen in pausenlosen Innovationsschüben auf den Menschen eindrangen und eindringen, so daß Überleben eine Frage des fehlerfreien Funktionierens zu sein scheint, erleidet der einzelne tiefgehende Beschädigungen seines Selbstverständnisses, verbunden mit Verzerrungen der Wahrnehmung und dem zunehmenden Verlust an sinnstiftender Orientierung.

Konfrontiert mit den virtuellen Welten der sich aller Lebensbereiche bemächtigenden, immer perfekter werdenden Medien, verblaßt die Erinnerung an eine Welt, in der der Mensch einmal Ausgang und Ziel aller Anstrengungen war. Die Dezentrierung des Menschen im scheinbar unaufhaltsamen Prozeß einer zunehmenden wirtschaftlichen und technologischen Pseudokonkretheit verfremdet den modernen Lebensraum ins Phantastische, in eine von anonymen, seelenlosen Funktionen beherrschte Welt. Der Mensch, desillusioniert und entzaubert, ohne wirkliche Antworten auf seine bedrängenden Sinnfragen, scheint endgültig seinen Produkten und Innovationen unterlegen, ein moderner Zauberlehrling, dem kein Meister mehr zu Hilfe kommt, weil alle Meisterschaft auf die Produkte übergegangen ist. „Jede Geschichte“, ist nach den Worten Peter Handkes in seiner Einleitung zu dem Sammelband „Der gewöhnliche Schrecken“ (1969), „schon eine Schreckensgeschichte, eine Horror-Geschichte, die aber den Schrecken nicht zu etwas Besonderem, etwas literarisch Genießbarem“ verniedlicht, „sondern von ihm als von etwas Gewöhnlichem Alltäglichem“ redet.

Ein Erzähler phantastischer Geschichten, der bereits zur Blütezeit des Genres hervorgetreten war und noch nach 1945 dem Unheimlichen einen breiten Raum in seinen Erzählungen gab, ist Werner Bergengruen. In Schwabes „Gespensterschiff“ erschien 1920 „Die Madonna mit der Hyazinthe“, eine Geschichte um einen russischen Marienkult, dem ein verwirrter Student erliegt und schließlich auf mysteriöse Weise der als selbständigen Göttin verehrten Maria zum Opfer gebracht wird. Im Tagebuch des Studenten ist festgehalten, wie er zunächst noch schwankt zwischen der normalen und der sektiererisch okkulten Welt, die sich am Ende jedoch als stärker erweist.

Deutlich wird die Anfälligkeit des Menschen für das Irrationale, hier verknüpft mit dem schwülstig Erotischen. Unüberhörbar ist die kritische Distanz von Bornierungen dieser Art in einer Zeit, die sich anschickte, den Menschen in ein Netz von okkulten Spekulationen und ideologischen Irrlehren zu verstricken, eine Tendenz, die geradlinig auf den Nazi-Faschismus mit seinen propagandistischen Irreführungen zulief.

Während Bergengruen aber hier noch weitgehend dem Stil der phantastischen Geschichte um die Jahrhundertwende mit ihren unheimlichen Begegnungen verpflichtet bleibt, gelingen ihm nach 1945 einige kürzere Erzählungen, die weniger die dunklen Verstrickungen des Menschen hervorheben, als die Konfrontation mit einer fremd werdenden, unheimlich bedrohlichen Welt. Unter den Erzählungen, die Bergengruens Frau mit dem Titel „Spuknovellen“ 1973 gesammelt herausgab, sticht vor allem die seltsame Geschichte „Der Doppelgänger“ hervor.

Während einer der schweren Bombenangriffe im 2. Weltkrieg werden einige Menschen in einem Keller verschüttet, unter ihnen ein junger Mann, der in einem Erschöpfungsschlaf einen merkwürdigen Traum hat. Er sieht sich außerhalb des Kellers mit traumwandlerischer Sicherheit in der ihm unbekannten Stadt auf dem Weg zur Rettungsstation, wo er eine schriftliche Nachricht hinterläßt. Dabei begegnet er einem Mädchen in Uniform. In der Tat werden die Verschütteten einige Zeit danach gerettet, wobei der junge Mann dem Mädchen wiederbegegnet, das den Zettel mit der Nachricht mit sich führt.

Die rätselhafte, ganz und gar unglaubwürdige und auch nicht aufzuklärende Geschichte entspringt dem ohnmächtigen Engagement für den Menschen in Not. Bergengruen nimmt die Phantastik in den Dienst eines tiefen sozialen Mitgefühls, das helfen möchte und im Grunde, konfrontiert mit der Aussichtslosigkeit der Lage, gar nicht helfen kann. Phantastisch ist weniger die rätselhafte Doppelgängerei als eine Welt, die den Menschen in solche Katastrophen stürzt, aus denen es kein reales Entrinnen mehr gibt. Phantastik wird zum Ausdruck der radikalen Hilflosigkeit, eines Wunschtraums, der sich nie erfüllen wird. Zurück bleibt der Eindruck einer den Menschen wie die Menschlichkeit brutal zerstörenden Kriegswirklichkeit.

Für Marie Luise Kaschnitz bildet das Phantastische einen festen erzählerischen Bestandteil. Insbesondere in ihrer ersten Sammlung kurzer Erzählungen „Lange Schatten“ (1960) spielt es eine beachtliche Rolle.Gern läßt sie ihre Geschichten an bekannten Orten und Plätzen spielen, an denen dann oft, ziemlich unvermittelt, sich Ungewöhnliches, ja Unerklärliches ereignet. Die Geschichte „Gespenster“ spielt mitten im Trubel der Metropole London, wo die Ich-Erzählerin mit ihrem Mann eine Shakespeare-Inszenierung im Old Vic-Theatre besucht. Merkwürdig kommt ihr dabei das Verhalten ihres Mannes vor, der seine Aufmerksamkeit weniger auf das Bühnengeschehen richtet, als auf ein junges Paar vor ihnen, mit dem sie später den Abend in dessen Haus verbringen, ein Haus, das der Erzählerin von vornherein ungepflegt und wie lange Zeit unbewohnt vorkommt. Ihr Mann glaubt, das junge Paar, Bruder und Schwester, vor gar nicht langer Zeit irgendwo in Deutschland in einem Auto gesehen zu haben, auffallend durch einen höchst riskanten Fahrstil. Beim Verlassen des Hauses vergißt er sein goldenes Zigarettenetui. Als sie es am nächsten Morgen abholen wollen, erfahren sie zu ihrer Bestürzung, daß das Haus tatsächlich leersteht und die jungen Leute bei einem Autounfall ums Leben gekommen sind. Das Etui allerdings liegt auf dem Tisch.

Die Weltstadt London, repräsentativ für ein perfekt organisiertes öffentliches Leben, wird plötzlich in einem ihrer Wohnwinkel durchlässig für das Geheimnisvolle und Unerklärliche. Mit einem Male stellen sich im scheinbar fraglos geregelten Gang der Dinge Fragen, auf die keine Antworten zu finden sind. Am Ende steht das Unaufgeklärte, das Rätsel, das umso irritierender ist, als es weder rational noch empirisch eine Auflösung geben kann. Was bleibt, ist der Eindruck des gänzlichen Versagens vertrauter Ordnungskategorien und Erklärungsmuster. Die phantastische Geschichte reklamiert das Geheimnis dort, wo alles aufgeklärt scheint und läßt die Vernunft, die auf den ersten Blick das Feld behauptet, kapitulieren. Nur oberflächlich betrachtet, lebt der Mensch in einer ihm vertrauten Welt. „Mitten in unseren eigenen vier Wänden sind wir von Schemen umgeben“, leitet Marie Luise Kaschnitz ihre Erzählung „Das fremde Land“ ein, „von einem Nebel, einem Nichts. Und ehe wir uns versehen, gleichen wir einem, der sich in einem Land befindet, dessen Sprache er nicht versteht, in einem unheimlichen, überaus fremden Land.“

Unheimliches in diesem Sinne erzählt die Geschichte „Der schwarze See“, gemeint ist der von unterirdischen Quellen gespeiste Albaner See an der Via Appia, dessen Wasser sich rot gefärbt haben soll. Doch längst hat der See unter dem Andrang des Fremdenverkehrs sein unheimliches Gesicht verloren, zumindest ist die Erinnerung an seine ursprüngliche Dämonie geschwunden. Mitten in der zunehmenden Verplanung der Landschaft machen Kinder den gräßlichen Fund einer in eine Baumwurzel eingezwängten, kopflosen, nackten Frauenleiche. Alle Untersuchungen bleiben ergebnislos. Später findet man den Gastwirt Antonio, den man zunächst verdächtigt hatte, von eigener Hand erschossen, am Ufer des Sees.

Doch, was wie ein Selbstgeständnis aussieht, ist für die Erzählerin nicht zwingend. „Ich glaube vielmehr,“ gibt sie zum Schluß zu bedenken,“daß es auf unserer, von der Technik beherrschten Erde und zwischen den lauten Ansiedlungen der Menschen immer noch Orte gibt, die den Geistern gehören. Ich glaube, daß diese Geister, verbannt und mißachtet, ein Opfer haben müssen.-“ Wiederum klärt das Ende der Geschichte nicht auf, sondern stellt, verrätselnd, alles in Frage. Unbrauchbar scheinen die auf der Hand liegenden Erklärungen angesichts des ursprünglich Dämonischen, das unverstanden, auf sein Recht pochend, in das geregelte Alltagsleben einbricht. Dabei kommt gerade die Kurzgeschichte mit ihrem offenen Schluß der phantastischen Erzählintention entgegen, allen erwarteten und vertrauten Erklärungsmustern den Boden zu entziehen. Je ehrgeiziger die technische Planung sich die Welt zu erschließen und sich ihrer zu bemächtigen bestrebt ist, umso undurchdringlicher hüllt sie sich in die Schleier des Geheimnisses und läßt ihre ursprünglich anarchische Freiheit ahnen.

In den späteren Sammlungen von Marie Luise Kaschnitz tritt das Phantastische zurück. Beherrschend ist es noch einmal in der „Schiffsgeschichte“ aus den „Ferngesprächen“ (1966). Eine Frau besteigt dort versehentlich das falsche Schiff, das alle vertrauten zeitlichen wie räumlichen Dimensionen bald hinter sich läßt. Unaufhörlich werden die Uhren verstellt, absolut willkürlich erfolgt die Angabe der jeweiligen Position und die Bordzeitungen berichten irritierend von längst vergangenen Ereignissen als von angeblich aktuellen Vorfällen und von mysteriösen Empfangsfeierlichkeiten auf der Venus.

Weder im Kategoriensystem von Raum und Zeit noch in den Bereichen der Information gibt es länger verläßliche Orientierungen. Auf einem immer rätselhafter werdenden Schiff fährt der Mensch durch eine fremde Welt einem unbekannten Schicksal entgegen. Nur eins ist gewiß: er wird niemals wieder zurückkehren in seine vertraute Alltagswirklichkeit. Die phantastische Beispielgeschichte ist Ausdruck eines Lebensgefühls der Desorientierung und Verunsicherung in einer Welt, die der Mensch im Griff zu haben glaubte und deren Kontrolle ihm letztendlich doch entgleitet.

Bei Hans Erich Nossack gehen Phantastik und Satire eine enge Verbindung ein, kritisch befremdliches Licht werfend auf die Welt, in der sich die Menschen normalerweise bewegen. Ein Kabinettstück ist die 1964 erstmals erschienene Geschichte „Der Kelte“, erzählt aus der Sicht eines Schädels, den der Entdecker für einen Keltenschädel hält, in Wahrheit aber der Kopf eines „Halbjuden“ ist, der sich in jungen Jahren wegen wachsender, offenbar ethnisch begründeter Entfremdungen der Eltern, erhängt hat. Aus seiner radikal von aller Normalität distanzierten Perspektive erscheinen die Eheleute, bei denen er gelandet ist, mit ihrer pausenlosen Emsigkeit und ihrem pedantischen Kampf gegen das Unkraut im Garten wie heillose Spießer, ohne Weitblick, im Üblichen und in der Enge eingepfercht, „manchmal streiten sie sich „„ heißt es ironisch, „vermutlich sind sie verheiratet.“

Nachdem man Zeitungspapier in den Schädel gestopft hat, um ihn draußen auf der Stange besser befestigen zu können, beginnt „der Kelte“ aus den ihm eigefüllten Informationen, die er sein Gehirn nennt, die Welt, in der er sich wiederfindet, zu beschreiben. Börsenkurse, Kriege, Katastrophen, Perversionen, Sensationen aller Art, Reklame, Heiratsgesuche und Fortsetzungsromane bilden ein bizarres Durcheinander und fügen sich doch zum Bild einer ebenso verflachten wie geistlos unbelehrbaren Welt. An einer Stelle der Romanfortsetzung findet er noch den Satz „Juden unerwünscht!“, Reflex der unausrottbaren Stereotypen und Bornierungen. Aus der Sicht des Totenschädels enthüllt sich paradoxerweise die phantastische Leere des Lebens, vollzogen ohne Sinn und Verstand, immer auf den gleichen ausgetretenen Wegen, stagnierend und hirnlos. Aber nur dem, der diesem Treiben entzogen, erschließt sich dessen unrettbarer Widersinn. Phantastisch ist auch hier weniger die Wahl der Perspektive als das, was in ihr sichtbar wird.

Ähnlich angelegt ist die ebenfalls 1964 erstmals erschienene Geschichte „Viktoria“, in der der verstorbene und beigesetzte Ehemann seiner wiederverheirateten Frau bei einem ihrer Besuche auf dem Friedhof begegnet. Wiederum relativiert die Sicht des Toten das Treiben der Lebenden, deren rastlose Betriebsamkeit und den mit allerlei Besorgungen und Pflichten vollgestopften Alltag, über den sie die schöpferische, emotional erfüllende Muße vergessen.

Immer wieder kommt der Verstorbene auf die Flöte zu sprechen, die die Frau einst gespielt hat und die nun irgendwo abgelegt, aus einem Leben verdrängt ist, in dem persönlicher Ausdruck, die Selbstvergessenheit des Gefühls und die mitmenschliche Zuneigung, die der Wohlklang anregt, dem seelenlosen Arbeitsalltag gewichen sind. Erst sub specie mortis offenbart sich die phantastische Verödung des Daseins, in dem man zu leben meint, während man in Wahrheit nur funktioniert. In paradoxer Umdeutung wird die Skulptur der Viktoria auf dem Friedhof zum Sinnbild des Siegs der Toten über die Lebenden, der Freiheit und Unbeschwertheit über die Versklavung an die niederdrückende Last sich verselbständigender Geschäftigkeit „Obwohl sie doch aus schwe-rem Material ist, wirklich, nicht schlecht gemacht. Den einen Fuß hat sie schon auf der Kante des Postaments, um sich abzustoßen.“

Die Geschichte „Das Federmesser“ (1962) ist aus der Perspektive dessen erzählt, der befangen ist in einem verengten, unfreien Dasein, dessen Unzulänglichkeiten er zwar ahnt, von dem er sich aber nicht zu befreien vermag. Merkwürdig ergriffen zeigt er sich zur Blütezeit von den Apfelbäumen vor seinem Fenster. Ihm ist, als ob sich dort ein großes Drängen formiere und zahllose Stimmen sich erhöben, deren Botschaften ihm aber unverständlich bleiben.

In der Nacht quellen die Apfelbäume wie auf einer Leinwand gemalt in sein Zimmer, dahinter wieder die Stimmen, die er nicht versteht, Wesen, die ihn offenbar sehen können, während sie für ihn nur ahnbar sind. Herausgefordert und bedrängt, fühlt er sich unangenehm belästigt, aus seiner Ruhe und Abgeschiedenheit im eng umgrenzten Raum seiner Wohnung aufgeschreckt. Ratlos ist er, als er auf einem Transparent die Frage liest: „Ist dort das Paradies?“ Auf seine hilflose Reaktion hin verschwindet jedoch alles. Draußen sind nur noch die Bäume, wieder auf Distanz gerückt, und das Schweigen der Nacht.

Auf die Frage von draußen antwortet er für sich mit einer verräterischen Gegenfrage: „Überhaupt, das Paradies! Das sind doch sehr abgelegene Dinge. Wer von uns hat denn Zeit, sich mit dergleichen zu beschäftigen?“ Die Welt des Ich-Erzählers ist unzugänglich für die Verheißungen der Apfelblüten, für die Hoffnung auf den Anbruch neuen Lebens, auf Aufbruch und Befreiung. Längst verloren gegangen ist die Erinnerung an das Paradies in der Enge und Öde des Alltags. Unverstanden verstummen die Stimmen vor dem, der sich in das Getto seiner kleinen phantastischen Welt, abgeschnitten von der Zukunft lebendigen Wachstums, eingeschlossen hat.

Vergleichbar mit Nossack wählt Alfred Andersch phantastische Erzählinstanzen, um aus deren Sicht die Gegenwart zu verfremden und kritisch zu beleuchten. In seiner 1958 erstmals erschienenen Sammlung „Geister und Leute“ bezeichnet er selbst zwei kürzere Erzählungen ausdrücklich als „Geistergeschichten“. Im ersten Stück „Die letzten vom Schwarzen Mann“ lassen zunächst nur einige versteckte Hinweise aufhorchen. Unheimlich wirkt Karl Roland, der nach 1945 Kaffee aus dem benachbarten Belgien über die Ardennen in kleinere Orte in der Eifel schmuggelt. Ängstlich weicht man seinen Blicken aus, die aus großer Ferne zu kommen scheinen, und furchtbar findet man den dunklen Wald auf der Gebirgshöhe, wo Roland in einem verfallenen Bunker haust. Doch was sich zunächst wie eine gewöhnliche Schmugglergeschichte liest, entpuppt sich am Ende als phantastisches Geschehen, als Roland oben am Schwarzen Mann unter einem Totenschädel ein in Wachstuch geschlagenes Soldbuch hervorzieht. „Er ließ die Taschenlampe aufblinken und besah zum tausendsten Male sein eigenes Gesicht.“

Roland ist ein Wiedergänger aus dem 2. Weltkrieg, genauer aus der Ardennenoffensive, die Hitler 1944 gegen allen Sachverstand zur eigenen Entlastung riskierte, um militärische Stärke vorzutäuschen. Dabei wurden die deutschen Angreifer auf verheerende Weise dezimiert. Noch liegen die Skelette der Opfer in den düsteren Gebirgswäldern, in abergläubischer Furcht gemieden, unbestattet, ignoriert von den Landsleuten. Vor dem, was geschehen ist, verschließt man die Augen, indem man die Plätze des gräßlichen Mordens für unheimlich erklärt und einfach aus seinem Bewußtsein streicht. Ähnlich verhält man sich dem Wiedergänger aus furchtbarer Kriegszeit gegenüber, den man ausgrenzt und ausstößt, weil er an eine dunkle Vergangenheit erinnert, die man vergessen möchte. Phantastik bei Andersch ist beides: Abwehrgeste und erinnernde Mahnung. Als unheimlich unternimmt man zu verdrängen, was sich doch nicht verdrängen läßt und als Heimsuchung wiederkehrt in eine unwirklich verlogene Idylle, aus der man die Geschichte vergeblich auszuklammern sucht.

In der zweiten Geschichte „Ein Auftrag für Lord Glouster“ taucht ein englischer Adliger aus der Zeit der Jeanne d'Arc im wirtschaftlich prosperierenden Nachkriegsdeutschland auf, in einer Landschaft aus „Alleebäumen, Tankstellen, Hochspannungsmasten und Eisenbahnschienen.“ Aber die Signale des neuzeitlichen technischen Fortschritts verwundern den Wiedergänger aus dem fernen Mittelalter kaum. Wissend verweist er auf den Kernsatz der mittelalterlichen Nominalisten: „Universalia sunt nomina“, wonach den Allgemeinbegriffen nichts Wirkliches entspricht, sie selbst nur subjektive Bewußtseinsgebilde darstellen. „...wenn man damit mal anfängt“, so der Zeitreisende, „dann kann man mit den Realien machen, was man will...“ Längst hat sich das technisch innovative Bewußtsein der Wirklichkeit bemächtigt und eine Kunstwelt entstehen lassen. Formeln und Konzepte verdrängen das Reale, engen es ein und verfremden, was den Menschen konkrete Heimat war. Phantastisch ist die am Reißbrett entworfene Pseudowirklichkeit des industriellen Fortschritts.

In diesem Zusammenhang fällt das Wort von der „Realität, die Jeanne heißt“, deren Wiederkehr der Zeitreisende aus dem Mittelalter vorbereiten soll, steht doch die Jungfrau von Orléans für die Empörung gegen alles, was den Menschen in seinem angestammten Lebensraum verdrängt und unterdrückt sowie für die Wiedereroberung freiheitlicher Lebensbedingungen. Andersch deutet die nationale in eine allgemein humane Mission um, indem er in phantastischer, die Gegenwart verfremdender Darstellung eintritt für den von technischen Entwürfen beherrschten Menschen in einer irreal verzerrten Gegenwart.

Bei Wolfgang Hildesheimer nimmt die Kritik an der Nachkriegsgesellschaft, die sich kulturell bebtäubt, um die Vergangenheit zu vergessen, skurril aggressive Züge an. In der die „Lieblosen Legenden“ (1952) einleitenden Geschichte „Das Ende einer Welt,“ von Hans Werner Henze später zu einer Kurzoper verarbeitet, bevölkern vor dem Hintergrund Venedigs Vertreter des Jet-Sets die Szene. Hauptperson ist die Marchesa Montetristo in ihrem Palazzo auf einer künstlich aufgeschütteten Insel südöstlich von Murano. Voller Abneigung gegen das Festland und die Gegenwart, flüchtet sie sich in ein insulares Artefakt, gestaltet aus Anklängen an die Stilepochen der Gotik, des Barock und des Rokoko, gefüllt mit raren Antiquitäten, ein Ambiente als Kulisse für historisch abgehobene Kunstgenüsse.

Höhepunkt ist die Erstaufführung zweier Flötensonaten eines Zeitgenossen Rameaus, eines Komponisten, den es allerdings nie gegeben hat. In Wahrheit stammen die Sonaten von einem Musikforscher. Mitten in der Aufführung beginnen sich die Fundamente der künstlichen Insel zu zersetzen, Wasser flutet ein und bei den letzten Klängen und verlöschenden Kerzen versinken die verlogene, im Grunde sinnentleerte Ersatzwelt und mit ihr die extravagante Gesellschaft der Kultursnobs im Meer. Phantastisch ist vor allem die Inszenierung des Untergangs der Nachkriegsschikeria mit ihren exklusiven Ritualen und blasierten Attitüden, Fassade nur, mit der man die Schrecken der jüngsten Vergangenheit zuzudecken suchte. Aus den bedrängenden Problemen der Gegenwart floh man in eine problemlose kulturelle Vergangenheit, aus der Sinnleere in eine selbsttäuschende Talmiwelt. In der phantastischen Satire begräbt am Schluß die Natur das ebenso unwirkliche wie lächerliche Artefakt: „Das Meer lag im Mondlicht spiegelglatt, als hätte niemals irgendwo eine Insel gestanden.“

Seltsam ist Hildesheimers 1963 entstandene Geschichte „Der Ruf in der Wüste,“ die zunächst für den Roman „Masante“ (1973) geplant war, dann aber verworfen wurde, und 1972 separat in dem von Marcel Reich Ranicki herausgegebenen Band „Deutsche Geschichten seit 1960“ zum erstenmal vorlag. Der Ich-Erzähler, unterwegs nach etwas „Unerforschtem aber Erforschbarem,“ findet auf seinem Weg in die Wüste, immer entlang nach einem gewissen Plan von unbekannter Hand eingerammter Pfähle das Skelett eines Mannes. Der abgesteckte Weg selbst kommt ihm klug gewählt vor, umgeht er doch „alle die Fallen, die sich stets dort auftun, wo das Unendliche erreichbar scheint.“ Bevor er weitergeht, tauscht er die offenbar äußerst robusten Fellstiefel des Toten gegen seine Nagelschuhe, die er dem Skelett anzieht, das darauf den Eindruck erweckt, als könne es sich jeden Moment fortbewegen. Als er von seinem Marsch zurückkommt, auf dem ihn immer wieder tiefe existentielle Ängste befallen haben, findet er das Skelett nicht mehr vor. Auf dem Weg zurück in den Ort geht ihm auf, daß mit ihm ein prinzipieller Wandel vorgegangen ist: „... ich war es, aber ich war nicht mehr der gleiche.“ Später in der Stadt in Gesellschaft seines Freundes, eines Sprachforschers, der sich ausschließlich für die Laute einer Sprache interessiert, begegnet ihm ein Beduine mit seinen Nagelschuhen an den Füßen auf dem Weg in die Wüste.

Die Geschichte erzählt in phantastischer Sinnbildhaftigkeit aus konsequent immanenter Sicht von der Polarität der Existenz zwischen Leben und Tod. Im Schuhwechsel tauscht der Lebende mit dem Toten für kurze Frist die eine gegen die andere Existenzweise. Während der Tote zumindest kurzzeitig ins Leben zurückkehrt,

Abb. 7
Gerhard Lahr: Illustration zu Wolfgang Hildesheimers Erzählung "Der Ruf in der Wüste" (1978)

empfindet der Lebende mit den Stiefeln des Toten an den Füßen Todesängste angesichts der absoluten Leere der Wüste, in der alle Wege, die sich scheinbar ins Unendliche öffnen, nur Fallen sind, und sich weithin in der menschenfeindlichen Öde verlieren. Der Ruf in der Wüste ist das plötzliche Bewußtsein des Todes, die Kapitulation der Hoffnung auf ein Ziel, zu dem die sorgfältig gesetzten Pfähle führen könnten, die jedoch genauso abrupt enden, wie sie angefangen haben. Irgendwo in der unendlichen Leere. Einsichten gewonnen hat der Wanderer in der Wüste in den ewig stattfindenden Tausch von Leben und Tod, in die unerforschte, weil totgeschwiegene Zukunftslosigkeit des im Ich-Erzähler beispielhaft repräsentierten Individuums.

Zum Schluß verkauft er die Schuhe, die ihm zum Ballast geworden sind, an seinen Freund den Sprachforscher, der sich bewußt nicht des Ganzen der Existenz annimmt, sondern in lächerlicher Weise nur eines phonetischen Teilaspekts. Nur so kann die Wissenschaft die Illusion bewahren, ihren Gegenstand zu beherrschen, während jeder, der sich dem Ganzen zuwendet, notwendig zu der Erkenntnis gelangt, von den umfassenden Daseinsgesetzen beherrscht zu werden. Die fremde Welt ist in der phantastischen Geschichte Hildesheimers die Welt, in der sich der einzelne, aus dem Zentrum des Interesses verdrängt, ohne Sinnorientierung, über kurz oder lang in der Leere des Raum verlieren wird, wo das Skelett als das einzig Unveränderliche den Toten repräsentiert. Der Glaube an ein Weiterleben indes scheint nicht mehr als ein Ondit: „Wenn, wie man sagt, die Seele entflieht, bleibt der Körper, der Tote, denn die Seele ist, wie man sagt, unsterblich.“

Hans Carl Artmann, dessen Werk durchgehend vom Phantastischen geprägt ist, wurde berühmt mit Texten wie „Dracula Dracula“ (1966), „tök ph'rong süleng“ (1967) und „Frankenstein in Sussex“ (1969), Texte, die Elemente der Schauerliteratur mit Erzählweisen des Films und des Comicstrips verbinden und gattungsmäßig nur schwer einzuordnen sind. Auffallend sind die fließenden Übergänge von den vampirischen, lykanthropischen und monströsen Trivialmythen zu authentischen und fiktiven Wirklichkeiten, die mit jenen auf den ersten Blick nichts zu tun haben, so daß zum Teil schrille Inkohärenzen entstehen. Die Verflechtung der transsylvanischen Schauerwelt mit der spätviktorianischen

Ära, die Jagd nach dem Werwolf vor dem Hintergrund des kolonialen Indiens und die Collagierung des Frankenstein-Monsters mit dem Mythos von „Alice in Wonderland“ entwerfen ein Bewußtsein, in dem Mythisches, Geschichtliches und Virtuelles ineinander übergehen, ohne daß orientierende Abgrenzungen länger möglich erscheinen. Mögliches verwirklicht sich, währen die Konturen des Wirklichen sich aufzulösen beginnen. In der irritierend veränderten und verändernden Wahrnehmung gewinnt eine aus heterogenen Versatzstücken montierte, simulierte Welt Gestalt, die die Normalität oder das, was dafür gehalten wird, relativiert und verfremdet. Phantastisch ist das deformierte Wahrnehmen und sein deformierender Einfluß auf das Wahrgenommene.

Artmanns eigentliche Geister- und Spukgeschichten sind gesammelt in „Die Anfangsbuchstaben der Flagge“ (1968). Die Geschichten führen den Leser in eine rätselhafte Welt, über die er keinen Aufschluß erhält, so daß ein Schwebezustand zwischen dem Gewöhnlichen und Absonderlichen entsteht. Schauerliches und Alltägliches gehen ineinender über. Mitten in der realen Welt öffnen sich Abgründe wie in der Geschichte „Ein Wesen namens Sophia“, in der ein bezechter junger Kanadier in der Nacht unweit des Franziskanerplatzes in Wien einen alten Kellereingang entdeckt, den er zuletzt mehr hinunterstürzt als hinuntersteigt. Von unten schlagen ihm erstickende Weihrauchwolken entgegen und an sein Ohr dringt eine meckernde Karikatur des gregorianischen Chorals. Mitten in seiner Panik, umgeben von absoluter Finsternis, spricht ihn eine Frauenstimmen mit seinem Namen an. Nach einer Ohnmacht findet er sich wieder in einem Raum mit einem Kohlebecken, in dessen Feuer sich die Nonne Sophia die Hände wäscht. Über der Tür sieht er ein umgekehrt aufgehängtes Kruzifix. Während er erneut in Ohnmacht fällt, entkleidet sich Sophia, deren grüne Augen irritierend leuchten wie bei Tieren. Zum Vorschein kommen drei Brüste von „phantastischer Wildheit“ und ein von den Lenden sich abwärts kräuselnder Wolfspelz. Aus dem wächsernen Gekreuzigten formt sie das Bild des Kanadiers, den man am nächsten Morgen stark ramponiert auffindet.

Ins Auge stechen die Anspielungen auf Christliches, das aber jeweils in seinen Gegensinn verkehrt erscheint. Das umgekehrt aufgehängte Kruzifix mit dem Kopf des Gekreuzigten nach unten, blasphemisches Symbol der Schwarzen Messe, deutet auf das Eingeständnis der Niederlage und die Kapitulation des Erlösers hin, der aufsteigende Weihrauch droht mit Erstickung, der Choral klingt wie eine Karikatur, die Nonne ist in Wahrheit ein wölfisches Wesen und das allen Schmutz wegspülende lebendige Wasser ist ersetzt durch das höllische Feuer, das nur den Dämonen nicht anzuhaben vermag.

Die Weisheit der Sophia, die ihr Name verspricht, ist in Umkehrung der Erwartung nicht die Erkenntnis des Lebens, sondern des Todes, den bereits die wiederholten Ohnmachtsanfälle symbolisch vorwegnehmen. Am Ende steht der Absturz in die Finsternis, in die wölfisch verschlingende Tiefe. Das Schicksal der Menschen ist identisch mit dem Schicksal des mit dem Kopf nach unten hängenden Erlösers, gleich ihm ist ihnen die Niederlage, der ewige Tod, aus dem es kein Auferstehen geben wird, sicher. Daher formt die dämonische Nonne das Bild ihres Opfers aus dem Wachs des gescheiterten Erlösers, kein Schöpfungs- sondern ein Vernichtungsakt. Sarkastisch klingt in diesem Zusammenhang der Schlußsatz, bezogen auf den Kanadier, der nicht im mindesten ahnen konnte „wie sehr sich sein bisheriges Leben verändern würde...“

Gleich einleitend heißt es in der Geschichte „Schatten wachsen nebenan“ aus dem Jahr 1969: „Gibt es überhaupt ein Schriftstück aus meiner Hand, das nicht einer irgendwie sinistren Materie unterworfen ist? Besitzt nicht jedes meiner Blätter seine bestimmte linke Seite - eine Seite, die ein Gegengewicht für alle Helligkeit, Sommerfreude, heitere Elegie oder Wohlgestimmtheit bietet?“

Beispielhaft entwirft Artmann eine Szene zwischen „Verworfenheit und Anmut“, in der sich die schöne Bläue des Nachmittags im baumelnden Metzgermesser spiegelt und wo schließlich die Metzgerei der schönen Metzgerin mit der „appetitlichen Brust“ scheinbar grundlos in die Luft fliegt. Der Erzähler aber bestellt sich einen neuen Campari, weil der alte allzu stark nach Staub schmeckt und genießt „dank einer frischen atlantischen Brise das herrlichste Wetter von der Welt“. Auf die Phantastik der Vernichtung und des Untergangs reagiert Artmann mit einer Art Galgenhumor, mit einer verzweifelten Überlebensgebärde in der Gewißheit des Unabänderlichen. Wo jeder Sinn, jede Hoffnung geschwunden ist, lauert in der unheimlich gewordenen Welt das unverstandene absurde Unheil. „Monstren bewegen sich schwerelos in jedem Dufthauch, in jedem Lenzwind, in jeder Brise, die uns ein schöner April entgegenwirft, sanft und herb zugleich,...“

Ilse Aichinger erzählt in einigen Geschichten von skurril komischen, phantastischen Mißgeschicken. In der dreigeteilten, knappen Erzählung „Seegeister“, 1952 erstmals veröffentlicht, dann 1953 in die Sammlung „Der Gefesselte“ übernommen, ist von einem Mann die Rede, der kurz vor der Landung den Bootsmotor nicht mehr abstellen kann und nun wochenlang auf dem See hin und her kreuzen muß, bis er in seiner Verzweiflung das Boot auf den Schotter setzt. „In den Herbstnächten“, so heißt es abschließend,“ hören es die Einheimischen über ihre Köpfe dahinbrausen.“ Erzählt wird von einer Frau, „die vergeht, sobald sie ihre Sonnenbrille abnimmt“ und schließlich von drei Mädchen, die sich auf einem Dampfer über den einzigen Matrosen lustig machen, der ihnen zeigen will, was er wert ist und dabei ertrinkt. Die Mädchen aber fahren immer noch auf dem Dampfer mit ihrem unmotivierten, albernen Lachen.

Gemeinsam ist den Personen in den drei Szenen, daß ihnen plötzlich etwas zustößt, was sie aus dem normalen Alltag herausfallen läßt. Gründe werden nicht genannt. Es tritt einfach ein und verändert das Leben der Betroffenen grundlegend. Dominant ist der Eindruck des rätselhaften Ausgeliefertseins an anonyme Einflüsse, die völlige Entfremdung des Menschen von seiner Umwelt. Aber darüber hinaus ist es auch die Entfremdung zwischen den Menschen. Im Grunde kümmert sich niemand um die Betroffenen, und sie selbst sind ängstlich bemüht, ihr Mißgeschick zu verheimlichen. In den unmotiviert lachenden Mädchen, die den Matrosen in den Tod treiben, kulminiert am Ende die Gefühl- und Teilnahmslosigkeit dem Mitmenschen gegenüber.

In surrealistischer Darstellung entwirft Ilse Aichinger das Bild einer Welt, in der dem einzelnen die Dinge und die anderen fremd werden, eine Welt der Beziehungslosigkeiten, in der die Denk- und Erwartungsmuster von Ursache und Wirkung, Grund und Folge, Handlung und Zweck außer Kraft gesetzt zu sein scheinen. Es entstehen phantastische Parabeln der Sinnlosigkeit, persönlicher Entwurzelung und der Relativierung aller Normen.

Dies gilt auch für die Geschichte „Wo ich wohne“ aus dem Jahr 1955, die dem 1963 erschienenen Erzählband den Titel gab. Die Ich-Erzählerin schildert, wie ihre Wohnung vom vierten Stock lautlos und unerklärlich in den Keller abrutscht und aller Wahrscheinlichkeit nach auch dort nicht zum Stillstand kommen wird. Mitten in den Alltag hinein bricht ein rätselhafter Vorgang und stellt die bisherige Lebensordnung in Frage. Was scheinbar ganz unverrückbar in sich ruhte, ist plötzlich in Bewegung geraten.

Verwirrt und beunruhigt und im wahrsten Sinne des Wortes haltlos geworden, erlebt die Betroffene die alle Erwartungen und Vorstellungen übersteigenden Vorgänge nur noch passiv, indem sie versucht, ihren Lebensrhythmus angesichts des offensichtlichen Chaos, gegen das sie nichts auszurichten vermag, dennoch aufrechtzuerhalten. Ins Bild gesetzt ist der Orientierungsverlust des modernen Menschen. Ohne Kontrolle über die Welt der Dinge fällt er unweigerlich aus allen Geborgenheitsräumen heraus.

Neben die Phantastik als Ausdruck existentieller Problematik tritt in der Literatur der Gegenwart immer wieder die Kritik an der modernen Welt in phantastischer Verfremdung. Reinhard Lettaus Geschichte „Der Irrgarten“, 1959 erstmals in der „Deutschen Rundschau“ gedruckt, liest sich zunächst wie ein makabrer Spaß. In dem vom Landrat Muggensturm nach den Plänen eines niederländischen Gartenarchitekten gebauten Labyrinth, krönender Abschluß der Bauarbeiten im Bereich eines erstaunlich hochherrschaftlichen Besitzes, verirren sich nicht nur die Arbeiter und die Bediensteten auf Nimmerwiedersehn, sondern auch ein Staatsbesuch und schließlich Muggensturm selbst. Alle bleiben für immer verschollen, während der niederländische Gartenarchitekt am Ende mit dem Besitz auch die Frau des Besitzers übernimmt.

Doch der Landrat ist nicht einfach nur ein Sonderling, vielmehr vertritt er den Typus des Neureichen, der „Not und Zufall der ersten Nachkriegsjahre“ überwunden und nun „das Haus, dessen sie solange hätten entbehren müssen“, wie er an seine Frau schreibt, wieder bewohnbar gemacht hat. Unüberhörbar ist das ironische understatement, die offenbare Selbstverständlichkeit, mit der man sich quasi feudal neu einzurichten beginnt mit „jüngst livrierter Dienerschaft“ und sich wieder einsetzt „in alte, wohlverdiente... Privilegien.“ Als wäre nichts geschehen, die jüngste Geschichte und ihre Desaster ausblendend, knüpft man dort wieder an, wo der Krieg den bequemen exklusiven Status der Privilegierten durchkreuzt hatte.

Doch in der Gesellschaft des konjunkturellen Aufschwungs nach dem Krieg mit ihrem hemmungslos hervorbrechenden Verlangen nach Wohlstand und Luxus erscheint das rücksichtslose Gewinnstreben als das einzig lohnende Ziel. Sieger ist am Ende immer der größere, einfallsreichere Gauner.

Die Gesellschaft ist in der Tat zu einem Irrgarten verschlungener Wege und finsterer Absichten geworden, in dem sich die Dummen heillos verirren, während die Cleveren von deren Desorientierung profitieren. Überlegen ist allemale der Projektemacher selbst, der die Netze knüpft, in denen sich die anderen zu seinem Vorteil verfangen, so wie Muggensturm im Labyrinth des Niederländers. Im phantastischen Dschungel der modernen Wirtschaftswelt überlebt nur, wer den anderen, dessen fehlenden Durchblick ausnutzend, skrupellos übervorteilt.

In der Geschichte „Ein neues Kursbuch" (1958) entwirft Muck-Bruggenau, der auf den Gedanken gekommen ist, „daß sein Name fast jedem der vielen Orte, die der Express eben hochmütigt durchraste, zugelegt werden könnte", ein völlig neues Kursbuch. Mittelpunkt des gesamten Fahrplans, „ein Verkehrsknotenpunkt erster Ordnung", ist der imaginäre Ort Muck-Bruggenau, den alle Züge passieren müssen und wo nach den Plänen des Erfinders Tonnen von Fracht umgeschlagen werden.

Der skurrile Einfall entlarvt das Kompensationsstreben des längst an den Rand gedrängten Menschen, seine Allmachtsphantasien und seine Bedeutsamkeitsentwürfe. Wo sich alles vom einzelnen fortbewegt, so daß er sich als äußerst marginale Existenz wiederfindet, muß der kuriose Einfall ihn zumindest imaginär wieder in den Mittelpunkt rücken, in ein vorgestelltes Zentrum, auf das alle Bewegungen zulaufen. Kreativität wird zum probaten Mittel der Selbsttäuschung.

Standhaft widersetzt sich Muck-Bruggenau allen Plänen, den fiktiven Ort wirklich zu errichten, müßte sich dann doch zwangsläufig der Traum von der zentralen Stellung des einzelnen in der Realität auflösen. Kritisches Licht fällt auf eine Wirklichkeit, die in einem Ausmaß verplant und kalkuliert ist, das im Grunde kein

Platz mehr bleibt für den Menschen, schon gar nicht für das Verlangen des einzelnen, überhaupt beachtet zu werden. In Wahrheit geht das öffentliche Leben an ihm vorbei so, wie der Express an den vielen kleinen, scheinbar unbedeutenden Orten vorüberrast.

Weniger in den Handlungsinhalten und Handlungszielen als im Stil prägen sich in der Prosa Thomas Bernhards phantastische Züge aus. In seinen monomanisch reflektierenden und räsonierenden Texten profiliert sich ein Erzähler-Ich, das die Wirklichkeit in radikalem Abscheu zutiefst verachtet und in pausenlosen verbalen Attacken rhetorisch vernichtet.

In der beispielhaften Erzählung „Midland in Stilfs“ (1971), die in Wahrheit nicht erzählt, sondern notorisch räsoniert, ist Stilfs irgenwo im Hochgebirge der Ort des gänzlich Anachronistischen, Erstickenden, des Abgeschnittenseins von aller Entwicklung. Stilfs wird zur Chiffre einer sinnentleerten Welt, in der sich die dort Lebenden der absoluten Sinnlosigkeit gegenübersehen. In der monologischen Sprechform spiegelt sich die Beziehungslosigkeit des Individuums, das sich nur noch in aggressiver Rede seiner selbst zu vergewissern vermag.

Monomanisch wiederholt das Ich seine These von der Agonie der europäischen Geschichte und der gegenwärtigen Zustände, von den Menschen, die am Ende sind, von dem Unfug jeden verändernden Eingreifens. „Und im Grunde ist allein dieser Gedanke, daß alles, was ist, also alles, was gewesen ist, tot ist, daß selbst die Gegenwart, weil sie ist, naturgemäß tot ist, der uns alle beschäftigt.“ In der Intention läßt sich Bernhards Schreiben als eine Rhetorik des Phantastischen verstehen, die das Ende des total Abgelebten, den endgültigen Untergang des ohnehin Untergehenden beschwört. Schreiben wird zu einer Art Sterbehilfe für eine todkranke Welt, die längst im Koma liegt, zu einem schonungslos offenen Krankenbericht über das heillose Sckicksal ihrer Bewohner.

Bernhards Phantastik bedeutet das Ende des Erzählens, weil es angesichts eines trostlosen, entwicklungsunfähigen Zustands nichts mehr zu erzählen gibt, sondern nur noch das Ende selbst konstatiert werden kann. Im Sog einer systematisch destruierenden Sprache beginnt sich die Welt aufzulösen, da alle Zukunft verspielt, jeder Lebenssinn geschwunden und der Weg zum andern abgeschnitten ist.

Auch in Herbert Rosendorfers phantastischen Geschichten, gesammelt vor allem in dem Band „Der stillgelegte Mensch“ (1970), ist die Welt der Gegenwart anonym und weitgehend entfremdet. Reagiert Bernhard mit Abscheu und Aggression, so Rosendorfer mit der nostalgischen Gebärde des Melancholikers.

In der Geschichte „Der Bettler vor dem Café Hippodrom“ läßt er die mythische Figur des Grafen Dracula mitten in einer Großstadt auftreten als würdevollen Bettler, einsamen alten Mann und als Einbrecher in den Raum eines Krankenhauses, wo die Blutkonserven aufbewahrt werden. Mit Anteilnahme und Mitleid schildert der Erzähler den transsylvanischen Wiedergänger, der weder Schrecken noch Angst verbreitet, nicht einmal besondere Aufmerksamkeit erregt. Von dem furchterregenden Mythos ist nur noch ein altmodischer, unterernährter Vampir übriggeblieben, dem die Zähne ausgefallen sind und der als Ersatz eine Vampir-Prothese trägt, der zu schwach ist, den Rückzug nach Transsylvanien anzutreten.

In seinem Rückblick auf eine lange bewegte Vergangenheit mit Kriegen und wechselnden Machthabern erscheint er keineswegs als die berüchtigte Schreckensgestalt, sondern als bemitleidenswertes Opfer. Schlimmer noch ergeht es ihm in der Gegenwart: „... in einer Welt der Computer, der Girokonten und Supermärkte“, so sagt er selbst, „ist kein Platz mehr für Vampire.“ Zum Schluß in der Untersuchungshaft trifft ihn durch das Zellenfenster ein Strahl der Wintersonne. Übrig bleiben ein paar übel riechende textile Reste.

Perfekte Technologien und entindividualisierende Organisationsformen haben den Mythos von gestern verdrängt, die imaginäre Welt von phantastischen Geschöpfen und Elementen und mit ihnen die Sinndeutung der Wirklichkeit in vielschichtigen Zeichen und Bildern. Die mythische Beseelung ist der Seelenlosigkeit technischer Abläufe gewichen, die Phantasie der Vernunft des homo faber, der die irritierende Undurchdringlichkeit des Rätselhaften gelichtet und die Schauer des Geheimnisvollen vertrieben hat. In dem Maße, wie die Welt jenseits des Mythos durchschaubar und erklärbar wird, verflacht sie zu einem beziehungslosen Raum von phantastischer Leere, in dem die Ängste vor dem Nichts alle bisher empfundenen Ängste bei weitem übersteigen.

Mehr aus der Sicht moderner Forschung und Wissenschaft nimmt Rosendorfer das Thema noch einmal auf in der Titelerzählung „Der stillgelegte Mensch“. Dem genialen Mediziner Dall' Oca gelingt durch ein ausgeklügeltes Verfahren, seine Versuchsperson Fidelfo Berchet tagelang in den klinischen Tod zu versetzen und ihn daraus wieder zum Leben zu erwecken. Aus seinem befristeten Abgestorbensein kehrt Fidelfo nach schrecklichen Erlebnissen, von denen der Leser allerdings nichts erfährt, in sein Normalleben zurück, in dem er sich jedoch nicht mehr zurechtzufinden weiß.

Während seines klinischen Todes, der es ihm auf eigenen Wunsch ermöglichen sollte, mit seiner geliebten verunglückten Tochter Kontakt aufzunehmen, muß er auf mysteriöse Weise erfahren haben, daß nicht er der Vater ist, sondern Dall'Oca. Kurz nach dem Experiment erschießt er seine Frau zusammen mit ihrem Liebhaber und taucht spurlos unter. Im Tod enthüllt sich offenbar nicht die erlösende jenseitige Wahrheit, sondern die schreckliche Wahrheit diesseitigen Lebens. Die Wissenschaft, die Schleier lüftend, öffnet den Blick in den Abgrund. Überleben setzt ein Leben mit dem Ungeklärten, dem Geheimnis voraus. Die erklärte ist eine enttäuschende, eine schreckliche Welt. Die Wendung ins Phantastische erfolgt dort, wo das Rätsel gelöst, das Geheimnis aufgedeckt ist und der Zauber des Lebens schwindet.

Rosendorfer ist unter den phantastischen Erzählern ein Romantiker, dem das Erklärbare und Erklärliche unheimlich sind, weil er sich im Unerklärbaren und Ungeklärten heimisch fühlt.

Weniger nostalgisch geht es in der Erzählung „Die unbekannte Hand“ (1969) von Barbara Frischmuth zu. Völlig unerwartet und anonym, wie von unbekannter Hand geleitet, treten Ereignisse ein, die das Überleben zusehends in Frage stellen. In ständig steigender Zahl besetzen Tiere den menschlichen Lebensraum und engen ihn schließlich derart ein, daß das gesamte Nachrichtensystem zusammenbricht. Ins Panische gesteigert wird die Angst, als man erfährt, daß sich riesige Eismassen von den Polen aus in Bewegung gesetzt haben. Durch das Einwirken der unbekannten Hand scheint die Welt aus den Fugen. Bis zur Unkenntlichkeit verzerrt ist die Alltagswirklichkeit, in der die Gewißheit des hilflosen Ausgeliefertseins übermächtig wird. Das moderne Bewußtsein, im Strudel stets neu ausbrechender Katastrophen in einer prinzipiell ungesicherten Welt zu leben, nimmt phantastische Gestalt an, die das jederzeit Mögliche antizipiert.

Vergleichsweise intimer erzählt Botho Strauß in seiner 1974 in der „Neuen Rundschau“ erstmals abgedruckten Geschichte „Marlenes Schwester“ nicht von äußeren, sondern von inneren Katastrophen. Collageartig, mit harten filmischen Schnitt-Techniken wird das Porträt einer verlassenen, mit Todesgedanken umgehenden Frau gezeichnet, die ausschließlich als Marlenes Schwester vorgestellt, keinen eigenen Namen, keine andere Identität zu haben scheint als in der Verbundenheit mit ihrer Schwester. Als diese sie zurückstößt, versinkt sie in Apathie und tauscht heimlich mit Marlene die Kleider, um ganz in der anderen aufzugehen.

Die Suche nach Zuwendung und Geborgenheit wird innerhalb der Erzählung sowohl auf realer als auch auf fiktiver Ebene durchgespielt. In der Geschichte Juliens, des Freundes beider Frauen, treten vier erwachsene Personen auf, die, nachdem sie Zeugen einer Flugzeugkatastrophe geworden sind, eine tiefe Sympathie für einander entdecken, die sie schließlich dazu bewegt, eine Wohngemeinschaft zu bilden, abgeschieden von allen anderen, nur sich selbst lebend. Vor seinem Tod gesteht Bertrand einen Versicherungsschwindel, der ihnen allen das unbeschwerte Leben ermöglichte. Zurück von seiner Beerdigung treffen die Hinterbliebenen Bertrand, etwas verändert, in der gemeinsamen Wohnung an. Er ist zum Vampir geworden, der auch die anderen vampirisiert, die nun abwechselnd sterben und wieder auferstehen, um die entsprechenden Versicherungssummen zu kassieren, bis der Schwindel auffliegt und alle bis auf einen in der Einzelhaft sterben. Nur Michel gelingt es, seine Unschuld zu beteuern.

Er ist es auch, der gleichsam aus Juliens Geschichte heraustritt und als wirklicher Freund des Erzählers Marlenes Schwester vorgestellt wird. Beide beabsichtigen sie mit Marlene und Marlenes Schwester in einer gemeinsamen Wohnung zu leben. Realität und Fiktion gehen ineinander über. Michels vampirische Vergangenheit scheint das Schicksal der anderen vorzuzeichnen, so daß die Wirklichkeit lediglich die erfundene Geschichte wiederholt. Die Sehnsucht nach Freundschaft und Gemeinschaft erfüllt sich in einem phantastischen Zustand zwischen Leben und Tod, zwischen

Fiktion und Realität, in einem Wunschtraum von einem asozialen, rauschhaften Leben.

Die Rückwendung zum Mythos, hier zu einer archaischen, blutsverwandten Lebensgemeinschaft, richtet sich ebenso gegen die aufgeklärten modernen Partnerbeziehungen wie gegen die rastlosen Identitätssucher. Strauß gewinnt dem Vampir-Motiv ein neues Verständnis ab, indem er es als eine mythisch ursprüngliche, archaisch irrationale Existenzweise versteht, die dem Rationalen und Modernen überlegen ist. Phantastisch ist nicht so sehr das mythische Dasein als die aufgeklärte Welt mit ihrem Hang, alles zu Tode zu reflektieren. Der Schwebezustand zwischen Wirklichkeit und Fiktion, der noch einmal herbeizitierte, etwas abgetakelte Vampir-Mythos verraten aber auch eine unübersehbare Distanz von dem Glauben, daß der moderne Mensch in der Rückkehr zum Irrationalen letztlich sein Heil finden könnte.

Überhaupt scheint phantastische Literatur ein wenig geeignetes Medium, Heilslehren zu verkünden. Ihre eigentliche Domäne ist die Vergewisserung der Katastrophe, die Beschwörung drohender Untergänge in einer haltlos gewordenen, vom Menschen abstrahierenden, an seinem Schicksal unbeteiligten Welt. In diesem Sinne läßt Katja Behrens in ihrer Geschichte „Der Regen“ aus ihrem Erzählband „Im Wasser tanzen“ (1990) das Unheil mitten aus dem Alltag herauswachsen. Grundlos und unabwendbar. Phantastisch ist, was sich hier und jetzt ereignet, nicht der visionäre Schrecken und kein prophezeiter Untergang, sondern das real existierende Chaos.

Ein nicht endender Regen überflutet das Land, dringt in die kleinsten Winkel ein und zerstört unaufhaltsam die elementarsten Lebensbedingungen. Abgeschnitten sind alle Verbindungen zur Außenwelt, leer stehen die Regale in den Geschäften, Stück für Stück versinkt die vertraute Welt in den Wassermassen. Wehrlos steht der einzelne dem Unfaßbaren gegenüber, auf schwankendem Boden, mehr und mehr in die Enge getrieben, die ihn schließlich erdrücken wird.

Hervorstechend in der Darstellung ist das understatement. Kühl und präzis, jede pathetische Überhöhung vermeidend, wird der Weltuntergang beschrieben, keine sensationell aufgeputzte Katastrophe, sondern ein eher banales Ende in allmählich steigendem

Wasser, das sich wieder einverleibt, was einmal aus ihm geboren wurde. „Das Wasser steht jetzt schon an der letzten Stufe der Eingangstreppe, dunkel und leise schwappend, wie ein Wesen, das sich eingeschlichen hat und nun nicht mehr zu vertreiben ist, ein unzähmbares Tier, das bedrohlich gluckst und immer noch weiter will, höher hinauf, immer noch mehr Platz braucht.“

In „Orpheus, zweiter Abstieg“ (1997) schildert Urs Widmer den sagenhaften antiken Sänger als gealterten Mann, der nach seinem ersten mißglückten Versuch, Eurydike aus dem Totenreich zu befreien, ein zweitesmal in den Hades hinabsteigt und im Unterschied zur Überlieferung noch einmal Zugang gewinnt. Über schwarzes Geröll, Knochen und Schädelteilen dringt er zu den Schatten vor, graue Schemen, milliardenfach aneinandergedrängt, identitätslose, gespenstische Larven.

Kein Paradies tut sich auf, sondern eine grausige Welt fernab, aus der Orpheus, wie von Furien gehetzt, wieder nach oben stürzt. Anders als verheißen, ist nichts Göttliches im Menschen, nichts, was den zeitlichen Verfall überlebt. Der orphische Kult mit seinem Glauben an die selbstreinigenden Kräfte der Seele und den Einzug in die Ewigkeit im Elysion, ist Wunschtraum. In den Milliarden gesichtloser Fratzen ist Eurydike nicht länger auszumachen, ist alles Individuelle längst liquidiert.

Der Hades, ein Ort erlöschender Schatten, eine riesige Geröllhalde ist die Sackgasse aller Hoffnungen und das Massengrab der Träume von der Unsterblichkeit. Abgewandt hat sich Orpheus von Delphi, wo nicht länger das göttlich inspirierte Orakel verkündet wird, sondern nur noch die düstere Zukunft brutaler Morde und sinnloser Tode: „Die Erde werde dereinst so voll sein, daß nur der überlebe, der die Nächsten mordet....Alle würden alle fliehen, Leichenberge hinterlassend.-“ Welt und Hades sind im Grunde identisch, nur geschieden durch eine kleine, zeitliche Differenz, im Kern aber verbunden durch die phantastische, zukunftlose Gegenwart des Todes.

IV. „DUNKLE AHNUNGEN EINES GRÄßLICHEN DROHENDEN GESCHICKS“

Die phantastische Novelle

Neben der Ballade gehört die Novelle zu den wichtigsten literarischen Medien deutscher Phantastik. Zeitlich nahezu parallel zu den Anfängen der phantastischen Ballade entstanden erste phantastische Novellen in Goethes „Unterhaltungen“ (1795) Einen Höhepunkt erreichte die phantastische Novelle in der Romantik. Ihren Abschluß im 19. Jahrhundert fand sie im Werk Theodor Storms. Vergleichbar mit der phantastischen Ballade trat auch die phantastische Novelle nach der Jahrhundertwende erneut hervor und läßt sich bis in die unmittelbare Gegenwart hinein verfolgen.

Konzentriert sich die Ballade auf die Situation, in der das phantastische Ereignis irritierend und verunsichernd in Erscheinung tritt, so entfaltet sich in der Novelle der Prozeß, der mit fataler Konsequenz auf das Phantastische zutreibt. Sowohl die situative wie die prozessuale Darbietungsweise engen den personalen Handlungsspielraum empfindlich ein, ja, geben ihn praktisch auf. Der einzelne sieht sich jeweils verstrickt in das Ereignis, bzw. in das sich Ereignende, ohne daß er eine Chance erhält, verändernd zu seiner eigenen Befreiung einzugreifen.

Bereits Ludwig Tieck spricht mit Blick auf die Novelle von einer Wendung der Geschichte“, von einem „Punkt, von welchem aus sie sich unerwartet völlig umkehrt,...“ Der Wendepunkt markiert genau den Augenblick, wo das Unbegreifliche in eine bis dahin begriffene Ordnung einbricht, Er ist ein unverzichtbares Merkmal gerade der phantastischen Novelle, die sich auf Grund ihrer eigentümlichen Struktur wie kaum ein anderes Genre anbot für den neuen literarischen Stil und für die Darstellung eines von namenlosen Ängsten heimgesuchten Bewußtseins in der Geschichtsphase revolutionärer Umbrüche. „...die schönste Gegend hat Gespenster, die durch unser Herz schreiten“, schreibt Tieck in seinem 1811 erstmals erschienenen „Phantasus“, „sie kann so seltsame Ahndungen, so verwirrte Schatten durch unsere Phantasie jagen, daß wir ihr entfliehen und uns in das Getümmel der Welt hinein retten möchten."

1. Das Unerhörte als phantastische Irritation

Die Adaption der italienischen Novelle in Deutschland prägt von vornherein auch phantastische Stilzüge aus und leistet von daher einen eigenständigen und national eigentümlichen Beitrag zur Realisierung des Genres. Goethes „Unterhaltungen deutscher Ausgewanderten", 1795 in Schillers „Horen" erschienen, enthalten sechs novellistische Erzählungen und ein abschließendes Märchen. Vier von den sechs Erzählungen zeigen unverkennbar phantastische Elemente, wobei das von Goethe später als das für die Gattung als charakteristisch verstandene Unerhörte als das Geheimnisvolle und schlechthin Unerklärliche Gestalt gewinnt. Der in Anlehnung an Boccaccios „Decamerone" aufgespannte Gesellschaftsrahmen übernimmt hier wie dort ordnende Funktionen. Ist es bei Boccaccio die Pest, vor der man aufs Land flieht, so sind es bei Goethe die Wirren der Revolution, denen man zu entkommen sucht. Anders als im italienischen Modell aber bleibt bei Goethe die Gewißheit der im Dunklen und Verborgenen wirksamen Kräfte stets präsent. Erzählen wird zum Versuch, sich angesichts des geschichtlichen Chaos der heilsamen menschlichen Ordnung zu vergewissern.

Am Anfang stehen zwei Geschichten, eine längere und eine kurze, die von Unerklärlichem und Unfaßbarem, aber dennoch offenbar Wahrem erzählen. In der Geschichte von der Sängerin Antonelli geht es um rätselhafte akustische Sensationen, die die schöne Sängerin nach dem Tode ihres Geliebten verfolgen, von dem sie sich bereits losgesagt und dessen Wunsch, sie noch einmal zu sehen, sie nicht entsprochen hatte. Die zweite Geschichte erzählt von seltsamen Klopfgeräuschen, die die Schritte eines Mädchens begleiten, das sich beharrlich weigert, einen ihrer Freier zu erhören. Mag in beiden Fällen auf die geheime Kraft der Gefühle angespielt sein, so ist es doch müßig, nach tieferen Erklärungen zu suchen. Entscheidend ist vor allem, daß hier das Unerhörte und Unerklärliche als Dimension des geschichtlichen Menschen Gestalt annimmt und ihm seine Grenzen weist. Das Phantastische stellt jedoch die menschliche Ordnung nicht grundsätzlich in Frage, sondern fordert vielmehr den einzelnen dazu heraus, in dem ihm zugewiesenen, überschaubaren Lebensraum sich selbst und den anderen gerecht zu werden, sich in der Gewißheit der menschlicher Kontrolle entzogenen Mächte gerade deswegen umso intensiver an die gesellschaftliche Ordnung zu binden, weil nur in ihr ein menschenwürdiges Überleben möglich ist. Die phantastische Irritation macht die soziale Eingliederung unausweichlich.

Auf das Unerklärliche folgt in den zwei sich anschließenden Geschichten das Schicksalhafte, Spielarten des novellistisch Unerhörten hier wie dort. Sowohl die „Geschichte von der schönen Krämerin" als auch die „Geschichte vom Schleier", beide auf François de Bassompierres „Memoires contenant l'histoire de sa vie" (1665) zurückgehend, erzählen von dem jähen Ende leidenschaftlicher Liebe. Wird die schöne Krämerin ein Opfer der Pest, unheimlich und übermächtig in das junge Leben eindringend, so unterliegt das ehebrecherische Paar einem geheimnisvollen Zauber, der vom Schleier der betrogenen Ehefrau ausgeht. Magisch verknüpft mit dem Schleier scheint das Treueversprechen, das sich Braut und Bräutigam einst gegeben haben und das nun den Treulosen zur Verantwortung zieht. Das Schicksal bricht in die eine wie in die andere Beziehung ein und macht dem Glück ein Ende, ohne daß die Betroffenen eine Chance haben, in den Lauf der Dinge einzugreifen. Das Unerhörte wie das Ereignishafte, beides von Goethe später der Novelle im besonderen Maße zugesprochen, prädestinieren die Gattung für die Aufnahme und Darstellung solcher Umstände, die sowohl allen Erklärungen wie jedem handelnden Eingreifen widerstehen und den Menschen, indem sie ihm seine Grenzen weisen, zur Bescheidung und Entsagung drängen. Das Phantastische, mit dem klassischen Menschenbild prinzipiell unvereinbar, ist nur dann auf Distanz zu halten, wenn man es als Herausforderung an den ordnenden menschlichen Willen begreift.

2. Destruktive Phantasien

In der phantastischen Novelle nach Goethe artikuliert sich der revolutionäre Geist der jüngeren Generation, getragen von dem Wunsch, die Tradition niederzureißen, der aufklärerisch verengten Welt den Garaus zu machen und den saturierten, materiell erstarrten Bürger das Fürchten zu lehren. Nicht länger ging es darum, das Bestehende zu festigen, indem man sich von allem Beunruhigenden distanzierte, sondern gerade im Gegenteil um die Destruktion des leblos Verharrenden, Entwicklungsunfähigen. In der Phantastik ereignete sich literarisch, wovor man im öffentlichen Handeln zurückschreckte, der Blitz der Revolution, anspielend auf ein Bonmot Heinrich Heines, ohne daß ihm der politische Donner folgte.

Die erste bedeutende phantastische Novelle der deutschen Literatur ist Kleists „Bettelweib von Locarno“(1810), geschrieben auf der Schwelle der ins Wanken geratenen traditionalen zu einer neuen Gesellschaft, deren Konturen noch im Verborgenen lagen. Am Anfang und am Ende der Erzählung, gleichsam einen Rahmen bildend, steht der im Präsens der Erzählgegenwart formulierte Hinweis auf den Verfallszustand des einstigen Schlosses. In ihm offenbart sich im Zuge des neuen Geschichtsbewußtseins allgemein die unablässig verrinnende, vor nichts Halt machende Zeit, insbesondere der Verfall absolutistischer Macht, die im Schloßbau steinerne Ewigkeit geworden zu sein schien. Die romantische Ruine ist nicht nur umgeben von wehmütiger Sehnsucht nach dem Vergangenen, sondern auch von der Hoffnung auf liberale Entwicklungen, denen die Fürsten massiv im Wege standen. Der Verfall unzeitgemäßer Macht, anschaulich in den Trümmern der einstigen Herrschersitze, mußte dem neuen dynamischen Geschichtsverständnis zufolge dem Aufbau einer freiheitlichen Ordnung vorausgehen.

Zwei Personen stehen sich vor allem gegenüber. Auf der einen Seite das Bettelweib als Vertreterin der geächteten Schicht, auf der anderen, im äußersten sozialen Kontrast, der Marchese, der die gesellschaftlich führende Oberschicht repräsentiert. Aus der Konfrontation dieser disparaten sozialen Bereiche erwächst von vornherein eine extrem gespannte Situation mit unüberhörbar moralischen Untertönen. Die vor allem ständisch motivierte Unduldsamkeit des Marchese, der das Bettelweib auffordert, sich hinter den

Ofen zu verfügen, ist in letzter Konsequenz verantwortlich für den Tod der Frau.

Der Wiedergängerspuk, der Einbruch des Phantastischen in die bisher realistisch abgebildete Geschichtswelt, signalisiert die tief verletzte Humanität. Das Motiv des Wiedergängers, der nach altem Aberglauben aus dem Grabe wiederkehrt, um Schuld zu rächen oder Schuld zu sühnen, der also sowohl Täter als auch Opfer sein kann, markiert den eigentlichen Wendepunkt des Geschehens. Das Phantastische ist dabei nicht die Ursache, sondern das Symptom einer tiefreichenden Zerrüttung. Es zeigt den Riß in einer durch den Menschen korrumpierten sittlichen Ordnung.

Mit dem spukenden Bettelweib kehrt unsichtbar, aber nicht zu überhören, das Opfer einer unmenschlichen Gesellschaftsordnung zurück, ein subversiver Rachegeist, der die moralisch höchst anfechtbaren Vertreter der führenden Schicht das Fürchten lehrt. War es in nachrevolutionärer Zeit vornehmlich dem Adel vorbehalten, in den Schlössern zu spuken, Verkörperung des schlechten Gewissens der Bürger, die ihre Quälgeister vertrieben oder ihnen den Garaus gemacht hatten, so spukt hier das Opfer an dem Ort, von dem die Herrschaft ausgeht und bringt den Täter offenbar ohne jede Spur schlechten Gewissens zur Strecke. Der Raum, in dem die Macht sich scheinbar verewigt hat, ist erfüllt vom hörbaren Protest der ehemals Ohnmächtigen, die den Mächtigen entmachtet. Bis zum Schluß bleibt der Spuk gestaltlos, ohne die volle sinnenhafte Präsenz, Verweis auf die tatsächliche Beschneidung der beherrschten Schichten, gerade dadurch aber auch unangreifbar, stark genug, die Gestalt gewordene Macht zu verunstalten.

Das Phantastische wird zum Mittel der Anagnorisis, der Wiedererkennung, die die eigentliche Ursache der Verwicklungen zutage fördert. Mit tragischer Folgerichtigkeit vollzieht sich der novellistische Prozeß, ohne den Betroffenen weiterhin eine Chance zu bieten, kontrollierend oder abwehrend zu intervenieren. Die moralische Fehlentscheidung und ihre Folgen sind nicht mehr rückgängig zu machen. Insofern wird der einmal ausgelöste Prozeß nicht eher zur Ruhe kommen, bis der Schuldige zur Rechenschaft gezogen worden ist.

Der Schluß, das katastrophale Finale, verbleibt auf der Ebene des Präsens und mündet so nahtlos in die Abrundung des Rahmens ein. Ähnlich wie bei Tieck steht am Ende die Exekution des Schuldigen im Zuge eines phantastischen Gerichts, das den Verurteilten durch den wiederholten, zermürbenden Spuk in den Wahnsinn treibt. Eigenhändig vollstreckt der Marchese das über ihn verhängte Urteil, indem er Feuer legt und im reinigenden Brand sich selbst und den Ort begangenen Unrechts vernichtet, ihn vom Odium der Unmenschlichkeit befreit. Auf die „elendiglichste Weise“ kommt der um, der am Mitmenschen gefehlt hat, Opfer eines phantastischen Prozesses im Dienste höherer Gerechtigkeit.

Fern von bloßem Nervenkitzel wird Phantastik zum Medium der Katharsis mit dem Ziel einer fast barock anmutenden ethischen Abschreckung. In deutlicher Akzentuierung menschlichen Rechtsempfindens haben die Landleute die Gebeine des Marchese dort zusammengetragen, wo das Bettelweib hatte aufstehen müssen, an dem Platz also, wo das Unrecht seinen Anfang nahm, wo der Todesweg der Frau begann.

Der Vergangenheit gehört das Schloß an. Weithin zeugt die Ruine von dem endgültigen Niedergang feudaler Macht. Den Trümmern des Anfangs entsprechen am Ende die Gebeine des ehemaligen Schloßherrn, auch sie stumme Zeugen des Niedergangs einer Kaste, deren Handeln weniger human als ständisch bestimmt war, die sich der Entfaltung freier Menschlichkeit unbelehrbar widersetzte. Phantastischer Stil gestaltet im Zeitalter der Revolution die Vision des Untergangs als Bedingung für den Aufbau einer neuen Welt.

Ludwig Tiecks „Blonder Eckbert“ (1797), von ihm selbst noch „Volksmährchen“ genannt, bei näherem Hinsehen aber charakteristische Merkmale der phantastischen Novelle aufweisend,leitet die romantische Novellistik ein. 1812 übernahm Tieck die knappe Erzählung in seinen, Märchen, Schauspiele und ausdrücklich „Novellen“ umfassenden „Phantasus“, in dessen Rahmengesprächen poetologische Fragen und Deutungsansätze erörtert werden. Eine klare Grenzziehung zwischen Märchen und Novelle erfolgt jedoch bezeichnenderweise nicht. Wie bei Kleist bildet auch hier eine phantastisch eingeleitete Destruktion den Kern des Erzählens.

Die Hauptgestalten Bertha und Eckbert gehören in ihrer beschränkten, eingeengten Lebensweise zunächst ganz dem Alltag an. Aber unter der Oberfläche eines philisterhaft geregelten Daseins verbirgt sich ein furchtbares Geheimnis, an dem Bertha ihren Gast Walther in der Binnenerzählung teilhaben läßt. Charakteristisch für romantisches Erzählen, öffnet sich das bloß Vordergründige in die Tiefe. Verdrängtes überwältigt das Bewußtsein der Erzählerin.

Erinnert wird das verlorene Paradies der Kindheit in der Waldeinsamkeit bei der Alten, die Bertha bei ihrer Flucht zurück in die Alltagswelt bestiehlt und sich dadurch in Schuld verstrickt. Die Wendepunkte markieren jeweils die Übergänge aus dem Realen ins Wunderbare und umgekehrt, zwischen der begrenzten Wirklichkeit des Menschen und seinen unbegrenzten Möglichkeiten. Repräsentiert die Waldeinsamkeit das Dasein in seiner ungebrochenen elementaren Fülle, so steht die Burg mit ihren Ringmauern für die selbstverschuldete Beschränktheit.

Walther, zunächst nur in der passiven Rolle des Zuhörers, entpuppt sich im folgenden in unheimlich wechselnden Gestalten als die von Bertha einst verlassene und betrogene Alte. Mit ihm bricht das tödliche Verhängnis in das Leben Berthas und Eckberts ein, dem beide schließlich zum Opfer fallen. Das phantastische Ereignis gewinnt bei Tieck Gestalt als ein vom einzelnen selbst ausgelöster Prozeß, der an dem entscheidenden Wendepunkt der Handlung zerstörerisch wirksam wird. Tiecks phantastische Novelle offenbart den Zwiespalt einer Welt, die sich gegen das unendlich Mögliche für das endlich Wirkliche entschieden hat, in der das Grauen vor der Leere an die Stelle des Glücks angesichts ursprünglicher Fülle getreten ist.

Ist im „Blonden Eckbert“ die Sphäre jenseits des Alltags die eigentliche Heimat des Menschen, so erscheint sie im „Runenberg“ (1802) als der Ort existentieller Gefährdung. Christian, aus der Ebene, aus der als öde empfundenen Arbeit als Gärtner in die einsame Welt der Berge geflohen, begegnet auf dem Runenberg der faszinierenden Bergkönigin, die ihm eine Tafel überreicht, deren geheimnisvolle Zeichen sich tief in seine Seele einbrennen und ihn verzaubern. Fortan entfremdet er sich mehr und mehr von der normalen Menschenwelt und endet schließlich im Wahnsinn.

Die einsamen Wege im Gebirge, die Schächte, in die er hinabsteigt, veranschaulichen die im Grunde unfruchtbare Begegnung mit seinem Selbst, das sich von allen Bezügen zu den Mitmenschen und zur vegetativen Natur unten in der Ebene losgesagt hat. „Der Runenberg“ ist das polare Gegenstück zum „Blonden Eckbert“. Erfährt der Mensch dort die zumindest episodische Ausweitung seiner Existenz, so hier deren Verengung. Geht er dort durch den Verrat am Wunderbaren zugrunde, so hier durch seine Verstrickung in die Enge. Eine überlebensfähige Symbiose mit der lebendigen Natur findet in beiden Fällen nicht statt.

Friedrich de la Motte Fouqué's 1810 erschienene „Geschichte vom Galgenmännlein“, eine Geschichte drohender Selbstzerstörung, nimmt das Motiv des unbegrenzten Reichtum gewährenden Alrauns auf. Im Besitz des unaufhörlich jede gewünschte Geldmenge spendenden Galgenmännleins in der Flasche steigert der Kaufmann Reichard sein Leben sinnlicher Freuden ins Rauschhafte. Das fatale Wesen hetzt Reichard in ein wüstes Leben, in einen Taumel, der in rasender Geschwindigkeit auf den Tod zustrebt, wo er dann endgültig und unaufhebhar seine göttliche Bestimmung einbüßt. Der Tanz auf der Oberfläche des Daseins ist ein zutiefst menschenunwürdiges Leben, fern von geistiger Durchdringung und Sinngebung, allein dem Augenblick verhaftet, ohne Perspektive und Zukunft. Reichard ist das Gegenbild zum Goetheschen Faust, versackt in der Genußwelt, ein Dauergast in Auerbachs Keller, ein rasender, besinnungsloser Tänzer in der Walpurgisnacht.

Im Traum enthüllt sich ihm die ganze Wahrheit seines Daseins, tut sich vor ihm der Abgrund eines verfehlten Lebens auf. Es ist ihm, als ob das fatale Fläschchen all die guten Arzneien aus dem Wege räumen wollte, um ihm den Lebensfaden endgültig abzuschneiden. Wie ein Alp legt sich das der Flasche entwichene Galgenmännlein als ein großer, häßlicher Unhold auf ihn, ihm so nahe, daß er glaubt, mit ihm eins zu werden. In einem pervers obszönen Liebesakt, Brust an Brust, Gesicht an Gesicht, ergreift der teuflische Verführer von dem Unterlegenen Besitz. Was Reichard einst als unermeßliche Ausweitung seiner Lebensmöglichkeiten erschienen war, das enthüllt sich ihm allerdings nun mehr und mehr als die furchtbarste Verengung.

Die Welt des Geldes ist die Welt des Vordergründigen und Flüchtigen, sie bietet Konsum als Glücksersatz, der die Erkenntnis der geistigen, inneren Werte, die für Geld nicht zu haben sind, verdrängt. Es ist die Welt des Galgenmännleins, in der es für den höchsten Einsatz den niedrigsten Gewinn gibt. Der Genußmensch, verstrickt in billige Lust und Konsum, ist eine menschliche Kümmerform, die nur auf dem Wege der Selbsterkenntnis, durch heilsames Grauen vor sich selbst, überwunden werden könnte.Kurz vor der persönlichen Katastrophe läßt Fouqué die phantastische Novelle in ein Erlösungsmärchen umschlagen, indem er Reichard die Chance bietet, sich des fatalen Fläschchens zu entledigen. Nach der phantastischen Erzählung, die vor allem die Verstrickung des einzelnen in ein menschenunwürdiges Genußleben in einer absolut gesetzten Gegenwart darstellt, und der märchenhaften, durch Selbsterkenntnis herbeigeführten Lösung weitet der didaktische Schluß das novellistische unerhörte Ereignis als Warnung und Mahnung in die Zukunft und die Lebenspraxis der Nachgeborenen aus.

Arnims Novelle: „Isabella von Ägypten“ (1812), ein Höhepunkt der phantastischen Novellistik in der Romantik, spielt auf drei miteinander verzahnten Ebenen, auf denen historische und sagenhafte Gestalten sowie phantastische Figurationen abwechselnd in Beziehung zueinander treten. Im Rahmen und im Kern des Geschehens steht die sagenhafte Zigeunerfürstin Isabella, Tochter des Herzogs Michael. Ihr ist es vorbehalten, ihr Volk nach langer Buß- und Pilgerfahrt in die Heimat zurückzuführen. Als jugendliche Bella, schön und von kindlicher Unschuld, erfährt sie die Grausamkeit der Welt und die Unversöhnlichkeit der Besitzenden.

Bella verkörpert die kindliche Unschuld als Gegenbild zu einer geschichtlichen Entwicklung, die den Menschen immer weiter entfernt hat von seinem göttlichen Ursprung. Ihre erste Begegnung mit dem jugendlichen Karl, dem späteren Karl V., enthüllt die Fremdheit zwischen der naiven Spontaneität der Liebe und der selbstbezogenen Haltung des künftigen Machtträgers.

Als Bella in der Nacht zu ihm tritt und ihn, hingerissen von seiner jugendlichen Erscheinung, küßt, scheint sich für einen Augenblick eine Vereinigung von unschuldiger, unvoreingenommener Liebe und realer Geschichte anzukündigen, ein Bund zwischen Herz und Macht, die Erfüllung sagenhafter Verheißung in der geschichtlichen Gegenwart. Doch der aufwachende Karl glaubt, nichts anderes als ein Gespenst vor sich zu sehen. In der phantastischen Fehldeutung der realen liebevollen Zuneigung spiegelt sich die tatsächliche Verwirrung menschlichen Bewußtseins durch die Macht.

Die Begegnung mit dem Vertreter der Realgeschichte entzündet in Bella Sehnsucht nach einem baldigen Wiedersehn, das tiefe Verlangen, sich in Liebe dem zu verbinden, der bald die Geschikke eines Reichs in die Hand nehmen wird. Zutritt zur geschichtlichen Welt haben aber nur die Vermögenden.

Das Verlangen Bellas, mit einer Welt in Verbindung zu treten, deren innere Korruption sie nicht einmal ahnt, beschwört die eigentlich phantastische Wende des Geschehens herauf. Nicht aus Eigennutz, sondern aus Liebe zu Karl will sie sich Geld verschaffen und sieht sich schon bald mit phantastischen Erscheinungen konfrontiert, in denen sich die grotesken Triebkräfte einer depravierten Geschichtswelt spiegeln. Nach Anweisungen eines alten Buchs gelingt es Bella, die Springwurzel, den Alraun, zu ziehen. Mit großer Fürsorge und Liebe wendet sie sich ihm zu. Doch das phantastische Wesen ist unfähig, Liebe zu verstehen, sie als Impuls zu eigener liebenswerten Entfaltung aufzunehmen. Phantastik erscheint als groteske Fehlentwicklung der aus der Liebe geborenen Schöpfung. Der Alraun in seiner nur menschenähnlichen Gestalt, im Stadium einer Wurzel, aus der nichts wahrhaft Menschliches herausgewachsen ist, verkörpert die stets gegenwärtige Gefahr menschlicher Verkümmerung unter dem Druck ausschließlich materiellen Strebens.

Die ihm zugeordnete Sphäre ist der Bereich des Leblosen und Abgestorbenen. Seine Entdeckung des Schatzes ruft den Bärenhäuter auf den Plan, der nicht ruhig ohne sein Geld im Grabe liegen kann. Wie der Alraun steigt auch er aus der erdhaft dunklen Tiefe herauf. Totes gehört zum Toten, das Geld und der lebende Leichnam bilden eine makabre Symbiose. Wer wie der Bärenhäuter dem materiellen Wen verfallen ist, erscheint wie ein Toter auf Urlaub, wie eine menschliche Attrappe, in der alles Leben längst erloschen ist. Die perverse Liebe zum Geld höhlt den Menschen aus und macht ihn zu einem phantastischen Unhold, der weder leben noch sterben kann. Verkörpert der Alraun mit seiner zwanghaften Hinwendung zum Geld den Grund der allgemeinen Korruption, so bildet der Bärenhäuter den satirischen Kommentar zu ihm. Beide sind phantastische Figurationen des Materiellen und Toten, verbunden mit der Dumpfheit der Erde, weniger grauenvoll als grotesk, im Grunde mehr Spott und Abscheu als Angst hervorrufend.

Isabella indes vermögen sie nichts anzuhaben. Doch geht ihr in der Begegnung mit ihnen eine Ahnung von der Schlechtigkeit der Welt auf. Bellas einziges Ziel ist die Erfüllung ihrer Liebe zu Karl. Nur der Stimme ihres Herzens vertrauend, gibt sie sich ihm hin und empfängt ein Kind von ihm. Verschlossen bleiben ihr sein Hochmut und sein aufkeimender Machtwille. In ihrer Unschuld vermag sie nur den guten Kern zu entdecken, das, was an menschlicher Güte in Karl ursprünglich angelegt ist, sich jedoch unter dem Einfluß der Besessenheit von der Macht mehr und mehr ins Negative verkehrt. Karl erfährt in der Liebe Isabellas das einzige wirkliche Glück seines Lebens. „Die ganze Welt war ihm aufgegangen, ... zum erstenmal war ihm die zärtliche Saite seines Herzens angeklungen ... Vielleicht wäre aus ihm nie der Unermüdliche, der nach allem griff, alles zu verbinden strebte, geworden, wenn ihn nicht das Geschick so rasch aus diesem Verhältnisse, das seine ganze Seele befriedigen konnte, herausgerissen hätte.“

Denkwürdig und für das weltliche Treiben verräterisch ist, daß auch die Liebesbeziehung zu Karl ähnlich wie der Aufbruch zu ihm, mit Phantastischem verbunden ist. Rief der Wunsch, in Karls Welt einzutreten, seinerzeit den Geld beschaffenden Alraun auf den Plan, so erfüllt sich Isabellas Liebe erst, nachdem man den Alraun, der groteskerweise Anspruch auf sie erhebt, durch die Erschaffung des weiblichen Golems Bella in die Irre geführt hat. Fest steht der geschichtliche Mensch bereits im Bannkreis phantastischer Kräfte. Jeder, der Verbindung zu ihm sucht, kommt unweigerlich mit ihnen in Berührung. Der geldbeschaffende, machtlüsterne Alraun, der dem toten Reichtum verfallene, längst abgestorbene Bärenhäuter und der geist- und seelenlose, nur aus Erde gemachte Golem scheinen groteskerweise die eigentliche Wirklichkeit darzustellen und depravieren in wechselseitiger Beziehung den unbegrenzt verführbaren Menschen.

Wie in einem chemischen Prozeß gehen die phantastischen Elemente Verbindungen untereinander oder mit dem nicht phantastischen Personal ein. Ausgenommen davon ist im Grunde nur Isabella, die sagenhafte Fürstin der Zigeuner, die sich nach anfänglicher Fürsorge um den Alraun schon bald wieder von ihm zurückzieht und bedauert, ihn nicht in der Erde gelassen zu haben. Ihre Unschuld und ihre reine Liebe, ihre Orientierung an den Sternen, verhindern jegliche Verbindung mit dem Phantastischen und nur Erdhaften, machen sie gleichsam immun gegen alle Verunstaltung und das Herabsinken auf die Ebene des Seelenlosen. Sie bleibt immer nur sie selbst und ihrem Ideal treu. Selbst aus der Liebesbeziehung mit Karl geht sie rein und unschuldig hervor, weil sie anders als er ohne Eigennutz geliebt hat. Als sie erkennt, daß er der groben Sinnlichkeit des Golems verfällt, trennt sie sich äußerlich wie innerlich von ihm. Isabella bleibt die Repräsentantin seelischer Reinheit, eine Gestalt aus goldener Vergangenheit, die aus der verderbten Gegenwart hinaus, nur die Sterne vor Augen, in eine verheißungsvolle Zukunft drängt.

Echte Verbindungen geht das Phantastische mit Karl als dem Vertreter der Realgeschichte ein. Das Verhältnis mit dem Golem Bella ist Ausdruck platter Sexualität, das Bündnis mit dem Alraun, der schließlich zum Finanzminister aufsteigt, wird diktiert von dem ungeheuren Geldbedarf des Staates als Fundament der Macht. Wo immer sich der Mensch mit dem Phantastischen verbindet, verkehren sich die menschlichen Beziehungen ins kraß Materielle. Liebe schlägt um in Sexualität, Geld wird zum exklusiven Maßstab gesellschaftlicher Wertschätzung. Die Geschichte beugt sich unter das Zepter des Reichsalrauns.

Die phantastische Geschichtswelt Karls ist ein Zerrbild der Schöpfung, der Mensch im Bannkreis des Phantastischen eine Karikatur des göttlichen Ebenbildes. Zum Verfall und zum Untergang bestimmt sind die phantastische wie die historische Welt. Arnims Novelle bildet im Medium des Phantastischen eine satirische Parabel von der sittlichen Entartung des verführten Menschen, die gerade deswegen so bedrückend wirkt, weil sie in der Kulisse fingierter geschichtlicher Authentizität Gestalt gewinnt. Isabella kehrt der hoffnungslos depravierten Geschichtswelt Karls den Rücken und führt ihr Volk in das verheißene gelobte Land Ägypten.

In märchenhafter Fiktion widerlegt die utopische Phantasie die satirische Phantastik, der schöpferische Gestaltungsentwurf, die realisierte Mißgestalt der Geschichte. Einer Frau ist es vorbehalten, ein neues, vom Eigennutz männlicher Macht befreites Zeitalter zu begründen.

In Arnims zweiter großen phantastischen Novelle „Die Majoratsherren" (1819) sind der Majoratsherr und die schöne Esther übersinnlich durch das Zweite Gesicht miteinander verbunden. Als imaginierte Doppelgänger begegnen sie sich in einer phantasmagorischen Abendgesellschaft und offenbaren sich gegenseitig ihre Lebensschicksale. Während der Majoratsherr als uneheliches Kind seines Vaters der Mutter unterschoben wurde, um die männliche Erbfolge zu sichern, ist die ungefähr gleichzeitig geborene Esther keine Jüdin, sondern die eheliche, einem jüdischen Roßhändler anvertraute Tochter, die von dessen zweiter Frau Vasthi mit tödlichem Haß verfolgt wird. In einer Vision erlebt der Majoratsherr den Tod Esthers und erblickt Vasthi als Würgeengel. Als er aus dem Becher trinkt, in dem der Todesengel sein Schwert abgewischt hat, stirbt auch er.

Nur im geheimnisvoll aufeinander abgestimmten Zustand der Halluzination begegnen sich Esther und der Majoratsherr. In der Wirklichkeit ist kein Platz für ihre Zuneigung. Allein der Tod verbindet sie in einer makabren realen Szene. Die Welt, regiert von Haß, Macht und Profitdenken, so läßt Vasthi das verfallene Majoratslehen zu einer Salmiakfabrik umbauen, erstickt und tötet die Liebe. Während die Liebenden in der realen Welt scheitern, lassen sie in ihren Visionen eine höhere Wirklichkeit ahnen: „...und es erschien überall durch den Bau dieser Welt eine höhere, welche den Sinnen nur in der Phantasie erkenntlich wird..."*Arnims* von den Surrealisten hochgeschätzte Novelle führt das am Empirischen orientierte novellistische Erzählen bis zu dem Punkt, wo das, was endlich versagt ist, transparent wird für eine unendliche Gewährung.

„Peter Schlemihls wundersame Geschichte" (1814) von Adelbert von Chamisso ist die Geschichte eines mittellosen jungen Mannes mit niedrigem gesellschaftlichen Ansehen. Er ist kein romantischer Held mit der Aura des Außergewöhnlichen, Exotischen oder Poetischen, sondern nur ein Vertreter des Durchschnitts, der festen Boden unter die Füße bekommen möchte. Ganz im Sinne materiellen Statusdenkens und der hohen Wertschätzung des Eigentums will Peter Schlemihl ein Empfehlungsschreiben an einen gewissen Herrn John auswerten, der vor „dem Nordertor“ ein „großes, neues Haus von rot und weißem Mamor mit vielen Säulen“ bewohnt und der ihm bei seinen „bescheidenen Hoffnungen förderlich sein sollte.“

Die Welt des Herrn John hat etwas von den Wunderwelten, in denen das Seltenste und Kostbarste wie selbstverständlich präsent ist, in der kein Wunsch unerfüllt bleibt, in der man wie in allen Konsumgesellschaften Dinge zugespielt bekommt, die man im Grunde gar nicht braucht. Chamisso veranschaulicht diesen gesellschaftlichen Zustand durch das phantastische Motiv des Mannes im grauen Rock, später immer nur der Graue genannt, der alles Gewünschte einfach aus der Tasche zieht, ohne daß auch nur einer darüber in Verwunderung geriete.

Chamisso gelingt zu einem recht frühen Zeitpunkt der geschichtlichen Entwicklung eine charakteristische Schilderung der kapitalistischen Warenwelt. Jedes befriedigte Bedürfnis zieht ein neues Bedürfnis nach sich, ja, die Bedürfnisse wachsen ins Immense, und je bereitwilliger sie befriedigt werden, desto hoffnungsloser wird der Mensch zum Sklaven einer Welt von Dingen, die im Grunde ganz unnütz sind, da man nur glaubt, sie haben zu müssen. Beflissen bedient der Graue seine Kunden, schürt ihre Unersättlichkeit und führt sie immer tiefer hinein in die Abhängigkeit von Scheinbefriedigung und Konsum.

Der Graue ist die phantastische Personifikation der kapitalistischen Warenwelt. Sofern man sich ihm verschreibt, erscheint jeder Wunsch erfüllbar, kein Ziel zu hoch gesteckt und die soziale Anerkennung gesichert. Der Teufel ist zum prosaischen Geschäftsmann ergraut, der seine Verführungskünste als Kundendienst versteht. Wie Herr John muß ihm jeder verfallen, der Geld und Besitz zu ausschließlichen Maßstäben seines Selbstwertgefühls macht.

Wie „ein Vogel, den eine Schlange gebannt hat“, steht Schlemihl vor dem Grauen. Eine ganze Palette wundertätiger Dinge, die ihren Besitzer unweigerlich bereichern müssen, unter ihnen auch die Alraunwurzel, bietet der Verführer für den Schatten Schlemihls, bis dieser beim Angebot von Fortunati Glückssäckel endlich in den Handel einwilligt.

Aber bereits kurz nach dem Schattenverkauf, nachdem die Menschen betroffen auf seine Schattenlosigkeit reagiert haben, stellen sich erste Zweifel ein. Die Schlüssel-Szene der Novelle vergegenwärtigt den fundamentalen Zusammenhang von Geld und Moral. Reichtum besitzt nur dann gesellschaftliche Ausstrahlungskraft, wenn er das Ergebnis von Leistung und Anstrengung ist und dem moralischen Wertgefühl nicht widerspricht. Geld, persönliches Verdienst, Moral und sozialer Status stehen in einem Bedingungsfeld miteinander

Der Schatten stellt im Zusammenhang dieser Argumentation das jedem einzelnen angeborene Recht dar, in der bürgerlichen Gesellschaft zu existieren, in ihr einen Schatten zu werfen. Verwirkt wird dieses Recht, wenn der Mensch wie Peter Schlemihl gegen elementare Normen und Erwartungen verstößt, so gegen das Leistungs- und Arbeitsethos. Im Handel des Grauen mit Schlemihl zerfällt die ursprüngliche Einheit, so daß die materielle und die geistige Existenz des Betroffenen fortan auseinanderklaffen und nicht mehr versöhnt werden können.

Hin- und hergeworfen zwischen seinen Gewissensbissen und dem Bewußtsein, nun zu den Reichen zu zählen, sucht er im Geld Kompensation für den unwiederbringlichen Verlust seines gesellschaftlichen Existenzrechts. Er wühlt im Gold, sieht sich selbst im Bilde Faffners, der in der Nibelungensage seinen Hort bewacht, und wird doch immer wieder schmerzlich mit der eigenen Isolation konfrontiert.

In diese zwiespältige, von tiefer Enttäuschung gekennzeichnete Situation fällt die zweite Begegnung mit dem Grauen, der ihm einen neuerlichen Handel vorschlägt, durch den er seinen Schatten für den Verkauf seiner Seele zurückbekommen soll. Schlemihl denkt keinen Augenblick daran, den Teufelspakt Im eigentlichen Sinn zu vollenden und damit den Weg des Herrn John zu gehen. „Dieses aber stand bei mir fest, nachdem ich meine Liebe hingeopfert, nachdem mir das Leben verblaßt war, wollt ich meine Seele nicht, sei es um alle Schatten der Welt, dieser Kreatur verschreiben.“ Auffallend ist in seinem Verhalten die Souveränität, mit der er den Strategien des Grauens begegnet, bis hin zu der Stelle, wo er das Glückssäckel voller Verachtung von sich schleudert. Damit ist jegliche Verbindung zum Grauen, zur eigennützigen kapitalistischen Orientierung abgebrochen.

In dem Maß, wie er sich aus allen Zwängen löst, gewinnt er erst die Freiheit zu einem neuen Aufbruch. In dieser Phase seiner Entwicklung erhält das märchenhafte Motiv der Siebenmeilenstiefel herausragende Bedeutung. Wiederum erfährt Schlemihls Leben durch etwas, was alles Alltägliche und Normale hinter sich läßt, eine Wende. Während sich Schlemihl am ersten Wendepunkt seines Lebens bei der Begegnung mit dem Grauen tief in Irrtum und Schuld verstrickt, erlebt er die zweite Wende als einen Akt der Befreiung. Die Novelle weitet sich aus zu einem utopischen Entwurf des geistigen Menschen.

In Schlemihls Leben ist der wirkliche Anfang durch einen zweiten Wendepunkt markiert. Anders als bei den phantastischen Motiven des Grauen und des Glückssäckels handelt es sich bei den Siebenmeilenstiefeln um ein echt märchenhaftes Motiv. Während im ersten Fall das irreale Moment als angstauslösende Invasion in die vertraute Welt empfunden wird, wirkt es im zweiten Fall evasorisch, d.h., aus einer allzu eng begrenzten Welt herausführend. An die Stelle der Angst tritt die Hoffnung, der phantastische wandelt sich zum utopischen Stil. Während sich Schlemihl vorher mit all seinem Geld nur im Kreis dreht und keine wirkliche Entwicklung erlebt, tritt er nun aus dem eng gezogenen Bannkreis heraus und findet zu sich selbst in der Begegnung mit der Natur. Plötzlich öffnet sich die Welt wieder, die vorher der materiellen Stagnation zum Opfer gefallen war. Nicht der Aspekt des Verwertbaren und vordergründigen Nutzens steht weiterhin im Mittelpunkt, sondern die Sicht desjenigen, der die Zusammenhänge verstehen möchte.

Carl Wilhelm Salice Contessa gehörte unter dem Namen Sylvester zu dem engsten Kreis der vier Serapionsbrüder um E.T.A. Hoffmann. Seine Novelle „Der Todesengel“ erschien 1814 in Fouque's Zeitschrift „Die Musen“.

Bereits über dem Anfang des Geschehens liegt eine düstere Stimmung. Während draußen ein Unwetter tobt, singt Maria, die Tochter des Goldschmieds Trymm, in Erwartung ihres unbekannten Bräutigams, ein trauriges Lied vom Tod und Begräbnis zweier Liebenden Wie sie ist auch ihr Vater von dunklen Ahnungen erfüllt. In einem Traum ist ihm der eigene Tod erschienen. Alles scheint in einem zunächst noch unverstandenen Bestimmungszusammenhang zu stehen, unentrinnbar ist der einzelne seinem Schicksal ausgeliefert, das zeichenhaft Eingang in sein Bewußtsein sucht, ohne daß er Ort und Stunde des drohenden Verhängnisses kennt. Im Wirkkreis von Mächten, auf die er keinen Einfluß hat, sieht sich der Mensch vorangetrieben zu einem Ziel, das im Dunkeln liegt. In das bürgerliche Heim, in die heimelige Situation am Spinnrad, dringt das Unheimliche ein und stellt die fraglose Geborgenheit in Frage. Allgegenwärtig ist der Tod. Marias Blick streift das Bildnis der Mutter, deren Sterbetag sich auf den Tag genau jährt. Zum erstenmal fällt aus dem Munde des Vaters das Wort vom Todesengel.

Mitten in das sich ausbreitende Grauen tönt die Hausglocke. „Maria schauderte sichtbar zusammen; Meister Trymm fuhr erschrocken auf.“ Die Erfüllung der unheilvollen Vorahnungen und Träume scheint buchstäblich vor der Tür zu stehen. Einzuholen droht die Wirklichkeit die bloße Vorstellung. Doch der eintretende junge Mann will nichts anderes, als sich bei dem anerkannten Meister in der Kunst des Goldschmiedens vervollkommnen.

Nur in Maria bleiben Zweifel. Mit verstohlenem Blick mustert sie den späten Gast: „Es war ihr, als erhübe sich ein seltsamer Streit in ihrem Innern, sie fühlte sich von ihm zugleich angezogen und zurückgestoßen, und so oft sie das schöne, aber bleiche Gesicht, von dunklen Locken umgeben, und die düster glimmenden Augen betrachtete, konnte sie sich des Gedankens an den Todesengel nicht erwehren.“ Die düstere Schönheit des Eingetretenen entspricht dem ambivalenten Bild vom Todesengel.

Phantastisches deutet sich an in der Gestalt des Jünglings, der im Dienst einer dunklen Macht steht, ohne selbst etwas davon zu ahnen. Nur der jungen Frau, ihrem empfindsamen Blick, bleibt das tödliche Geheimnis auf dem Grunde des Lebens nicht verborgen. Während sich ihr Vater brüstet, mit seinen alchimistischen Versuchen auf dem Wege zu „des Lebens goldenem Kern“ zu sein, geht in ihr die Ahnung auf von dem unheilvollen Widerspruch zwischen Leben und Tod, der bereits der Jugend sein Siegel aufgedrückt hat. Für Wolf, den jungen Goldschmied, ist Maria das Ziel seiner geheimsten Wünsche, die Frau, in der ihm das Leben neu aufgeht. Sein Dasein kommt ihm plötzlich vor „wie ein herrlicher Lenz voll schwellender Knospen und Blüten, voll Sehnsucht und heimlicher Ahndung, über dem Mariens Augen wie ein klarer blauer Himmel standen, erweckend und belebend.“ Fühlt Maria Beklemmung und Angst, so ist Wolf erfüllt von dem Gefühl der Befreiung und Zuversicht. Bedrohung und Verheißung, Tod und Liebe scheinen die beiden wie zwei Pole voneinander zu trennen und sie dennoch auf den gemeinsamen Mittelpunkt ihres Daseins hinzudrängen.

Unwiderstehlich zusammengeführt werden die Liebenden schließlich bei der Ankunft des vom Vater bestimmten bürgerlich biederen Bräutigams. Sein stattliches Aussehen, seine Integrität und sein Reichtum vermögen nichts über die Faszination der echten, von aller Äußerlichkeit freien Liebe. Jetzt erst wird es Maria klar, wie stark und unausweichlich ihre Neigung zu Wolf ist, wie schicksalhaft sie zueinander gehören. Während die nächste Umgebung die schicksalhafte Verbindung der Liebenden erkennt, bleibt sie dem Vater verschlossen. Als Wolf um Marias Hand anhält, stößt er den Bewerber brüsk zurück.

Mit dem mysteriösen Ende des alten Goldschmieds tritt erneut der Tod in das Leben der Liebenden, diesmal nicht in Ahnungen und Träumen, sondern in leibhaftiger Gestalt. Später erfährt der Leser, daß Wolf Schuld am Tod des Goldschmieds trägt, da er den Meister vorsätzlich durch giftige Dämpfe ums Leben gebracht hat. Phantastisch ist nicht der Mord selbst, sondern der zwingende geheime Zusammenhang zwischen Ahnung und Wirklichkeit, phantastisch ist aber auch die verborgene Kraft, die Wolf dazu drängt, die Mordtat wie in Trance auszuführen, die ihm auferlegte Rolle als Todesengel zu vollenden.

Der Tod erscheint als unausweichliche Folge menschlich verschuldeter Lieblosigkeit in der Welt. Wo die Besitzgierigen den Ton angeben, haben die Liebenden keinen Platz, wo das Materielle herrscht, gibt es keine lebendige Entfaltung, ist das Paradies für immer verloren. Doch die platte Realität des Goldes, der Sündenfall des Habenwollens um seiner selbst willen, beschwört die phantastische Rache herauf, die den Liebenden zum Vollstrecker macht.

Von seinem Gewissen getrieben, verläßt Wolf Maria, die ein Kind erwartet, und taucht für viele Jahre unter. Als Wolf nach langer Zeit der Reue und Einkehr wieder Zugang zu Maria sucht, und zum erstenmal seinem Sohn begegnet, glaubt er für kurze Frist, daß sich nun dennoch ein dauerhaftes Glück einstellen könnte. Noch einmal scheint die Erfüllung greifbar nah, bis sich auch die neu aufgeflackerte Hoffnung als trügerisch erweist.

Wolf, wie der Leser später unterrichtet wird, ist unter dem Namen der „schwarze Jäger“ ein berüchtigter und gesuchter Wegelageren Nur heimlich kann er sich zum Haus Marias stehlen. Einen endgültig tragischen Verlauf nimmt die Beziehung, als das Kind beim Spielen in einen Fluß stürzt, während die Eltern sich in der Nähe einander zuwenden. Am Ende seines Eintritts in das Haus steht erneut der Tod, die Auflösung der Geborgenheit.

Das Kind erweist sich als ebensowenig lebensfähig wie die Liebe seiner Eltern, deren Geschöpf es ist. Der alte Goldschmied, der zum alchimistischen Falschmünzer wurde, ist auch nach seinem Tode die übermächtige Vaterfigur einer Welt des materiellen Scheins, der das wahre Sein der Liebe überlagert und erstickt. Übrig bleibt in der Tat nur die Sehnsucht. Contessas Novelle ist eine Geschichte vom verlorenen Paradies, aus dem sich der Mensch selbst durch sein immerwährendes Habenwollen vertrieben und so auch das paradiesische Wohnrecht der Liebenden verspielt hat. Anders aber als der Tod des Materialisten eröffnet der Tod desjenigen, in dem die Sehnsucht weiterlebt, neue Hoffnung. Dem Kind folgen die Eltern in der Tat bald nach. Nachdem Wolf als der „schwarze Jäger“ überführt und zum Tode verurteilt worden ist, häufen sich ähnlich wie am Anfang die vorausdeutenden Hinweise auf das Sterben.

Der Tod bereitet paradoxerweise die Hochzeit und die endgültige Vereinigung der Liebenden vor Am Tag, an dem Wolf hingerichtet werden soll, überkommt Maria die Gewißheit, daß die Ankunft ihres Bräutigams kurz bevorsteht. Sie legt sich einen Brautschmuck aus frischen Blumen an. Vor ihrem inneren Auge erscheint in Gestalt ihres verstorbenen Kindes ein Engel, nicht länger ein Todesengel, sondern ein Vorbote ewiger Glückseligkeit. Überwunden ist die Ambivalenz. Deutlich geschieden ist der Tod als das unaufhebbare zeitliche Ende von dem Tod als Beginn der

Ewigkeit. Maria und Wolf sterben gemeinsam bei ihrem letzten irdischen Wiedersehn, als sie, geschmückt als Braut, zu ihm eilt in dem Zug, der ihn zum Richtplatz führt.

Die Novelle bricht ab, wo die wahre Poesie beginnt. Das Phantastische ist für Contessa wie für viele seiner Zeitgenossen eine Erscheinungsform des materiell Beengten und Begrenzten. Aus dem unerlösten Materiellen, dem schlechthin Ungeistigen und Geistlosen, bricht die phantastische Bedrohung hervor und treibt die Menschen in die Enge. Ihre Opfer sind die Spießer, die Philister, die dem materiellen Schein Verfallenen, die in der Welt den Ton angeben und sie verunstaltet haben und weiterhin verunstalten. Das verlorene Paradies kann auf Erden nicht zurückgewonnen werden. Zeitlichkeit, Tod und das Grauen vor dem unausweichlichen Ende sind die Folgen einer Bindung an das ausschließlich Materielle. Erst jenseits der endlichen Zeit öffnet sich das Paradies, das die Liebe, nicht geblendet vom bloßen Schein, ahnt und herbeisehnt.

3. In eines „matt geschliffenen Spiegels dunklem Widerschein“

E.T.A.Hoffmann, der Poet des Wunderbaren und Porträtist grotesker Spießerexistenzen ist aber auch einer der bedeutendsten phantastischen Erzähler der Weltliteratur. Hier macht er den Leser betroffen, erschüttert ihn und seine liebgewordenen Weltbilder, stürzt ihn in Abgründe und verzerrt das Idealschöne zur dämonischen Fratze. Im Anblick des Grauens gefriert das Lachen über das Groteskkomische. Die großen Umwälzungen der Zeit, das Inferno der Revolutionen und der Kriege beschworen Orientierungskrisen, die den ästhetischen Schein des Schönen auffioben und den Glauben an die menschliche Güte zerstörten. Im Phantastischen tun sich die Abgründe des Menschen auf, offenbaren sich seine Unwillligkeit und Unfähigkeit zu idealischer Existenz. Schildert das Wunderbare den Menschen als Gottes Ebenbild, gewinnen im Grotesken menschliche Zerrbilder Gestalt, so konturiert das Phantastische den Menschen als dämonisches Gegenbild zum Schöpfer. Der göttliche Kosmos verwandelt sich in ein Chaos des Teuflischen. Überwältigt vom Niedrigen und Häßlichen, von der Lüge und vom Haß, scheinen alles Hohe, Schöne und Wahre ausgelöscht. „Aber das ist die entsetzliche Folge des Sündenfalls“, schreibt Hoffmann im „Don Juan“, „daß der Teufel die Macht behielt, dem Menschen aufzulauern.“

Psychische Prozesse sind für den phantastischen Erzähler Hoffmann nicht nur das Agens individuell persönlicher, sondern auch kollektiv geschichtlicher Entwicklungen. In der zu den „Nachtstücken“ zählenden Erzählung „Das Majorat“ von 1817 gestaltet Hoffmann den unaufhaltsamen Verfall feudaler Kultur. Die Novelle führt in die östliche Landschaft der Kurischen Nehrung, wo auf dem Majorat Rossitten ein freiherrliches Geschlecht lebt. Charakteristisch für die Mitglieder des adligen Hauses ist die unersättliche Habgier, der Wille, Eigentum und Macht ausschließlich an die eigenen Fahnen zu heften.

In einem Turm treibt der Ahnherr astrologische Beobachtungen, um die Sterne zu unwandelbaren Zeugen des beanspruchten Gottesgnadentums zu machen. Doch die Entwicklung der politisch führenden Aristokratie ist wenige Jahre vor der Revolution, zum erzählten Zeitpunkt, in eine Sackgasse geraten. Nur noch mit Mühe ist der Besitz-und Machtanspruch aufrechtzuerhalten. Bereits fadenscheinig geworden, schlägt das Besitzstreben in blanke Habgier um, als Aberglaube erkennbar wird die Herrschaftslegitimation. Unaufhörlich schreiten der sittliche Verfall und parallel zu ihm, ihn gleichsam illustrierend, der Verfall des Stammschlosses voran. Schon bei der Rückkehr des Geschlechts auf den alten Stammsitz ist das Schloß halb verfallen. Jahre später stürzt die Krone des Turms ein, die Quadersteine durchschlagen das untere Gewölbe und reißen einen Teil der Schloßmauern fort. Dabei findet das bisherige Oberhaupt der Familie den Tod. Geheimnisvoll verknüpft scheint der unheimlich fortschreitende Schloßverfall mit dem Tod seiner Bewohner. Eingestürzt ist mit gewaltigem Krachen auch die Decke des Gerichtssaals, so daß fortan Schutt und Trümmer in vielen Zimmern umherliegen, Signale eines unweigerlichen Niedergangs. Was aber letztlich hinter den gespenstischen Dekadenzerscheinungen steht, gewinnt Konturen im phantastischen Motiv des Wiedergängers. Vollstrecker des Verhängnisses, das über den Aristokraten schwebt, ist der alte Schloßverwalter Daniel, der, von seiner Herrschaft empfindlich verletzt, nach seinem Tod als rächender Wiedergänger umgeht und den Mitgliedern des freiherrlichen Hauses in unerbittlicher Konsequenz den Garaus macht. Der spukende Daniel ist Rachegeist und Richter über eine Machtclique, die sich unversöhnliche Feinde geschaffen hat. Wohl nicht zufällig trägt er den Namen des Gerechten im alttestamentarischen Buch „Daniel“, jenes apokalyptischen Zeugen eines sterbenden, heidnischen Weltreichs. Heillos und im tiefsten Sinne unchristlich haben auch die adligen Autokraten oft geherrscht, die unterdrückte Mehrheit ausgeplündert und die Strategie des eigenen Egoismus betrieben.

Gerade in der Gestalt des Wiedergängers gewinnt die Phantastik bei Hoffmann Konturen als radikale Kritik an der restaurativen Adelsgesellschaft. Phantastischer Stil gestaltet eine nur imaginierte Wirklichkeit der Zerstörung und des Untergangs, die, noch nicht realisiert, jederzeit realisierbar scheint. Unheimlich verfremdet, artikulieren sich aggressive Wünsche aus der Sicht des real ohnmächtigen Untertans nach 1815, sichtbar projiziert auf die Ruinierung der Zwingburgen und die Ausrottung der Zwingherren selbst. Eine Erzählung wie „Das Majorat“ mit ihrer Darstellung unheimlich eskalierender Zerstörung ist auf literarischer Ebene durchaus revolutionär. Phantastischer Stil gibt den Aggressionsträumen der Ohnmächtigen Gestalt. Geschichte ist der Raum real ausgeübter und erträumter Gewalt, auf dem Sprung, in die aktuelle Wirklichkeit einzutreten.

Nicht Ideen und Ideale steuern den Erzählprozeß, sondern Triebe und Aggressionen. Dem phantastischen Erzähler Hoffmann war es vorbehalten. das, was die Psychoanalyse später die Libido, die psychische Energie schlechthin nennen sollte, als die eigentlich motorische Erzählsubstanz fruchtbar zu machen. Trieb, Macht, Gewalt und aggressive Wünsche beherrschen als teuflisches Vermächtnis das soziale und das psychische Leben der Menschen. Zentral in den phantastischen Dichtungen Hoffmanns ist nicht der göttliche, sondern der teuflische Mensch. Ignaz Denner in dem gleichnamigen Nachtstück steht bereits durch seinen Vater mit dem Teufel im Bunde. Gnadenlos raubend und mordend, versetzt er das Land in Angst und Schrecken. Der Mensch geht um als des Menschen Wolf. Angestiftet durch seinen Vater, den satanischen

Wunderdoktor Trabacchio, so der wirkliche Name, schlachtet er Kinder, um aus ihrem Blut verjüngende Lebenstropfen zu gewinnen.

Geradezu als Teufelssohn erscheint der Mensch, als Widersacher des Lebens im Bann des Satans. Raub, Mord und schwarze Medizin, hier verknüpft mit dem Motiv des Vampirismus, sind nicht in erster Linie vordergründige Spannungselemente, sondern Ausdruck latenter Destruktivität. Phantastische Fiktion konturiert die Bestie Mensch. Die Kumulation des erzählten Grauens ist fiktiver Spiegel eines verheerenden realen Triebpotentials.

In der 1819 erschienenen Erzählung „Das Fräulein von Scuderi," verzichtet Hoffmann auf alle phantastischen Effekte wie Teufelspakt, Wiedergängerei und Gespenstererscheinungen, indem er den phantastischen Stil auf seinen Kern reduziert: auf den entstellten und entstellenden Menschen. Von ihm. von seiner psychischen Verfaßtheit, geht allein alle Destruktion aus, das reale Chaos, das keiner effektvollen Inszenierung mehr bedarf. Im Mittelpunkt steht der Goldschmied Cardillac, ein Getriebener, der die von ihm in einer Art Rausch gefertigten Schmuckstücke, wenn er sie einmal aus der Hand gegeben hat, um jeden Preis wieder in seinen Besitz bringen muß, und koste es das Leben des Käufers. Er selbst nennt es seinen „bösen Stern“, dem er folgen oder untergehen muß. Psychologisch zeichnen sich ziemlich exakt die Symptome einer Zwangsneurose ab. Die erbrachte schöpferische Arbeit bedingt ein unauflösliches Verhältnis zu dem gefertigten Schmuckstück, in das ein Teil des Ichs selbst eingegangen ist. Die Lösung von einem solchen Schmuck wird als Selbstverlust erlebt, der notwendig Angst hervorruft. Aus dem Bedürfnis nach Angstbefreiung entspringt die mörderische Zwangshandlung. Das, was vordergründig als spannende Geschichte erscheint, ist auch hier die erzählerische, ins Phantastische gesteigerte Sichtbarmachung psychischer Vorgänge. Hinter der Fassade des Biedermanns lauert der Dämon.

Cardillac scheint, was er nicht ist, und was er ist, verbirgt er hinter der Maske des Wohlanstands. In der Diskrepanz von Sein und Schein spiegelt sich die Lüge seines Daseins. Sein Werk, ein Teil von ihm selbst, in das er sich gleichermaßen wie in eine kostbare Form entäußert, bedeutet ihm alles. Der glänzende Schmuck wirft dem äußerlich eher Abstoßenden sein vollendet schönes Wunschbild zurück. Cardillac ist der grenzenlos in sich selbst verliebte, ichsüchtige Mensch, bedenkenlos bereit, Menschenleben zu opfern, um seine Ichsucht zu befriedigen. Teuflisch ist seine eitle Selbstüberhebung, die bereits Luzifer aus dem Kreis der Engel verstieß. Die Besessenheit vom eigenen Werk, in dem er sich immerfort nur selbst spiegelt, brandmarkt Cardillac zum Gegenbild des göttlichen Schöpfers, der in überquellender Liebe seine Schöpfung dem Menschen als Geschenk anvertraute. Rettungslos gefangen wie der Teufel selbst ist der Goldschmied in der selbstgeschaffenen Hölle seines Ichs.

Im Nachtstück „Der Sandmann“ von 1817 radikalisiert Hoffmann die menschliche Ichsucht zum Gottesähnlichkeitsstreben. Erneut spiegelt sich in der Aussageform des Nachtstücks die Abgründigkeit menschlichen Bewußtseins. Aus einem Versteck, das ihm Einblicke in das Verborgene und Verbotene erlaubt, beobachtet der Ich-Erzähler Nathanael seinen Vater und den Advokaten Coppelius bei offenbar alchimistischen Versuchen. Hellblinkende Massen, von blauen Flammen umzüngelt, werden mit Hämmern und Zangen bearbeitet. Wiederum geht es um eine Art Schmiedearbeit. Parallelen zum Goldschmied Cardillac tun sich auf wie denn überhaupt dem Aberglauben der Schmied, der Meister des Feuers, als Schüler des Teufels und Teufelsbündner galt. Der Alchimist ist bestrebt, Metalle zu veredeln, die dunkle erdartige Materie durch Reinigen und Klären aufzuhellen. Menschengesichter sind es, die Nathanael zu sehen glaubt, Gesichter allerdings ohne Augen. Sein Aufschrei verrät ihn, und für einen Augenblick sieht es so aus, als ob sich Coppelius an den Augen des Kindes vergreifen wollte. Das Grauen hat sichtbar Gestalt angenommen und bedroht den einzelnen mit realer Verstümmelung. Das, was dem heranwachsenden Nathanael ein lebenslanges Trauma beschert, an dem er schließlich zugrunde geht: die Blendungsdrohung, ist selbst bereits Zeugnis menschlicher Verblendung Coppelius und Nathanaels Vater, dessen sonst ehrliche Züge beim Experiment teuflisch verzerrt erscheinen, setzen an die Stelle des Natürlichen das Artifizielle, das bewußt vom Menschen Gemachte, indem sie versuchen, das absolut Tote, das Metall, zum Leben zu erwecken, es gleichsam aus dem Zustand des nur Materiellen in das Reich des

Geistes zu überführen. Das „heiße Bemühen“, das Stoffliche geistig zu läutern, erklärtes, mit der Gnosis verwandtes Ziel der Alchimisten, läßt die Hybris von Coppelius und Nathanaels Vater grell hervortreten. „Der Alte hat's verstanden!“ heißt es gotteslästerlich aus dem Munde von Coppelius. Doch drückt sich in solchem Kommentar zugleich auch schon die Fruchtlosigkeit alchimistischen Experimentierens aus. Symbolisch ist der Name „Nathanael“, der ja soviel wie Gottesgabe bedeutet. Nur Gott kann wahrhaft Lebendiges schaffen, den Menschen aber ist es aufgegeben, das Leben als ein Geschenk zu betrachten und zu ehren.

Teuflisch erscheinen die Alchimisten, weil sie sich selbst an die Stelle des Schöpfers setzen wollen und statt zu schaffen, sich selbst und andere zerstören. Die Mißachtung des Organischen und Schöpferischen, die Vergottung des mechanischen Prinzips sind die tiefsten Gründe für die Verblendung derer, die nach Gottähnlichkeit streben, das Geschöpf zum Schöpfer machen wollen.

Die metallenen Menschengesichter der Alchimisten mit ihren leeren, scheußlich schwarzen Augenhöhlen weisen auf die Blindheit ihrer Verfertiger zurück. Coppelius, in dessen Namen das italienische Wort „coppa“, Augenhöhle, anklingt, wird eins mit seinen augenlosen Fratzen, blind für den lebendigen Geist der Schöpfung. Das beobachtete Geschehen weitet sich zum Szenario des luziferischen Menschen.

Die materiell-mechanische Obsession, im alchimistischen Experiment Menschen zu schaffen, ist vor allem eine Verirrung männlichen Denkens, das aus sich selbst heraus, unter Umgehung der natürlichen Zeugung, des weiblichen Schoßes, Leben zeugen will. Im letzten entspringt das Experiment aus dem Mangel an Liebe. Mechanik und Technik zielen in überheblichem Wahnsinn auf die Perfektionierung der Schöpfung und zugleich auf die Etablierung männlicher Autonomie. Hoffmanns Kritik des mechanistischen Weltbilds und seiner verirrten Adepten im Medium alchimistischer Pseudokreativität gipfelt im Tod des Vaters, der bei einem letzten Experiment von einer Explosion getötet wird. Der Versuch, in teuflischer Konkurrenz mit Gott Menschen zu schaffen, muß in einem Desaster enden. Der selbstherrliche Prometheus ist nur ein erbärmlicher Pfuscher.

Nathanael wird das Trauma seiner frühen Jahre niemals wieder los. Als Student fällt er der technisch leblosen Produktenwelt und ihren trügerischen Vorspiegelungen in der Gestalt der Automatenpuppe Olimpia zum Opfer. Immer wieder verstrickt er sich in ihren verführerischen Schein. Im künstlichen Auge des Okulars scheint ihm Olimpia von himmlischem Leben erfüllt.

„Der Sandmann“ ist eine phantastische Parabel, abwechselnd dargeboten aus der natürlichen und der künstlichen Perspektive, so daß Klarheit und Verblendung, vielfältig gebrochen, nebeneinander stehen. Deutlich wird durch solches Verfahren, was sich im Innern Nathanaels, des tragischen Opfers, abspielt. Seine Art zu sehen macht die hybride Selbsterhebung des Menschen erst sichtbar und hebt sie als Täuschung und Blendwerk zugleich wieder auf. Erst in Nathanaels Perspektive wandelt sich die vertraute Welt in eine unheimliche Kulisse, aus der die Dämonen der Selbstvergottung ins Rampenlicht treten. Wie auf einem Bildschirm erscheint Unbewußtes im Bewußtsein des Erzählers. Im „Sandmann“ gelang Hoffmann wohl am eindrucksvollsten die Gestaltung einer konsequent phantastischen Blickführung, indem er den Ich-Erzähler wie eine Art Hohlspiegel behandelt, der einfallende pervertierte Triebenergien bündelt und vergrößert zurückwirft.

An die Seite von Machtgier, Zerstörungsphantasien und Ichsucht rückt in radikaler Steigerung die wahnsinnige menschliche Selbsterhebung. In teuflischer Regie versinkt die Welt in Gewalt, Haß und heillose Entfremdung. Hoffmanns phantastische Dichtung entwirft ein düsteres Bild vom Menschen und seiner Welt, in der Gottes Ebenbild sich zur teuflischen Grimasse verzerrt. Hoffmann stößt die Götzenbilder des vergotteten Menschen vom Sokkel, indem er tief hineinleuchtet in die düsteren Abgründe des Bewußtseins. Erbarmungslos reißt er die schmucken Fassaden nieder und legt die anarchischen Kräfte im Inneren bloß. Ansichtig wird die Kehrseite des Fürsten der Welt. Phantastik deckt das latente Chaos auf, die brodelnde Destruktion unter der dünnen, nur scheinbar befriedeten Oberfläche.

4. Dämonisierte Aufklärung

Der konservativ restaurative Geist bemächtigte sich in der spätromantischen Phase und darüberhinaus auch der phantastischen Novelle. Phantastisch erschien in einem paradigmatischen Wechsel nun all das, was die bestehenden Verhältnisse von innen und außen bedrohte. Phantastik wurde zum Stil der Abschreckung, der die sinnliche Natur, den freien Geist, das Streben nach ganzheitlicher Erfüllung dämonisierte.

Eichendorffs bereits 1817 in Breslau vollendete, aber erst 1819 gedruckte Erzählung „Das Marmorbild“ verwandelt die Lust an der sinnlichen Schönheit heidnischer Überlieferung in das Grauen vor der Selbstauflösung aus der Sicht sinnenfeindlicher christlicher Ethik. Am Anfang befindet sich der junge Dichter Florio auf dem Weg nach Lucca. Begierig nimmt Florio die Farben, Düfte und Klänge des bewegten Lebens in sich auf. Alle „blöde Bangigkeit“ ist von ihm gewichen und er selbst geöffnet für alles, was da so verschwenderisch auf ihn zuströmt. Florio auf der Schwelle zur Reife begegnet zum erstenmal der Liebe. Der Kuß, den er beim abendlichen Fest der schönen Nachbarin auf die „roten, heißen Lippen“ drückt, ist, frei von sinnlicher Schwüle und begehrlicher Lüsternheit, Ausdruck inniger Zuwendung. Die Geküßte selbst, errötet, mit gesenktem Köpfchen, ist das romantische Inbild des züchtigen, keuschen Mädchens, mehr Seele als Körper, mit dem sprechenden Namen Bianka, die Weiße, Reine. Idyllisch besänftigend klingt auch das Lied Fortunatos, bis plötzlich Weise und Ton umschlagen.

Mit Donati dringt das Phantastische in Florios Leben ein und stürzt ihn in eine existentiell bedrohliche Verwirrung. Zwischen Donati und Fortunato reitend, erweckt er den Eindruck, im Zwiespalt zwischen dem hellen und dem dunklen Prinzip zu stehen, zwischen sinnlicher Irritation und sinngebender Vertiefung, zwischen Trieb und Geist. Seltsam verwischt sind die Grenzen zwischen Träumen und Wachen, als Florio in der Nacht aufwacht. Wie in Trance begibt er sich auf die Suche nach einem über alle Maßen schönen, herrlichen Frauenbild, das in Übersteigerung jenes einfachen Mädchens beim Feste in seinem Innern lebendig geworden ist. Gebannt in einer Welt geheimer Wünsche und verborgener Triebe, erreicht er den Weiher, an dessen Ufer das steinerne Bild der Venus steht. Es erweckt den Eindruck, „als wäre die Göttin soeben erst aus den Wellen aufgetaucht,...“ In der wundervoll schönen Statue scheint die lang gesuchte Geliebte Gestalt angenommen zu haben, jene über alle Maßen schöne Frau, die bisher nur in seinem Innern aufbewahrt war.

Was sich dort vor Florios Augen zu regen scheint, ist die Projektion, das Hinausverlegen der eigenen Wünsche und Gefühle nach außen. Bei der spontanen Begegnung mit der heidnischen Liebesgöttin werden längst abgedrängte, archaische Leidenschaften lebendig und drängen erneut ins Bewußtsein.

Erst der zweite Blick zeigt das Bild völlig verwandelt. Die Marmorvenus, weiß und regungslos, aus steinernen Augenhöhlen blikkend, ist zum Bild des Grauens geworden. Zu Stein erstarrt ist die naiv verführerische Lust. In der phantastischen Verwirrung des Betrachters spiegelt sich die geänderte Einstellung zu jener ursprünglichen Sinnlichkeit, die sich im heidnischen Eros verkörperte. Nicht das Bild an sich flößt Schrecken ein, sondern die durch das Bild beschworene latente, von der christlichen Morallehre dämonisierte Fleischlichkeit. Das Sein in der Welt scheint geteilt in ein Reich des Lichts und ein Reich der Finsternis, in eine heidnisch venerische Triebsphäre und eine christlich heitere Welt des Geistes.

Aber im Licht des Tages, bei hellem Bewußtsein, scheinen die Dinge merkwürdig verwandelt. „... es war ihm, als sei das alles lange versunken und über ihm ginge der Strom der Tage mit leichten klaren Wellen und unten läge nun der Garten gebunden und verzaubert und träumte von dem vergangenen Leben.“ Das Reich der Venus, die sinnenfreudige Liebeswelt, wird als versunken erlebt, eine längst untergegangene Kultur. Und doch sind es nicht nur Schutt und Asche, archaische Trümmer, die zurückgeblieben sind, vielmehr regt sich träumerisches Leben, verzaubert und gebunden.

Im Garten der Venus begegnet Florio dem Ritter Donati auf geborstenen Marmorstufen zwischen üppig blühenden Blumen fast wie im Todesschlaf. Wiederum scheint die sinnliche Faszination der ersten Begegnung mit der Frau selbst entwertet. Ein unheilvoller Zusammenhang besteht zwischen der Venus und ihren Rittern, zwischen der verführerisch lockenden Schönheit und ihren heillosen Opfern.

Im Abendschein erreicht er mit Donati das Schloß, ganz aus Marmor erbaut, „fast wie ein heidnischer Tempel.“ Es ist eine Reise zurück in das verlorene Paradies heidnischer Sinnenlust, in einen Zustand vor und jenseits der Sünde. Die schöne Frau bietet sich anmutig in einem himmelblauen Gewand um die wohlgebildeten Glieder auf einem Ruhebett dar. Rosen und ein Gesang wie von Nachtigallen, sichtbare und hörbare Attribute erotischer Verheißung, umgeben sie, während das Bild der Schönen wie in der Venusdarstellung bei Velasquez in einen Spiegel fällt. Eine sinnlich aufreizende Szene, Projektion der geheimsten Wünsche Florios, farbenkräftiges Gegenbild zu der blassen Mädchenhaftigkeit Biankas. Kultivierte Körperlichkeit und raffiniert gesteigerter Genuß verbinden sich zu einem Fest der Sinne im verborgenen bürgerlichen Abseits, in das nur die erwachende Leidenschaft und der dunkel glühende Abend den Weg bahnen.

Florio folgt der Dame in das Innere ihres Schlosses, an das Ziel seiner Wünsche. Die raffiniert inszenierte Spannung, die immer freizügigere Darbietung verführerischer Reize, erreichen ihren Höhepunkt und verlangen nach Entspannung und Erfüllung, die im Gang in das innerste und prächtigste Gemach des Schlosses in kaum verhüllter Bildlichkeit vorweggenommen scheint. Aber genau auf dem Gipfel der leidenschaftlichen Erregung erfolgt die Ernüchterung. Der Blick fällt in den Abgrund. „Da begann auf einmal draußen in dem Garten ein wunderschöner Gesang. Es war ein altes frommes Lied, das er in seiner Kindheit oft gehört und seitdem über den wechselnden Bildern der Reise fast vergessen hatte.“

Am Morgen reist Florio mit Fortunato und Bianka, die nun wieder zu ihm stoßen, vom Ort seiner Schwäche, aber auch seines Triumphes, ab. Auf ihrem Weg passieren sie einen in Schutt und Trümmern liegenden Venustempel mit einem zerborstenen Marmorbild, Verweise auf eine versunkene Kultur und zugleich auf eine in die Latenz abgedrängte Versuchung. Florio erkennt nun erst die wahre Schönheit Biankas, die „wie ein heiteres Engelsbild auf dem tiefblauen Grunde des Morgenhimmels“ mehr einem Madonnenporträt gleicht als einer lebendigen, irdischen Frau. Bianka, die reine, klare Mariengestalt hat den Sieg errungen über die erotische Faszination der angsteinflößenden Venus, der christlichen Keuschheit ist die heidnische Sinnenlust endlich gewichen.

In Eichendorffs Novelle entspringt das Phantastische nicht länger aus dem Bewußtsein der Bedrohung durch solche Kräfte, die wie der Konsum, das Geld, die Macht und die Technik das Menschliche materiell entstellen und die lebendige Ganzheit der Person zu amputieren drohen, sondern eher umgekehrt aus der Angst vor dem ganzen Umfang menschlicher Existenz einschließlich ihrer sinnlichen Dimension.

Erwuchs die phantastische Novelle von Tieck bis Hoffmann noch aus dem Geist organisch lebendiger Selbstentfaltung, so ist in Eichendorffs Novelle bereits der restaurative Geist der Entsagung wirksam. Der romantischen Entgrenzung über alles Einengende hinaus steht die biedermeierliche Beschränkung in den enger gewordenen Grenzen des öffentlichen Lebens gegenüber. Anlaß und Anstoß zur phantastischen Gestaltung ist nicht länger das Beengende, sondern das Erweiternde, nicht das, was den Menschen erstarren läßt und verstümmelt, sondern das, was ihn freimacht, die vitale Einheit seiner Möglichkeiten auszubilden. Auf den restaurativen Anpassungsdruck antwortet die biedermeierliche Phantastik mit der Angst vor dem Hervortreten der ungebrochenen, leiblich-seelischen Ganzheit des Menschen.

Diskriminiert erscheint in Alexander von Ungern-Sternbergs 1834 erschienener Novelle „Die Doppelgängerin“ der sich frei entfaltende Geist. Der Aufbau ist geprägt von auffallenden Erzählsprüngen und scharfen Schnitten. Szenen und Einstellungen wechseln abrupt, wobei oft größere Zeitspannen und Entfernungen, vermittelt lediglich durch knappe Hinweise, überwunden werden. Ein souveräner Erzähler lenkt die Aufmerksamkeit des Lesers jeweils gezielt auf die für den Erzählprozeß entscheidenden Ausschnitte, die szenisch-bildhaft herausgehoben, sich in rascher Folge ablösen.

Die erste Szenen- und Bilderfolge bietet zunächst eine Idylle dar. Colmar, ein französischer Offizier, und Berenize, Tochter des Marschalls Bienville, haben geheiratet. Potentieller Störfaktor in dieser geschlossenen Adelsidylle ist nur der Bräutigam. Eine dunkle Vergangenheit scheint hinter ihm zu liegen. Geheimnisvolle Andeutungen fallen von seiner ersten verstorbenen Frau, von

Abb. 8
Alfred Kubin: Bildertitel zu Dostojewskis Roman
„Der Doppelgänger“ (1913)

einem einsamen Schloß in den Pyrenäen, von Heimsuchungen und Spuk. Mit Colmar, seiner düster lastenden Vergangenheit, ist das Schicksal in die geschlossene Gesellschaft der Bienvilles, der restaurativen Adelsgemeinschaft, eingedrungen und gefährdet ihre idyllische Befriedung.

Seine tiefe psychische Störung führt schließlich zu einem Eklat. Das Gesicht seiner Frau, beleuchtet von einem Strahl des Mondes, vor sich, verliert er, für alle unerwartet, seine Fassung: „„... in fürchterlicher Beleuchtung zeigt sich sein Antlitz von Wut und Entsetzen entstellt, ... und ehe auch nur einer der Anwesenden es ahnen kann, hat seine erhobene Rechte einen fürchterlichen Schlag nach der Geliebten geführt.“ Das Unfaßliche, Rätselhafte bricht in die friedliche Vertrautheit des Lebens ein und macht sie mit einem Schlag zunichte. Nicht der Handelnde selbst gehört dem Bereich des Phantastischen an, sondern das, was ihn bewegt, jene rätselhafte Macht, in deren Bann er zu stehen scheint, die für die anderen wie für den Leser noch im Dunkeln liegt und eine vorwärtsdrängende Erzählspannung erzeugt.

Nach einem unblutig verlaufenen Duell erfährt Berenizes Bruder die ganze Wahrheit eines schicksalhaft gezeichneten Lebens. Colmar erzählt von seinen Erlebnissen am italienischen Hof, wo er Ophelia, der Gräfin von Bergino begegnet und sich in sie verliebt. Durch sie lernt er ihren Onkel, den Grafen Bergino kennen, eine zwielichtige Gestalt, im Ruf magischer Kräfte. Ein offenes Geheimnis ist sein Doppelgängertum, seine unheimliche Gabe, an unterschiedlichen Orten gleichzeitig zu sein, ohne daß das Gegenüber weiß, wen es genau vor sich hat.

Magisch fühlt sich Colmar von dem geheimnisumwttterten Grafen angezogen und sucht ihn in seinem abgelegenen Haus in der Vorstadt auf. Unumwunden bekennt sich der Graf zur Allmacht des menschlichen Willens, der selbst „die Bande der Schöpfung zu lösen und gegen den Thron des Himmels anzustürmen“ vermöchte. Ziel des Menschen sei es, über sich selbst zu gebieten und die engen Schranken des Geistes und der Erfahrung, die Unwissenheit und Schwäche aufgerichtet hätten, zu überwinden. „Der Mensch erkennt die Allmacht seines Willens, und vor dem erschlossenen Geheimnis seines Busens beugt sich die willenlose knechtische Natur.“ Das ist in radikaler Zuspitzung eine revolutionäre Philosophie, die den Menschen aus allen religiösen und ständischen Bindungen löst und seine individuelle Souveränität erklärt.

Effektvoll diabolisiert Sternberg den Grafen Bergino, den Vertreter fortschrittlichen Denkens, als Scheusal und Unhold. Phantastischer Stil wird zum Mittel, aufgeklärtes Denken zu diffamieren. Vor Colmars Augen versetzt der Graf seinen Geist in eine durch die Kraft des Willens gebildete, künstliche Gestalt, die seinem äußeren Erscheinungsbild aufs Haar gleicht, während der eigentliche Körper eigentümlich erschlafft, das Gesicht blutleer wirkt und die Augen allen Glanz verlieren. Von trügerischen Gestalten geäfft, stürzt Colmar entsetzt ins Freie.

Colmar, nachdem er Ophelia geheiratet hat, ist nur scheinbar der phantastischen Verstrickung entronnen, in die er sich ja selbst aus freien Stücken begeben hatte, indem er der anfänglichen Faszination durch den Grafen allen Warnungen zum Trotz nicht zu widerstehen vermochte, den offenbar Nichtswürdigen sogar noch in Schutz nahm. Mit Entsetzen muß er erfahren, daß seine Frau mit dem Namen der wahnsinnigen Schwester Hamlets von Jugend auf mit ihrem Onkel in Verbindung gewesen ist und von ihm „jene Künste der Hölle“ gelernt hat, die sie dann auch praktizierte. Ophelias Bitte, ihren Geist selbst mit Gewalt in ihren wahren Körper zurückzuholen, sobald ihre Augen den Glanz verlören, zerstört jede erfüllte Gemeinschaft. Erst nach Ophelias frühem Tod und nach der Liebe zu Berenize scheint Colmar endgültig erlöst.

Doch auch jetzt entläßt ihn sein Verhängnis nicht. Der Schlag, den er gegen seine eigene geliebte Frau geführt hat, zeigt ihn weiterhin schicksalhaft gekettet an das Entsetzliche, dem er einst Zugang zu seinem Leben gestattet hat. „Der Strahl des Mondenlichts, der plötzlich auf dein Antlitz fiel, der zufällig schwächere Glanz des Auges rief mir plötzlich jene Ophelia und ihre Worte ins Gedächtnis, die finstere Macht faßte mich, und willenlos mußte ich ihr zum Spielzeug dienen.“

Mit einer Unerbittlichkeit, die an Tieck und Kleist, vor allem aber an Hoffmann erinnert, führt hier die Infizierung durch das Phantastische konsequent in den persönlichen Untergang. Eine letztlich versöhnliche Geste wie bei Eichendorff bleibt ausgeschlossen. Der anfangs geschilderte vehemente Ausbruch der Bewußtseinsstörung verknüpft nach der klärenden Lebensgeschichte Colmars den ersten mit dem zweiten Teil des novellistischen Geschehens.

In zwei abschließenden szenischen Einstellungen erfüllt sich die Katastrophe. Zunächst fällt der Blick auf Sophie Bernard, die Tochter eines Pächters, die als „Opfer der Leidenschaft des Marschalls“ eine Tochter Marie zur Welt gebracht hat, im gleichen Alter mit Berenize. Als Gesellschafterin bei einer mit den Colmars verwandten Adelsfamilie in Paris lernt Marie Colmar kennen und verliebt sich unsterblich in ihn. Auf einem Bild, das Colmar mit seiner Braut Berenize zeigt, glaubt sie sich selbst zu erkennen und meint, erwählt zu sein, bis sie, über ihren Irrtum aufgeklärt, in schwere Depressionen verfällt.

In der abschließenden szenischen Einstellung treffen die Folgen aus dem moralischen und geistigen Fehlverhalten zusammen und besiegeln den Untergang der Betroffenen. Zunächst herrscht ähnlich wie zu Anfang ein eher idyllischer Eindruck vor. Colmar lebt mit Berenize zurückgezogen auf einem Landsitz. Äußere wie innere Befriedung scheinen sich gleichermaßen auszubreiten. Schatten aber fallen regelmäßig auf das Idyll am Jahrestag von Ophelias Tod. Für Colmar ist dieser Tag ein dies fatalis, an dem alle längst verdrängten Gespenster wieder ins Bewußtsein dringen und den Heimgesuchten psychisch wie physisch erkranken lassen. Ein schlimmes Verhängnis will es, daß Marie sich gerade in dieser Phase entschließt, ihren Geliebten, der gar nichts von ihrer Liebe weiß, den sie aber im Grunde verantwortlich macht für ihr verpfuschtes Leben, ein letztes Mal zu sehen.

Genau am Todestag Ophelias kommt es zu der unheilvollen Begegnung mit fürchterlichen Folgen: „Berenize, die unglückliche Berenize, lag am Boden mit durchbohrter Brust; neben ihr kniete, die Haare wild aufgelöst, eine Gestalt, deren Anblick die eintretenden Männer auf einen Moment erblassen machte - auch sie war Berenize, ... In einer Ecke des Gemachs lehnte Colmar, das Antlitz in beide Hände gedrückt. Das Licht einer düster brennenden Studierlampe beleuchtete mit ungewissem Schimmer die Gestalten im fürchterlichen Gemach.“ Colmar, unheilvoll belastet, ist zum Mörder seiner Frau geworden, indem er sie im Anblick Maries für ihre Doppelgängerin gehalten hat.

Die phantastische Abweichung von der Ordnung hat die, die sich dem Widernatürlichen in einer unbedachten Phase ihres Lebens geöffnet und sich ihm verbunden haben, eingeholt und sie gerichtet. Tod und Wahnsinn sind die Folgen einer Berührung mit dem, was die Grenzen der einmal gesetzten Ordnung überschreitet.

Höhepunkt und Abschluß restaurativ-biedermeierlicher Phantastik bildet Gotthelfs Novelle „Die schwarze Spinne", erschienen 1842 im ersten Band der Sammlung „Bilder und Sagen aus der Schweiz". Außer an Sagen und volkstümliche Überlieferungen knüpft Gotthelf vor allem an A.F.E. Langbeins gleichnamige Novelle aus dem Jahr 1819 an. Der böse Geist, der dort durch einen Zapfen in eine Königstanne gebannt ist und sich später als eine große, pechschwarze Spinne entpuppt, kehrt im Werk des Schweizer Erzählers in abgewandelter, vertiefter Form wieden Aus dem dummen, komischen Teufel dort, ist hier ein dämonischer Verführer geworden, der sich keineswegs so leicht wieder wegsperren läßt. Die Spinne selbst ist nun eng mit dem Weiblichen verknüpft.

Der Aufbau der Novelle besticht durch Klarheit und Aussagekraft. Eine dreiteilige Rahmenhandlung legt sich um zwei von einander getrennte Binnenerzählungen. Breit ausladend eröffnet der Erzähler das Geschehen mit einer sonntäglichen Idylle, die in die erste Erzählung des Großvaters mündet. Verbunden werden alle Teile der Novelle durch das Sinnzeichen des schwarzen Fensterpfostens. Die eigentlich phantastischen Ereignisse konzentrieren sich auf die beiden Binnenerzählungen, während der Rahmen ein verklärtes Wirklichkeitsbild entwirft.

Die erste, weitaus längere Erzählung des Großvaters setzt ein mit einer sozialkritischen Darstellung des mittelalterlichen Feudalsystems. Nachdem die Bauern, ihre eigene Arbeit vernachlässigend, ein Schloß für die Ritter gebaut haben, verlangt der Schloßherr von ihnen in Monatsfrist die Errichtung eines Schattengangs aus hundert Buchen, die unter unsäglichen Mühen auf den Schloßberg hinaufzuschaffen sind. Auf dem tiefsten Punkt ihrer Ratlosigkeit steht „plötzlich vor ihnen, ... lang und dürre ein grüner Jägersmann. Auf dem kecken Barett schwankte eine rote Feder, im schwarzen Gesicht flammte ein rotes Bärtchen,..." Verführerisches und Höllisches mischen sich in der Gestalt.

Spätestens, als er als Lohn für seine Dienste ein neugeborenes, ungetauftes Kind fordert, entpuppt sich der Jägersmann als gnadenloser Menschenjäger, der seiner Beute im Moment der Schwäche und Hilflosigkeit auflauert. Hinter dem verführerischen und verlockenden Angebot, den Bauern bei der Erstellung des Schattengangs behilflich zu sein, wird das Verderben sichtbar. Seine groteske Erscheinung und seine ungeheure Forderung entlarven den Teufel als Widersacher des Lebens.

Virulent wird das Böse erst in der Lindauerin Christine, einer Zugereisten, mit wilden, schwarzen Augen, grundverschieden von den anderen Frauen, „die froh sind, daheim zu sein, in der Stille ihre Geschäfte zu beschicken, und die sich um nichts kümmern als um Haus und Kind.“ Christine, die Fremde und Unangepaßte, wird in der Tat zur Teufelsbraut. In der eigentlichen Paktszene glaubt sie, den Teufel in übermäßigem Selbstvertrauen noch überlisten, seine Dienste ohne wirkliche Gegenleistung in Anspruch nehmen zu können, doch am Ende, praktisch als Strafe für ihre Selbsterhebung über die Männer, ist sie die Geprellte.

Aufschlußreich ist die Besiegelung des Paktes. Der Grüne verlangt, nachdem Christine die ganze Verantwortung übernommen hat, nicht die konventionelle Unterschrift mit Blut, sondern lediglich einen Kuß, den er der Frau auf das Gesicht drückt. Die intime Berührung mit dem Bösen läßt den Himmel zerspringen und erweckt in Christine den Eindruck, als wurzelten ihre Füße tief hinunter in den Boden. Die Schwäche ihres Fleisches hat sie endgültig aus dem Himmel vertrieben und sie eins werden lassen mit dem bloß vegetativen, dem ewigen Tod entgegengehenden Leben. Als Teufelsbraut gehört sie fortan ausschließlich in die Welt des sterblichen Fleisches. Ähnlich den von Gott abgefallenen Engeln ist sie zum Dämon im Gefolge des Teufels geworden.

Nachdem der Teufel seine Arbeit vertragsgemäß getan hat und zweimal geprellt worden ist, läßt er aus seinem Geschöpf das Böse hemmungslos hervorbrechen. In Christines „Gesichte begannen Wehen zu kreißen“. An der Stelle, wo der Teufel sie geküßt hat, kommt es zu einer grauenvollen Geburt: „Da sah sie in des Blitzes fahlem Scheine langbeinig, giftig, unzählbar schwarze Spinnen laufen über ihre Glieder, hinaus in die Nacht, ...“

Nach unsäglichem Unheil, das die Spinnen über Mensch und Vieh bringen, kommt es nach der dritten erfolgreichen Überlistung des Teufels zu einer nochmaligen Aufgipfelung der Katastrophe. In letzter Minute verhindert das entschlossene Eintreten des Geistlichen die Übergabe des von Christine geraubten Neugeborenen an den Grünen. „...vom geweihten Wasser berührt, schrumpft mit entsetzlichem Zischen Christine zusammen wie Wolle im Feuer, ... schrumpft zischend, flammensprühend zusammen bis auf die schwarze, hochaufgeschwollene, grauenvolle Spinne in ihrem Gesichte, ...“ Christine ist völlig aufgegangen in der Spinne, der Mutter der Höllenbrut. Ein furchtbares Sterben nimmt seinen Anfang, das die Bauern wie die Ritter heimsucht. Zu tödlichen Vergiftungen führt die bloße Berührung mit der Spinne. Selbst vor ihrem Ehemann macht die grausam verwandelte Christine nicht Halt. Man findet seinen Leichnam „gräßlich zugerichtet wie keinen andern.“

Der Spinnenfrau steht als weibliches Idealbild die Mutter gegenüber Eine Mutter ist es letztlich, die ihr Kind vor der Spinne schützt. „Da dachte sie an Gott und griff mit rascher Hand die Spinne. Da fuhren Feuerströme von derselben aus, der treuen Mutter durch Hand und Arm bis ins Herz hinein, aber Muttertreue und Mutterliebe drückten die Hand ihr zu, ... unter tausendfachen Todesschmerzen drückte sie mit der einen Hand die Spinne ins bereitete Loch, mit der andern den Zapfen davor...“.Nicht Begehren und Selbstliebe, sondern Dienst am Leben und Opferbereitschaft sind die Tugenden der Frau. Wo immer sie diese Tugenden mißachtet, breitet sich Unheil aus. Heil liegt allein im Verzicht und in der Entsagung. Ein reaktionär einseitiges Frauenbild durchaus, vom Mann entworfen, darüberhinaus aber auch repräsentativ für die biedermeierlich-restaurative Haltung der Selbstbeschränkung.

Die zweite Geschichte, wesentlich kürzer als die erste, mehr die großen Bögen nachzeichnend als ins Detail gehend, spielt bereits in bäuerlich-bürgerlicher Zeit, nachdem die Feudalherren ihren gesellschaftlichen Einfluß eingebüßt haben. War es dort die Hoffart der Ritter, die das phantastische Geschehen auslöste, so ist es hier die Hoffart der reich gewordenen Bauern, die, von fremden Frauen in die Gemeinde hineingetragen, sich letztlich verderbenbringend auswirkt.

An einem Heiligabend kommt es zum Eklat. Einer aus dem unkontrollierten, verwahrlosten Gesinde zieht den Zapfen aus dem alten Holz. In teuflischer Verkehrung der Heilsgeschichte wird den Menschen nicht der weihnachtliche Erlöser geboren, sondern, von ihrem sittenlosen Verhalten provoziert, die todbringende Spinne.

Griff am Ende der ersten Geschichte die mütterliche Frau rettend ein, so ist es nun Christen, der männlich christliche Held, der die Spinne, sich selbst opfernd, wieder einsperrt. Auffällig ist der Anklang der Namen Christine und Christen. Nachdem die Frau ihr Geschlecht mit Schuld und Fluch beladen hat, tritt der männliche Nachfahre als sühnender Retter auf. Niedergang und Wiederauferstehen bestimmen auch hier parallel zum Taufritus das Geschehen.

Damit findet eine beispielhafte Restauration analog zur Realgeschichte ihren krönenden Abschluß. Klar tritt der Anspruch der Tradition in den Worten des Großvaters noch einmal hervor, wenn er von seinen Vorfahren erzählt, denen ein weiser Mann geraten habe, sie könnten ruhig ein neues Haus an der Stelle des alten bauen, doch müßten sie zwei Dinge bewahren: „das alte Holz, worin die Spinne sei, den alten Sinn, der ins alte Holz die Spinne geschlossen .. .“ Das neue Haus auf altem Grund verweist nur allzu deutlich auf die restaurative Gesellschaft mit ihrer Erneuerung patriarchaler Macht. Im Großvater als Erzähler verbinden sich nahtlos die vor- und nachrevolutionäre Zeit. Gotthelf legitimiert die männliche Herrschaft, indem er die Frau, die während der romantischen Bewegung geistig bedeutsam hervorgetreten war und dort zumindest im schöpferisch-kulturellen Bereich ebenbürtig an der Seite des Mannes stand, als phantastische Bedrohung der Ordnung warnend und mahnend beschwört.

5. Das deformierte Bewußtsein

Theodor Storm ist in der realistischen Phase der deutschen Literatur der einzige phantastische Erzähler von Rang. Er vollendet die phantastische Novelle im 19. Jahrhundert die nach Tiecks „Blondem Eckbert“ (1797) mit den Nachtstücken E.T.A. Hoffmanns einen frühen Höhepunkt erreicht hatte.

Die phantastische Novellistik Storms fällt in seine mittlere Schaffensphase. Die gescheiterte bürgerliche Revolution von 1848, die stagnierenden gesellschaftlichen und politischen Verhältnisse, die erstarrten staatlichen Machtstrukturen und die Entfremdung im Gefolge zunehmender Industrialisierung bestimmten das Bild der Zeit. Fortwährend sah sich der einzelne Prozessen ausgesetzt, die sich seinem Einfluß und seiner Kontrolle scheinbar entzogen und ihn zu verformen und zu verzerren begannen. Das bornierte Bewußtsein, bisher Gegenstand der phantastischen Dichtungen Storms, wich der Darstellung menschlicher Beschädigungen und Entstellungen unter dem Druck gewaltiger äußerer Erschütterungen.

Spontan, im Zuge einer plötzlichen Eingebung, entstehen die sogenannten „Märchen“. In der Weihnachtszeit 1863 beginnt Storm mit der Niederschrift der „Regentrude“. Parallel dazu verlaufen Konzeption und Ausführung des zweiten Stücks „Bulemanns Haus“. „Der Spiegel des Cyprianus“ wird im November 1864 vollendet. In einer erstaunlich kurzen Zeitspanne profiliert sich Storm zu einem erstrangigen phantastischen Erzähler.

Das Wunderbare ist prinzipiell konstruktiv und optimistisch. Es betrachtet die Menschen und ihre Welt unter dem Aspekt der Hoffnung auf Glück und Erlösung. Das Phantastische aber ist prinzipiell destruktiv und pessimistisch. Es betrachtet die Menschen und ihre Welt unter dem Aspekt der Angst vor dem Grauen und der Katastrophe. Entwirft das Märchen irreale Paradiese der Wunscherfüllung, so gestaltet die phantastische Literatur irreale Schreckensorte der Verzweiflung. „Die Regentrude“ ist in diesem Sinne die Kontrastfolie, von der sich das zweite Stück „Bulemanns Haus“ dunkel und düster abhebt. Das alte, verfallene, von Geheimnis und Grauen umwitterte Haus löst ein erklärendes, rückwärts gewandtes Geschehen aus. Es wird zur Hölle des Egoismus, der in seiner mitleidlos brutalen Unmenschlichkeit phantastische Verwandlungen und Verwicklungen heraufbeschwört

In Herrn Bulemann verkörpern sich, zur grotesken Karikatur gesteigert, Tendenzen der kapitalistischen Wirtschaftsgesinnung. Für seinen Vater stellen die kostbaren Pfänder noch einen sinnlichen Wert dar. Doch tritt bereits auf dieser Stufe der zwanghaft hortende Chakakter desjenigen grell hervor. der mit dem geliehenen Besitz verschmilzt und sich ihm sklavisch unterwirft. Die Orientierung am toten Besitz führt unausweichlich in die Isolation und zur Entfremdung vom Mitmenschen. Kapitalistischer Warenverkehr und mitmenschlicher Umgang schließen einander aus.

Der Sohn im Mittelpunkt der Novelle steht bereits auf einer anderen Stufe kapitalistischer Entwicklung. Für ihn kommt alles darauf an, den gehorteten Warenbesitz zu Geld zu machen. An die Stelle der konkreten Güter und ihres realen Gebrauchswerts treten die Abstraktionen des Geldes und des verabsolutierten Tauschwerts. Mit der Zuspitzung der abstrakten Ware-Geld-Beziehung nimmt die humane Selbstentfremdung unheilvoll zu. Auf der Strecke bleiben der andere und seine Not.

Unstrittig ist die Unrechtmäßigkeit der Bereicherung, denn die kapitalisierten Wertgegenstände sind ja keineswegs das Eigentum des Pfandverleihers. Im Grunde ist jedes Eigentum nur geliehen, der einzelne immer nur Eigentümer auf Zeit. Für den Kapitalisten aber ist der materielle Besitz ein absoluter Wert, dessen Steigerung ihm die Steigerung seines persönlichen Werts bedeutet. Im Pfandverleih wird sinnbildlich die Problematik kapitalistischer Handels- und Tauschbeziehungen anschaubar. Der angestrebte Profit ist, unter moralischen Aspekten betrachtet, Diebstahl am ursprünglichen Eigentümer, weil zwischen dem Pfanderlös und dem wirklichen Sachwert eine erhebliche Differenz zugunsten des Verleihers besteht. Im Verleih tritt an die Stelle des Menschen die Ware und korrumpiert jede echte Beziehung.

Bulemanns fortschreitende Entfremdung spiegelt sich in seiner zunehmenden Isolation und im Verfall seiner äußeren Erscheinung. Im Bann einer heillosen Obsession durch den toten Besitz verliert der Besessene seine Menschlichkeit und seine Würde. Hartherzig weist er seine Halbschwester zurück, die für ihr krankes Kind einen silbernen Becher zurückerbittet, den sie vorzeiten verpfändet hatte. Damit verspielt Bulemann seine letzte Chance, aus dem Teufelskreis des Geldes wieder in die lebendige Gemeinschaft der Menschen einzutreten.

Der Becher ist ein uraltes Lebenssymbol. Wer ihn gegen das absolut Tote eintauscht, übt Verrat am Leben. Im todkranken Sohn der Schwester verköpert sich der drohende Verlust der Lebenskraft als Folge materieller Perversion. Kein Märchen entfaltet sich hier, das dem kranken Jungen den heilsamen Trunk aus dem Lebensbecher letzten Endes gewährt hätte. In einer profitsüchtigen, egoistischen Welt geschehen keine Wunder, weil in ihr Anteilnahme und Liebe keinen Platz mehr haben. Nur, wo sich der Mensch dem Menschen zuneigt, ereignet sich das Wunder des Lebens, wo das Geld aber den Menschen verdrängt, breitet sich die tödliche Gemeinheit des Egoismus aus.

Unmittelbar nach der hartherzigen Zurückweisung der Schwester tritt in Bulemanns Leben eine unerklärliche Wende ein. Plötzlich bemerkt er, wie seine Katzen zu wachsen beginnen, bis sie zu zwei riesigen, Furcht einflößenden Raubtieren geworden sind, die ihren eigenen Herrn beherrschen. Der Einbruch des völlig Unerklärlichen markiert den novellistischen Wendepunkt. Das unmenschliche Ausmaß brutaler Hartherzigkeit, die humane Entfremdung Bulemanns, gewinnen Konturen in der phantastischen Entstellung. In den Katzen mit den sprechenden Namen Graps (grapschen = an sich raffen) und Schnores (schnorren = schmarotzen) spiegelt sich Bulemanns eigene bestialische Verrohung im Bann maßloser Habgier.

Parallel zum Anwachsen der Katzen schrumpft Bulemanns menschliche Gestalt, bis er nur noch so groß ist wie ein einjähriges Kind. Herr Bulemaun, in der Gewalt der Riesenkatzen, eingepfercht auf engstem Raum, ist das Schreckbild der entfremdeten, verengten menschlichen Existenz im Würgegriff des Kapitalismus. Der Herr ist in Wahrheit der Knecht, beherrscht von niedrigen Instinkten und materiellen Obsessionen. Vor einem solchen Grad der Entfremdung muß jede vordergründig realistische Darstellung versagen. Im Spiegel des Phantastischen treten die Hintergründe einer ungeheueren Perversion grell ins Licht.

Im Genre der phantastischen Novelle wird die im 19. Jahrhundert dominierende Wirtschaftsgesinnung mit ihren verheerenden humanen Folgen erst darstellbar. Das materielle Gut usurpiert den ideellen Wert und verunstaltet den Menschen zum grotesken Zerrbild. Gefangen in der absurden Gegenwart toten Besitzes, büßt er seine lebendige Zukunft ein. Phantastisch ist der Zusammenbruch aller Perspektiven, jeder wahrhaft menschlichen Entwicklung im Bann des abstrakten Pseudoguts. Herr Bulemann bewegt sich jenseits von Leben und Sterben, jenseits eines erfüllten Seins in einer

Scheinwelt. Weder lebendig noch tot, ist er ein phantastisches Mahnmal des verzerrten Menschenbildes in einer materiell entfremdeten Zeit.

Harmonie und Dissonanz, Wunderbares und Phantastisches, Märchen und phantastische Novelle, in der „Regentrude“ und in „Bulemanns Haus“ noch deutlich voneinander getrennt, sind im „Spiegel des Cyprianus“ kunstvoll miteinander verknüpft. Ähnlich wie „Die Regentrude“ setzt die Novelle mit einem Zustand offenbarer Unordnung ein. Das Kind, mit dem blühenden, frühlingshaften Leben draußen verbunden, erscheint in schrillem Widerspruch vom Tode gezeichnet, grausames Opfer einer rätselhaften Krankheit. Überschattet war seine Geburt bereits vom Tode der Mutter. Geburt und Tod, Erblühen und Vergehen bestimmen in harten Kontrasten den Eingang der Erzählung. Die Krise um das rätselhaft erkrankte Kind in der Rahmensituation löst die erklärende Binnengeschichte aus dem Munde der Amme aus.

Auf dem Höhepunkt der Krise in der Erzählung der Amme taucht Cyprianus, ein im Krieg verwundeter Arzt auf, den die Gräfin gesund pflegt. Cyprianus, auf wunderbare Weise verbunden mit den Kräften der Natur, belohnt seine Pflegerin mit einem wundertätigen Spiegel: ... „die Gabe, von der ich sprach, ist ein speculum, zu Deutsch ein Spiegel, unter sondrer Kreuzung der Gestirne und in der heilbringenden Zeit des Jahres gefertiget.“ Der Spiegel ist mythisches Sinnzeichen des Lebensgrundes. Wer in lebendiger Hoffnung in ihn hineinblickt, dem wird das Leben selbst zuteil.

Aber nur der Mensch, der wie die Gräfin von der Liebe zum Leben erfüllt ist, bereit, ihm zu dienen, ist im Einklang mit dem vitalen Urgrund. Alles, was solcher Liebe zuwiderhandelt, zerstört die ursprüngliche Identität des Seins mit dem Seienden und verkehrt die schöpferische in die zerstörerische Kraft. „Niemals“, so heißt es warnend, darf das Bild einer argen Tat in diesen Spiegel fallen.“ Die konstruktiven wie die destruktiven Kräfte bedürfen der menschlichen Mithilfe. Der Mensch allein ist dafür verantwortlich, ob er in einer wunderbaren Wirklichkeit oder in einer phantastischen Welt des Grauens lebt.

Zunächst übt der Spiegel seine segensreiche Wirkung aus, indem er den Wunsch der Gräfin nach einem Kind erfüllt. Doch die märchenhafte Erfüllung bleibt in der Binnenerzählung nur Episode. Nach dem Tode der Gräfin läßt der Graf den Spiegel in ein abgelegenes Gemach schaffen und ihn mit einem schwarzen Tuch verhängen. Die zweite Ehe mit einer schönen, aber kaltherzigen Frau entwickelt sich unglücklich. Kuno, das Kind aus erster Ehe, weigert sich, sie als Mutter anzunehmen. Nach der Geburt eines weiteren Sohnes spitzt sich der Konflikt zu. Als auch noch der Graf ums Leben kommt, beauftragt die Gräfin den Obristen Hager, Kuno umzubringen, um das ungeteilte Erbe ihrem leiblichen Sohn zu sichern.

In dem abgelegenen Gemach, dort, wo der Spiegel abgestellt ist, kommt es zu der entsetzlichen Tat. „Als sie aber an den verhangenen Spiegel kamen, verwickelte der Knabe seine Füße in dem Bahrtuch, daß er jählings zu Boden stürzte. Da war auch der böse Mann über ihm.“ Mit dem Mord vor dem entblößten Spiegel geschieht das, wovor Cyprianus seinerzeit so eindringlich gewarnt hatte. Zerbrochen ist mit dem tödlichen Schlag die ursprüngliche Einheit von Abbild und Urbild. Der tötende Mensch steht in radikalem Widerspruch zur lebensstiftenden Natur. Sein mörderisches Handeln verwandelt die wunderbare Lebenswirklichkeit in eine phantastische Sterbeszene.

Was vorher Leben geschenkt hatte. weil der Mensch ihm mit Ehrfurcht begegnete, verkehrt sich nun in eine unheilvolle Quelle des Todes. Das Leben ist nur mit dem im Bunde, der baut und bewahrt, jeder einzelne aber, der vernichtet und auslöscht, stellt den Lebensprozeß selbst fundamental in Frage und löst schlimme Entwicklungen aus. Sterben muß schließlich auch der Sohn aus zweiter Ehe, als er in das Gemach mit dem Spiegel kommt. „Jetzt stand er davor und besah staunend sein eigenes Bild in diesem Glanze; plötzlich aber griff er mit beiden Händen nach dem Herzen. Dann sprang er mit einem Wehgeschrei in die Höhe.“ Das Bild der Gewalt und des Tötens, das in den Spiegel gefallen ist, strahlt gleichsam als tödliche Botschaft zurück. Was einst darauf gerichtet war, den Fortbestand der gräflichen Familie zu sichern, zielt nun darauf ab, sie auszulöschen. Der Zauber des Lebens hat sich in die schwarze Magie des Todes verkehrt.

Das Motiv des kindlichen Sterbens verbindet die Rahmenerzählung mit dem im eigentlichen Sinn phantastischen Binnengeschehen. Während aber im Binnenteil gleich zwei Kinder sterben, hält die Rahmenhandlung zunächst dort an, wo von der rätselhaften Erkrankung eines Kindes die Rede ist, das wiederum den Namen Kuno trägt. Die Namensgleichheit läßt Furchtbares ahnen, zumal, wie erzählt wird, auch dieses Kind unglücklicherweise mit dem fatalen Spiegel in Berührung gekommen und die tödliche Botschaft bereits in sein Leben eingedrungen ist. Die Mordschuld gerät nicht einfach in Vergessenheit, sondern wirkt über die Generationen hinaus fort. Der Spiegel ist auch das Gedächtnis der verbrecherischen Tat, der Gewalt, die der Mensch dem Leben angetan hat.

Eine letzte Hoffnung enthält das wieder aufgefundene Schreiben des Cyprianus: „... nur eine Sühne, aus des Übeltäters eignem Blut entsprossen, vermöchte die Heilkraft des Spiegels wieder herzustellen.“ Durch eine schicksalhafte Fügung ist die Gräfin in der Rahmenhandlung in der Tat verwandt mit der zweiten Frau des Grafen, der eigentlichen Übeltäterin. Entscheidend ist die Güte der jetzigen Gräfin. Ihr Blick in den Spiegel bricht den bösen Bann: „Als sie aber einen Blick in den sanften Schein des Glases geworfen hatte, da sah sie darin den kleinen Kuno mit offenen Augen auf seinem Kissen liegen; sie sah ihn lächeln, und wie ein Hauch flog das Rot der Gesundheit auf seine Wangen.“ Was Gewalt zum Fluch hatte werden lassen, stellt die Liebe als Segen wieder her.

„Der Spiegel des Cyprianus“ als letztes der drei sogenannten Märchen verbindet das Phantastische mit dem Wunderbaren, in der „Regentrude“ und in „Bulemanns Haus“ noch getrennt, indem hier die Liebe über den Haß, das Leben über den Tod triumphiert. Der poetische Realist Storm schließt mit seiner letzten an die erste Erzählung an und entwirft in der märchenhaften Erlösung das utopische Bild einer von Egoismus und Haß erlösten menschlichen Gemeinschaft. In der zweiten Erzählung und im Binnenteil der dritten aber zeichnet der phantastische Realist grelle Schreckensbilder menschlicher Perversionen. Das Wunderbare und Phantastische verweisen jeweils in radikaler Konsequenz auf die best- bzw. schlimmstmögliche Wende des Realgeschehens, auf die wünschenswerte ideale Lösung bzw. auf die stets drohende reale Katastrophe.

Der 1888 in Storms Todesjahr erschienene „Schimmelreiter“ nimmt die Tradition der phantastischen Novelle im 19. Jahrhundert noch einmal auf und beschließt sie zugleich. Beispielhaft vergegenwärtigt Storm erneut den Egoismus des Menschen, erwachsen aus Lieblosigkeit und der Unfähigkeit, Anteil zu nehmen. Die Handlung spannt sich zwischen pechfinsterer Nacht und dem goldensten Sonnenlicht des Morgens. Dazwischen liegen Leben und Untergang des Egoisten Hauke Haien. Nach seinem Tod in den Wellen scheint er weiterhin gegenwärtig als spukender Wiedergänger. Immer wieder hat man ihn als Helden mißverstanden, ihn in bisher drei Verfilmungen zur Führergestalt im Sinne der Nazis, zum Abenteuerhelden und aus sozialistischer Perspektive zum Helden der Arbeit stilisiert. In Wahrheit ist er nichts anderes als einer der Nachfolger Bulemanns, ein notorischer Egoist und Egozentriker, weniger indes im Banne des Geldes als besessen von der Dämonie der Macht. Er ist die Verkörperung der Hybris, in seiner Selbstüberhebung gewiß, alle anderen weit zu überragen. Nur er kann etwas Rechtes, nur ihm gebührt die uneingeschränkte Vollmacht des Handelns. Das aufwendige Deichprojekt entspringt nicht etwa sozialer Verantwortung, sondern maßlosem Geltungsstreben. Als Hauke nach Fertigstellung des Baus merkt, daß eine weitere Reparatur dringend nötig wäre, weil er die Schäden am alten Dach sträflich vernachlässigt hat, verzichtet er auf die notwendigen Maßnahmen, weil sie seinen Ruhm schmälern könnten. Aus Selbstliebe und Verliebtheit in das eigene Werk nimmt er das Risiko der verheerenden Folgen einer Flutkatastrophe auf sich.

Richtig ist, daß er schließlich seine Schuld erkennt und sich selbst opfert, aber unbezweifelbar ist auch, daß sein Leben bis zu diesem Zeitpunkt geprägt war von Selbstüberhebung und dem eklatanten Mangel an Solidarität und Liebe. Ähnlich wie Bulemann ist er dazu verdammt, warnend und mahnend auf den eigenen menschenverachtenden Egoismus zu verweisen. Während Bulemann ein persönlicher Tod versagt wird, ist der Deichgraf dazu verurteilt, als spukender Wiedergänger für seine Schuld an den Mitmenschen zu büßen und in gespenstischer Verfremdung vor der Maßlosigkeit des Geltungsstrebens zu warnen. In Hauke Haien hat die Hybris einen Grad erreicht, der mit realistischen Mitteln allein nicht mehr darstellbar ist. Erst im phantastischen Zerrbild des spukenden Wiedergängers mit den hohlen Augen im bleichen Gesicht, im flatternden schwarzen Mantel auf dem Schimmel tritt die Verzerrung des Menschlichen grell und erschreckend zutage. Phantastik wird einmal mehr zum Medium deformierter Humanität.

Der Egoismus der Macht als Gegenstand phantastischer Dichtung verweist auf die gewandelten geschichtlichen Bedingungen zur Zeit der Entstehung der Novelle. Standen in den sechziger Jahren noch der ökonomisch expandierende Bürger und der grassierende Wirtschaftsmaterialismus im Vordergrund, so sind es nach der Reichsgründung von 1871 vor allem der preußische Cäsarismus und die gründerzeitliche Großmannssucht, die humane Zerrbilder hervorbrachten. Der Egoismus des Besitzes wich dem Egoismus der Macht.

In Bulemann und Hauke Haien kulminieren jeweils die Auswüchse schlimmer gesellschaftlicher und geschichtlicher Entwicklungen. In ihrer Besessenheit vom toten Besitz bzw. von der Macht sind sie Zerrbilder des lebendigen, solidarischen Menschen. Im grotesk geschrumpften Bulemann, unfähig zu sterben, und nicht weniger erschütternd im gespenstischen Wiedergänger Hauke Haien, spiegelt sich der erschreckende Verlust an Menschlichkeit. Neben die phantastisch übersteigerte Besessenheit tritt im „Schimmelreiter“ die Wahnvorstellung der Angst, Ausdruck tiefer Verunsicherungen und Orientierungskrisen.

Zu Lebzeiten des Deichgrafen häufen sich bereits Erzählungen und angebliche Augenzeugenberichte von Spuk- und Geistererscheinungen, Spiegelungen des abergläubischen Bewußtseins gewiß, und doch auch Signale wachsender Irritationen und tiefen Mißtrauens jemandem gegenüber, der nicht den Schutz der ihm Anvertrauten im Auge hat, sondern immer nur sich selbst, seinen eigenen Ruhm. In einer Welt zerbrechender menschlicher Beziehungen und des scheiternden Vertrauens nistet sich das Unheimliche ein, seien es nun die Seegespenster, der Pferdespuk auf Jevershallig, die abergläubische Furcht vor dem Schimmel, das vom Himmel herabfallende Blut oder die Totenköpfe im Waschbecken des Pastors. Wo Selbstsucht und Machtanmaßung die Fürsorge und den Dienst an der Gemeinschaft verdrängen, breiten sich Unsicherheit und Angst aus, verzerrt sich die vertraute Lebenswelt zur unheimlichen Kulisse. Den Unterdrückten und Ohnmächtigen bleibt nichts, als ihre selbsternannten Führer zu dämonisieren. In einer Reihe steht der gespenstische Schimmelreiter mit den zahllosen Burg- und Schloßgespenstern und den blaublütigen Vampiren. In ihnen hat das ohnmächtige Volk von jeher die Arroganz der Macht verteufelt und seinen namenlosen Ängsten Ausdruck gegeben. Aggression und Angst machen die Heimat unheimlich. In der Gestalt des Wiedergängers ist das Schreckbild des geltungssüchtigen, machtbesessenen Unmenschen weiterhin beunruhigend präsent.

Phantastik zeigt den Menschen im Bann sich verselbständigender, heilloser Entwicklungen, die, von ihm selbst ins Leben gerufen, ihn und andere zu beherrschen beginnen. Die phantastische ist die aus der Kontrolle geratene Welt des Pseudo-Konkreten, wo die Produkte über ihre Produzenten, die Kollektive über die Individuen, die Abstraktionen der Macht und des Kapitals über den konkreten Menschen triumphieren.

6. Vernichtungsängste

Die phantastische Novelle nach der Jahrhundertwende spiegelt die Ängste in einer Geschichtsphase radikaler Umbrüche und der Kriegskatastrophe. In einer Gesellschaft der weiterhin übermächtigen Väter droht den Söhnen, ohnmächtig der sich anbahnenden realen Zerstörung gegenüber und ihr ausgeliefert, der Verlust der eigenen Identität. Vernichtungsängste bei gesteigerter Sensibilität für den Niedergang des Alten und die Konturlosigkeit des Neuen waren die Folgen, die sich niederschlugen in der Darstellung unausweichlicher letaler Prozesse. Untergang und Verfall, Sterben und Tod bestimmten das novellistische Erzählen, gelegentlich gesteigert bis zu phantastischen Agonievisionen.

Dabei fällt jedoch auf, daß die Novelle im Bereich der phantastischen Literatur deutlich hinter die kürzere Erzählung und den Roman zurücktritt, literarische Aussageweisen, die offenbar als moderner und zeitgemäßer empfunden wurden. Am Ende der dreißiger Jahre zur Zeit des Nationalsozialismus mit seinem kruden Pseudorealismus brach die Tradition der phantastischen Novelle wie der phantastischen Literatur überhaupt ab. Das Bewußtsein naher Katastrophen und des drohenden Chaos paßten nicht in das neue totalitäre Weltbild und wurden gewaltsam unterdrückt.

Kafka vertritt in einem Tagebucheintrag vom 19. Dezember 1914 den Standpunkt, „daß die Novelle, falls sie berechtigt ist, ihre fertige Organisation in sich trägt, auch wenn sie sich noch nicht ganz entfaltet hat; ...“ In seinem Brief vom 15. Oktober 1915 an den Verleger Kurt Wolff spricht er dann von einem geplanten Novellenbuch und bezeichnet die 1915 erstmals erschienene Erzählung „Die Verwandlung“ ausdrücklich als Novelle. Gerade an diesem zu den bekanntesten Prosastücken Kafkas zählenden Text läßt sich der spezifische Charakter der nach der Jahrhundertwende neu einsetzenden phantastischen Novelle verdeutlichen.

Ungewöhnlich beginnt die bereits 1912 entstandene Geschichte mit der unerhörten Begebenheit der Verwandlung Gregor Samsas in einen abstoßenden Käfer, eine groteske Metamorphose, die sich als plötzlich in Erscheinung tretende Selbsterkenntnis und zugleich als Protest zu erkennen gibt. Durch die Geschäftspleite des Vaters genötigt, für die Familie aufzukommen, sieht sich Gregor Samsa bei wachsendem Widerwillen gezwungen, als Reisender sein Geld zu verdienen, wobei er selbst hinter der Berufstätigkeit immer unkenntlicher wird. In der Gestalt eines ungeheuren Ungeziefers gewinnt sein durch die Schuld der Familie deklassiertes Selbstbild Ausdruck. Zugleich prägt sich darin die Weigerung aus, weiterhin die von außen aufgezwungenen Erwartungen zu erfüllen. Verständnislos und brutal von der Familie behandelt, der Vater bombardiert den mißgestalteten Sohn mit Äpfeln und verletzt ihn schwer, stirbt er schließlich in völliger Vernachlässigung und Verlassenheit.

Die sich notwendig entfaltende novellistische Organisation verwirklicht sich in der Stringenz individuellen Scheiterns unter dem Druck des gesellschaftlichen Kollektivs, das eine freie Entwicklung des einzelnen nicht zuläßt. Übermächtig tritt hier bereits der Vater trotz seines geschäftlichen Fehlschlags entgegen, Vertreter der von der Vaterautorität bestimmten Gesellschaft, in der die Söhne vor der traditionalen Hierarchie ohnmächtig kapitulieren müssen. Exakt fängt Kafkas Novelle den sozialen Zustand vor dem ersten Weltkrieg ein, die Unterdrückung der Söhne durch eine patriarchale, den Nachkommenden alle Lebenschancen verweigernden, traditionalen Gesellschaftsordnung.

Die Novelle wird zum Medium einer geschichtlichen Stagnation. Während die Söhne zum Untergang verurteilt sind, überleben die Väter als scheinbar unsterbliche Wiedergänger aus einer autoritären Vergangenheit, die die Gegenwart erstickt. Auffällig ist die Schwäche der jüngeren Generation, die das über sie Verhängte unreflektiert und widerstandslos hinnimmt. Opfer der patriarchalen Verhältnisse, verfehlt sie den Weg zu sich selbst, zur Etablierung eines stabilen Selbstwertgefühls und verkümmert zum phantastischen Zerrbild.

Der 1914 geschriebene, aber erst 1919 gedruckte Text „In der Strafkolonie" ist nach dem Brief vom 11. Oktober 1916 an Wolff von Kafka ebenfalls als Novelle angesehen worden. Erklärend zu dieser Erzählung schreibt er, „daß nicht nur sie peinlich ist, daß vielmehr unsere allgemeine und meine besondere Zeit gleichfalls sehr peinlich war und ist..."

Aus der distanzierenden Perspektive eines Forschungsreisenden wird im Binnenteil der Geschichte von einer Strafkolonie auf einer geographisch nicht näher bestimmten Insel berichtet, wo ein mit sadistischer Akribie konstruierter Apparat brutale Exekutionen durchführt, bei denen den festgeschnallten Exekutierten der Schuldspruch in die Haut tätowiert wird. Nach sechs Stunden beginnen sie regelmäßig verzückt die Schrift mit ihren Wunden zu entziffern, nach weiteren sechs Stunden sterben sie und werden von dem Apparat in eine Grube geworfen. Verteidigung und Revision sind ausgeschlossen. Zweifellos wie die Schuld der Exekutierten ist die unmenschliche und grausame Ungerechtigkeit der Exekution selbst.

Der Reisende wird Zeuge einer Hinrichtung, bei der der Apparat außer Kontrolle gerät und die Hinrichtung „unmittelbarer Mord" wird. Die Exekution ist die eigentliche unerhörte Begebenheit, auf den ersten Blick ebenso makaber wie rätselhaft. Aufschluß gibt der Besuch des Grabs des verstorbenen Kommandanten, des Erfinders der Exekutionsmaschinerie, dessen Wiederauferstehung auf dem Grabstein in Aussicht gestellt wird. Der Alte, wie man ihn nennt, und der Apparat stehen in einem ursächlichen Zusammenhang: im Apparat sind traditionale Autorität und Verfügungsgewalt zum mechanischen Prinzip, zum patriarchalen Automatismus erstarrt. Einem Verurteilten wird mit blutiger Schrift bezeichnenderweise der Spruch „Ehre deinen Vorgesetzten!" auf den Leib geschrieben.

Die Verurteilten ähneln Josef K. im „Prozeß", in dessen Nachbarschaft die vorliegende Novelle entstanden ist. Beide verfehlen den Zugang zum Gesetz, also zu sich selbst, weil sie wie gebannt nur auf die sich verselbständigende Gerichtsmaschinerie starren. Der novellistisch inszenierte Untergang des einzelnen ist kein auswegloses fatales Verhängnis, sondern die notwendige Folge eines fatalen Unterwerfungsverhaltens. Dabei steht die Schuld der Exekutierten in der Tat außer Zweifel. Aufzuheben wäre sie nur durch das Bekenntnis des Individuums zu sich selbst, indem es aufhört, die traditionale kollektive Autorität fraglos anzuerkennen. Die Novelle Kafkas gestaltet in phantastisch gesteigerten Destruktionsszenarien eindrucksvoll die Verstümmelung und Vernichtung des einzelnen als Folge seiner unreflektierten, hündischen Unterwerfungsmoral.

Zu Unrecht vergessen ist Willy Seidel, der Erzähler exotischer und phantastischer Geschichten. Herausragend ist seine 1923 mit den Illustrationen Kubins erschienene Erzählung „Das älteste Ding der Welt". In stringent auf die schlimmstmögliche Wendung angelegter Handlungsführung entsteht eine Novelle von kompromißloser Konsequenz. Eindringlich spiegelt sich im phantastischen Stil die Herausforderung durch die latente kriegerische Aggression.

Ein junger Mann erlebt inmitten einer idyllisch gezeichneten Natur eine ungewöhnlich gesteigerte Mordlust unter den Tieren. Im Traum erscheint ihm kupferglühend der Saturn, kosmisches Sinnbild der Feindseligkeit und der Bedrohung. Auf dem Höhepunkt seiner namenlosen Ängste begegnet ihm ein asiatischer Gelehrter, der es unternimmt, das älteste Ding der Welt auszugraben, den Götzen Zazel, ein vom Saturn stammender blutrünstiger Dämon, der einst als Meteorit in die Erdoberfläche eingedrungen war und seither für jeden gewaltsamen Tod die Verantwortung trägt. Sein Name spielt an auf den biblischen Wüstendämon Asasel. „Alle Kriege seit Menschengedenken bis zu dem kleinsten Mord, der unter Tieren sich ereignet, jeder noch so kleine Tropfen ver-

Abb. 9
Alfred Kubin: Titelbild zu Seidels Novelle
„Das älteste Ding der Welt“ (1923)

spritzten Blutes nimmt seinen Ursprung von dem Ding. Blut kennzeichnet sein Gedächtnis von Anbeginn...“

Die Ausgrabung erweist sich als ein verhängnisvoller Fehler, denn die Erde hatte die destruktiven Kräfte des Dämons noch gemäßigt, jetzt, nachdem er in seiner ganzen furchterregenden Gestalt sichtbar geworden ist, wächst seine zerstörerische Energie ins Unermeßliche, nicht länger Kontrollierbare. Destruktion und Chaos triumphieren, denen auch der junge Mann selbst zum Opfer fällt. „Er habe allen Grund anzunehmen,“ läßt sich der asiatische Gelehrte vernehmen, „daß in allernächster Zeit, ja in den nächsten Tagen schon, ein Krieg ausbrechen werde, der alles bisher Dagewesene in den Schatten stelle.“

Willy Seidel hat den Ausbruch des 2. Weltkriegs nicht mehr erlebt, aber in einem düster phantastischen Menetekel auf ihn verwiesen, indem er die Zeichen einer aggressiv aufgewühlten, dem Inferno zutreibenden Zeit zutreffend deutete. Die Novelle wird zum beklemmend visionären Protokoll einer nahen Katastrophe.

Seidels zweite phantastische Novelle „Larven oder die Beichte eines Sonderlings“, 1929 ebenfalls mit den Illustrationen Alfred Kubins erschienen, handelt ein Jahr vor dem Tod Seidels von dem Ende und der Zukunft des Menschen. Der Ich-Erzähler erlebt den Tod seiner Tochter Marlies, die ihm jedoch verspricht, zurückzukehren und sich mit ihm im Puppenhaus, das er ihr geschenkt hatte, zu treffen. Tatsächlich findet er sich in der Nacht in der Gesellschaft der Puppen wieder, in die auch bald darauf die deutlich vom Tode gezeichnete Marlies eintritt. Unerträglich kommt ihm das leere Geschwätz der Puppen vor, ein „schales Echo des Lebens, sein ganzer Inhalt, auf ein paar dumme Formeln gebracht...“, wie ihn seine Tochter aufklärt, zum Leben erweckt allein durch die intensive Vorstellung des Erzählers.

Im Grunde sind die Puppen nichts anderes als die Projektionen des noch Lebenden, Wahrheitsspiegel der Monotonie und der Öde des wirklichen Lebens, seines puppenhaften, langweiligen Kerns. Marlies indes ist besessen von dem Verlangen, ihr zweites Leben fortzusetzen, ein Leben, das sie allein der eindringlichen Erinnerung und der Liebe ihres Vaters verdankt, von dessen Vitalität sie sich gleichsam nährt. Als er nach längerer Abwesenheit noch einmal in das Puppenhaus zurückkehrt, ist seine Tochter offenbar für immer verschwunden.

Ein Blick durch das Fenster in die das Haus umgebende Schwärze zeigt ihm ein gelbes, wächsernes Gesicht. „Es war mein eigenes Gesicht. Es hatte geschlossene Augen; der Mund klaffte auf wie ein Abgrund; ein stummer Schrei quoll daraus hervor...“ Tödliches Erschrecken begleitet die Erkenntnis des Nichts, in das der Mensch nach seinem Tode eingeht, nachdem er zu einer leblosen Larve erstarrt ist, die langsam, aber unaufhaltsam zerfällt. Aus der Schwärze des Nichts blickt dem Erzähler die eigene, längst vorherbestimmte Zukunft entgegen, die völlige Auflösung seiner Person.

Zugleich aber bedeutet das Hinausgehen „ins wundervolle, peinlose, erlösende, schwarze Nichts“ aber auch eine Befreiung von einem im Kern puppenhaften Dasein, von der mechanischen Wiederkehr des Immergleichen. Der Tod ist Schicksal und Erlösung, die endgültige unumkehrbare Annullierung der Zeit, die radikale Desillusionierung der Hoffnung auf Zukunft und Ewigkeit, das erinnerungslose, von allen Wünschen und Sehnsüchten befreiende Abtauchen ins Nirwana.

Der Erzähler legt seine weltanschauliche „Beichte“ vor Ärzten in einer psychiatrischen Klinik ab, in die man ihn offenbar eingewiesen hat. Aber nicht er ist verrückt, sondern verrückt sind die, die immer noch darauf erpicht sind, „Positives über das Fortleben zu erfahren.“ Seidels Novelle negiert ohne alle Beschönigungen die metaphysischen Jenseitsspekulationen in einer sich zum Unheilvollen wendenden Zeit, in der die Ahnung der nahen Katastrophe alle Perspektiven verschlossen hatte.

Alexander Lernet-Holenia gehört zu den bedeutenden phantastischen Erzählern des 20. Jahrhunderts. Phantastik wird in seinen Erzählungen und Romanen zum Spiegel einer unheimlich bedrohten, dem Untergang zugeneigten Welt.

In der 1936 erschienenen Novelle „Baron Bagge“, Lernet-Holenias wichtigste kürzere Prosaarbeit, wird der junge Leutnant Bagge mit seiner Patrouille auf einer Brücke in ein Gefecht verwickelt, das er aber allem Anschein nach lebend übersteht. Ein ungarisches Garnisonstädtchen bietet freundliche Aufnahme. Hier findet er seine Frau. Die Wirklichkeit aber scheint rätselhaft verfremdet. Die Landschaft liegt wie ausgestorben da, auf der die den Himmel verhüllende Wolkendecke niedrig und düster lastet. Die Luft, in ein trübes, eisiges Zwielicht getaucht, scheint erfüllt von Aschenregen. Das Gesicht seiner Frau ist von verwirrender, betörender Blässe, wie im Verbleichen begriffen. Als man sich nach neuerlichem Aufbruch wieder der Brücke nähert, reißt er sich von seiner Schwadron los, die hinüberreitet, und findet sich schwer verwundet wieder, während die Patrouille so gut wie aufgerieben ist. Das idyllische Garnisonstädtchen, der Frieden und die Liebe waren nur ein Traum in der Agonie, doch gerade in der Perspektive dieses Traums erscheint nun die Wirklichkeit mit ihrem tödlichen Grauen als phantastische Szenerie.

Die Brücke ist das tragende Dingsymbol der Novelle, Verweis auf die eng nebeneinander liegenden realen und phantastischen Erfahrungsbereiche, auf die stets präsente Nachbarschaft von Leben und Tod. Die geschichtliche Wirklichkeit verfremdet sich für Bagge in ihrer Unsicherheit und ihrem Grauen zusehends phantastisch, während die geträumte Wirklichkeit den Anspruch erhebt, die eigentlich wirkliche zu sein. Phantastisch wird die kollektive Geschichtswelt in dem Maße, wie sie die Sehnsüchte des Individuums nach Frieden und Liebe enttäuscht. Am Vorabend des zweiten Weltkriegs formt sich in Lernet-Holenias Novelle die subjektiv gebrochene Schreckensvision eines nahen, unaufhaltsamen Unheils.

Egon Friedells phantastische Novelle „Die Reise mit der Zeitmaschine“, zwischen 1937 und 1938 entstanden, aber erst 1946 erschienen, liest sich auf den ersten Blick wie eine Parodie auf den Roman „The Time Machine“ (1895) von Herbert George Wells. Der Zeitreisende, der dort nach einer erfolgreichen Reise in die Zukunft in einer zweiten Reise in die Vergangenheit aufbricht, von der er nicht zurückkehrt, tritt bei Friedell noch einmal auf, um die Reise in die Vergangenheit nachzuholen.

Aber alles scheint sich gegen ihn und sein Unternehmen verschworen zu haben. Banal und wenig lohnenswert kommen ihm die Erkenntnisse seiner sensationellen Reise vor. Gleichgültig von welchem Zeitpunkt aus man die Weltgeschichte betrachtet, stets präsentiert sie sich in Kriege und Revolutionen verwickelt, in eine phantastische Monotonie von Gewalt und Zerstörung. Der Kulturhistoriker Friedell, entsetzt über die Ergreifung der Herrschaft in Deutschland durch die Nazis, nahm sich 1938 bei dem Einzug der Hitlertruppen in Wien das Leben.

In der Novelle beurteilt er jede Geschichtsschreibung im Grunde nur als das „Aufschnüffeln verflossener Blamagen“, weil alles geschichtliche Handeln damals, heute und morgen die Welt immer aufs neue in ein phantastisches Chaos verwandelt, vor dem die Wirklichkeit des Menschen als die einzig lohnende zu schützen und zu retten ist. „Wenn man immer nur äußere Eroberungen in der Welt macht, ob im Raum oder in der Zeit oder welcher Dimension auch immer, so versäumt man dabei, die einzige Eroberung zu machen, die sich lohnt, ja, die überhaupt möglich ist: die des eigenen Ich.“

7. Die unerhörte Begebenheit Tod

Erst in den 80er Jahren setzen wieder nennenswerte Novellenveröffentlichungen ein, nachdem Günter Grass mit „Katz und Maus“ (1961) und Martin Walser mit „Ein fliehendes Pferd“ (1978) die Gattung zu neuem Ansehen geführt hatten. Unter den zahlreichen Novellentiteln seit 1980 finden sich auch einige bemerkenswerte Beiträge zur phantastischen Novellistik. Hervorstechend ist vor allem die Todeserfahrung als radikale existentielle Krise. In dem Maße, wie der Tod aus einer Wirklichkeit der Selbstverliebtheit und Selbstbestimmung, des pausenlosen Konsums und der ablenkenden Dauerunterhaltung verbannt ist, kehrt er in der Literatur zurück und zeigt die Wunde vor, für die es keine Heilung gibt. Schockierend, in phantastischen Horrorszenarien bricht das verdrängte existentielle Schicksal in die Welt des sorgfältig und raffiniert gepflegten Lebensscheins ein und hinterläßt das Grauen vor der erbarmungslosen Auslöschung, vor dem Ende, das alle Neuanfänge ausschließt.

Die phantastische Novelle der Gegenwart erreicht in einigen herausragenden Stücken barocke Dimensionen, indem sie in den Lebensrausch das Bewußtsein der Hinfälligkeit eindringen läßt, die Eitelkeit der Welt beschwört, wo die Lust nach Ewigkeit drängt. Plötzlich, tief beunruhigend, enthüllt sich das, was man Leben nennt, als ein selbstvergessener Tanz vor dem sicheren Abgrund, als ein Totentanz der aus ihrer Selbsttäuschung herausgerissenen Tänzer. Je ausschließlicher das Leben zum höchsten Sinn kreiert wird, desto lauter wird die Stimme eines sinnlosen Todes, je unvergänglicher sich die Wirklichkeit des Lebens gebärdet, desto überwältigender ist der Einbruch der phantastischen tödlichen Realität.

In der Titelerzählung der 1981 erschienenen Novellensammlung von Gert Hofmann „Gespräch über Balzacs Pferd“erfährt der von Hinfälligkeit und Gebrechlichkeit gezeichnete französische Dichter im Theater in Erwartung der Aufführung eines eigenen Stücks im Gespräch mit seinem Nachbarn von dem grauenvollen phantastischen Schauspiel in den Pariser Kloaken. „Schreiben,... immer schreiben, bis man im Schlamm steckenbleibt“, wie Balzac formuliert, realisiert sich bei Hofmann konsequent als novellistisches Programm. Was der Theaterdichter auf die Bühne bringt, ist nur ein schwacher, im Grunde trügerischer Abglanz des Lebens, das sich in seiner ganzen schrecklichen Wirklichkeit unter der Oberfläche, in den Kloaken ereignet, wo nicht der Dichter Balzac, sondern Brissot, der Kloakeninspektor, Regie führt, wo alles gezeigt wird, was oben nicht zu sehen ist, die wahre Tragödie des Lebens auf einer Bühne, deren Vorgänge die Welt selbst darstellen.

Im Gespräch wechseln ständig die Ebenen, verschieben sich die Perspektiven zwischen dem Kunsttheater im „Théâtre Historique“ und dem Wirklichkeitstheater in der Arena der Kloake. Stück für Stück löst sich die literarische Kunstwelt auf in der Konfrontation mit dem realen, geschichtslosen Grauen. Schauspieler in der Arena sind jeweils ein klappriges, heruntergekommenes Pferd und Tausende von Ratten, die mit ihren „winzigen Zähnchen“ das „innere Pferd“ hervortreten lassen, das Skelett, einen Haufen Knochen, der vom Leben zurückbleibt. Pferd und Ratten führen die grausige Wirklichkeit des Daseins auf, angefallen von tödlicher Vernichtung, am Ort des Abfalls und der Verwesung, das ewige Gemetzel, das eine furchtbare Leere hinterläßt und den Glauben an eine aller Zerstörung sich widersetzende Seele verhöhnt.

Das Leben, ein Fraß des Todes, sein Ziel die Kloake, die Zeugen seiner Auslöschung ein Publikum lüstern abartiger Voyeure, die die Tragödie des Lebens als Schauspiel goutieren, bis sie selbst in die Arena des Todes gestoßen werden. Phantastisch ist das Grauen eines perspektivelosen Endes, der Horror eines absurden Lebens, das am Ende eintaucht in den zum Abwasserkanal verkommenen Fluß der Unterwelt.

Eine phantastische, tödliche Wende ereignet sich auch in Hofmanns „Casanova und die Figurantin“ (1981). Casanova, jenseits der Fünfzig, mit schütterem, glanzlosen Haar, nahezu zahnlos, unter Herzbeschwerden leidend, in fadenscheinigem Aufzug, ist von Glück und Erfolg verlassen. Die Reichen und Mächtigen wie die Frauen weisen ihn ab. Gegenstand der Novelle ist der Wendepunkt eines Daseins, das von der Kunst und Poesie eines phantasievollen Lebensentwurfs in die Gestaltlosigkeit prosaischer Wirklichkeit umzuschlagen beginnt. Casanova, in seiner Kutsche rastlos vorwärtsjagend nach dem Glück, mehr Getriebener als Treibender, verfängt sich in einem Leichenzug. Daseinsziel ist in absurder Pointierung nicht das Leben, sondern der Tod. Auf dem Friedhof ereignet sich die unerhörte Begebenheit, vom novellistischen Erzähler wiederholt spielerisch erwogen, nun aber in unausweichlichem Ernst präsent.

Auf dem Friedhof begegnet Casanova seiner Mutter in Gestalt einer Wiedergängerin aus dem Reich des Todes. Die mütterliche Lebensspenderin von einst wandelt sich zur gespenstischen Todesbotin. Die enge Kammer, die Casanova mit der Mutter betritt, ist zugleich Sinnbild der Mutterleibshöhle wie des Grabs. Das gleiche gilt für den schwarzen Koffer der Mutter, einen „offenstehenden, mäßig hohen, mäßig breiten, aber recht langen“ Koffer mit zwei Bronzegriffen zum Tragen, ein novellistisches Dingsymbol par excellence, geöffnet auf Mutterleib und Geburt, geschlossen auf Sarg und Tod verweisend.

Die Mutter, die ihrem Sohn am Wendepunkt seines Lebens begegnet, stellt ihm in makabrer Eindringlichkeit vor, daß das Leben, das sie ihm einst geschenkt, ein Leben zum Tode ist. Als phantastische Figurantin, als stumme Begleiterin, ist sie ihm nahe gewesen, wenn er auf der Lebensbühne seine in künstlerischer Phantasie selbst entworfenen Rollen spielte. Solange er in der Lebenskunst brillierte, blieb sie stumm, erst jetzt, wo sich sein Leben neigt und die Kunst versagt, dringt ihre Stimme zu ihm, wird ihre unerhörte Mahnung hörbar: Gedenke, daß du sterben mußt!

Der produktivste, phantastische Novellist der Gegenwart ist Hartmut Lange. Seine1986 erschienene Novelle „Das Konzert“ beschreibt einen descensus ad inferos. Der Ort der phantastischen Unterwelt ist das Berlin nach 1945, vornehmlich aber noch in der unzerstörten Gestalt vor dem Krieg. Unsichtbar für die Lebenden bewegen sich hier auf der einen Seite die von den Nazis umgebrachten Juden, unter ihnen allerdings auch der im hohen Alter eines natürlichen Todes gestorbene jüdische Maler Max Liebermann, und auf der anderen Seite im ehemaligen Führerbunker am Brandenburger Tor die Nazis, unter denen indes lediglich Klevenow als exemplarischer Repräsentant Konturen gewinnt, während die anderen in der uniformen Menge aufgehen. Quälend reproduziert die gespenstische Gegenwart die geschichtliche Vergangenheit der Opfer wie der Täter. Entwicklung und Zukunft sind beiden verschlossen. Lähmende Stagnation und zwanghafte Wiederholung des Vergangenen bestimmen ihr Handeln und lassen ihre Versuche, neue Wege zu gehen, regelmäßig scheitern. Gleichsam eingefroren ist ihre Entwicklung auf dem Stand zum Zeitpunkt ihres Todes. Unauslöschlich ist die Erinnerung der Opfer an ihr grauenvolles Ende, ruhelos, von schwerer Gewissensschuld umhergetrieben begegnen dem Leser die Täter. Die Hölle der einen wie der anderen liegt in der offenbaren Unmöglichkeit von Versöhnung und Erlösung. Nur Schulze-Bethmann, der einstige jüdische Kritiker und Novellist, lehnt sich auf gegen Stagnation und lähmende Wiederholung: „Denn eines müsse der Mörder, spätestens nachdem er den Zustand des Opfers erreicht hätte, erfahren: Daß seine Tat sinnlos gewesen sei ..“

Er weigert sich, den Wahnsinn des Lebens im Tode nachzuholen, indem er wie die einstigen Täter fortfährt, zu hassen, zu demütigen und zu quälen. Auf sein Betreiben überwindet sich der geniale, in fast noch jugendlichem Alter ermordete Pianist Lewanski, vor den nach Verzeihung und Erlösung verlangenden Nazi-Tätern im Führerbunker ein Konzert zu geben, eine Demonstration des versöhnlichen Willens angesichts aufrichtiger Reue und Sühne. Dieses Konzert ist Ziel und Höhepunkt des novellistischen Erzählens, die unerhörte Begebenheit, wie es ausdrücklich heißt, von der eine Wende ausgehen könnte.

Herzstück des Konzerts ist die E-dur Sonate des späten Beethoven, deren Finale den jungen Pianisten jedoch regelmäßig in Bedrängnis bringt. Hier sollte er, „nochmals über sich hinauswachsen und einen Trillersturm beginnen ... Dann sollte wieder das Cantabile folgen, als würde sich über soviel Gewalt endlich der Himmel öffnen.“ Aber der junge Pianist scheitert auch bei dem entscheidenden Konzert, weil ihm die Lebensreife fehlt, ein solches Finale zu gestalten, das die endgültige Aussöhnung zwischen Opfern und Tätern hätte vorbereiten können. Der gewaltsame Tod hat den persönlichen Reifungsprozeß abgeschnitten wie auch den Weg zur Verzeihung und Versöhnung. Die unerhörte Begebenheit ist in radikaler novellistischer Konsequenz das sich ereignende Scheitern.

Der alte Liebermann, bewußt als einzig nichtfiktive Figur gewählt, ahnt, daß es jenseits scheinbar endlosen Scheiterns eine Hoffnung geben muß, die auch er mit der Musik verbindet, mit dem unvollendeten Requiem, an dem Mozart noch am Tage vor seinem Tod arbeitete. In Erinnerung ist ihm vor allem die „Sopranstimme, so durchdringend, so begütigend, so voller Versöhnung ...“ Die Musik, die nach einem Wort E. T. A. Hoffmanns über Beethoven „dem Menschen ein unbekanntes Reich“ aufschließt, ist das eigentliche Leitmotiv der Novelle. Sowohl im Fall des Pianisten wie im Falle Mozarts bricht sie endgültig vor der Vollendung des Werks ab, nicht ohne jedoch vorher eine Ahnung gegeben zu haben von der prinzipiell möglichen erlösenden Harmonie.

Auch der Novellist vermag das Geschehen nur bis zu dem Punkt zu führen, wo das Scheitern die Hoffnung auf ein Gelingen herausfordert. Am Ende bewegt sich das Sternbild des Großen Wagens wie eine flüchtige Verheißung, hell und überwältigend, dem Horizont zu, um dann wieder zu verschwinden. Scheitern gehört zu den Grenzsituationen, die neue Wege unausweichlich machen.

Der Tod in Langes Novelle gibt Anstoß, das Leben sub specie mortis zu betrachten. Erst dann offenbart sich der Widersinn der Verfolgung und des Hasses, der Gewalt und des Tötens. Das Konzert, Übereinstimmung und Einklang können nur gelingen, wenn der Mensch mit der Zukunft seines Todes vor Augen beginnt, der Gegenwart seines Lebens ein menschenwürdiges Gesicht zu geben.

Lange führt den annihilierenden Prozeß der Novelle im Medium einer Perspektive post festum bis zu dem Punkt, wo er umschlagen könnte in eine positive Gegenbewegung. Der Wendepunkt, wenn es denn einen gibt, kann sich nicht auf der Ebene des vergangenen Scheiterns, sondern nur auf der Rezeptionsebene eines möglichen gegenwärtigen Gelingens ereignen. Die Novelle aber verharrt angesichts einer desaströsen Geschichte im Augenblick des Scheiterns.

In Langes jüngeren Novellen ist der Tod weniger geschichtliches Ereignis als phantastisch erlebtes, individuelles Schicksal. Der Buchhändler Völlenklee in der novellistischen Erzählung „Die Wattwanderung“ (1990) träumt in der Enge seiner Berliner Buchhandlung unter einem Brückenbogen der Stadtbahn von einer Wattwanderung von Amrum nach Föhr. Merkwürdig auf einem seiner Spaziergänge wird ihm die Begegnung mit einem Arbeiter in einer Kohlehandlung, der unaufhörlich Briketts in eine Richtung schaufelt, die für ihn aber im Ungefähren verbleibt. Unauslöschlich prägt sich ihm der Eindrucl dieses Mannes mit seiner scheinbar herausfordernden Haltung ein. Immer wieder fühlt er sich hingezogen zu der Kohlehandlung, hinter der er ein freies Feld vermutet, obwohl es dort lediglich ein Krematorium und Grabsteinhandlungen gibt.

Mit seiner Freundin unternimmt Völlenklee im Winter eine Reise nach Amrum. Dort erscheint ihm im Traum der Mann aus der Kohlehandlung, draußen auf dem Meer, ihn grüßend und zu sich hinüberlockend, während es ihm noch vorher so vorgekommen war, als sei die „Unendlichkeit des Horizonts“ nur „ein leeres Versprechen“. Wie unter innerem Zwang unternimmt Völlenklee trotz ernster Warnungen kurz danach mit seiner Freundin die Wattwanderung. Während sich die Freundin aber bei gefährlich auflaufendem Wasser von ihm losreißt, scheint sein Untergang besiegelt. „Er spürte, wie feindlich ihm die Landschaft war und wieviel Mühe er haben würde, an der Kälte, die von der erbarmungslosen Weite ausging, nicht zu verzweifeln.“

Langes Novelle schildert den Einbruch des Rätselhaften in das menschliche Bewußtsein, markiert durch den Wendepunkt der Begegnung mit dem Kohle schaufelnden Arbeiter. Stets auf der Suche nach einem Ziel in der Weite, sei es in der Welt der Bücher, im Nacherleben der Reiseziele, auf die sich die Züge zubewegen, oder im Aufbruch zu einer anderen Insel, sieht sich der einzelne doch immer wieder der Leere, dem Nichts gegenüber. Das freie

Feld hinter der Kohlehandlung ist pure Illusion, in Wirklichkeit steht dort das Krematorium. Die Begegnung mit dem Arbeiter, Kohlen schaufelnd für die Leichenverbrennung, signalisiert die Todesnähe, und die Weite des Meeres ist das sichere Grab ohne ein ausmachbares Ziel, ohne eine Hoffnung auf Ankunft jenseits des Raums, aus dem man aufgebrochen ist. Umstellt von phantastischen Signalen, die mehr dem Bewußtsein als der Wirklichkeit entspringen, gerät der Betroffene in den Sog eines perspektivelosen Todes, dem er sich schließlich ohne Gegenwehr ausliefert. Der Traum von einem Ziel in der Weite des Raums, von einem Fixpunkt am Horizont ist nur eine Fata Morgana. Am Ende steht das Versinken in einer vom menschlichen Schicksal ungerührten teilnahmslosen Wirklichkeit.

„Schnitzlers Würgeengel“, die Titelnovelle in Langes 1995 erschienenem Novellenband erzählt von den letzten Tagen des österreichischen Autors Arthur Schnitzler im Herbst 1931, gesehen aus der Perspektive eines Ich-Erzählers. Unheimlich gewinnt das Bewußtsein des nahen Todes Gestalt. Bereits beim Betreten des Hauses meint Schnitzler, „im Hintergrund des Korridors, dort, wo es beinahe dunkel war, einen Schatten zu sehen.“ Später verdichtet sich die Vorstellung zur tödlichen Ahnung von einem „Würgeengel im Haus“.Kurz bevor der Ich-Erzähler das Haus verläßt, meint auch er im fensterlosen, nur von einer Wandlampe spärlich beleuchteten Flur „einen Schatten zu sehen“ und beglaubigt so die Todesahnungen Schnitzlers.

Bedrückend ist während des gesamten Erzählvorgangs die phantastisch greifbare Allgegenwart des Todes, seine fast sinnliche Präsenz. Wie ein Alp liegt sie auf den Personen, jede Initiative lähmend und den Lebenswillen allmählich erstickend. Das Haus wird für den Betroffenen zur Falle, vor der es kein Entrinnen gibt. Vor herbstlicher Kulisse vollendet sich das Schicksal Schnitzlers im Würgegriff des Todes, der das Heim des Dichters durch seine erdrückende Gegenwart zu einem unheimlichen Ort des Untergangs verwandelt hat. Ein Dichterleben, der lebenslange Versuch der Sinnstiftung, mündet in die Sinnlosigkeit des Verfalls, in die radikale Widerlegung aller geistigen Anstrengungen in der Konfrontation mit einem absurden Sckicksal, in die phantastische Verneinung eines schöpferischen Lebensentwurfs.

8. Verlorene Identitäten

Der Angst vor dem Tod, verschwiegen und verdrängt, in der phantastischen Novelle schockierend aktualisiert, steht in der Gegenwart die Angst vor dem Verlust der persönlichen Identität an der Seite, die Angst, sich in einer zusehends unüberschaubaren, sozial kalten Welt zu verlieren, in der der einzelne zur Marginalie, zur Ziffer, zur bloßen Funktion zu verkümmern droht. Phantastisch unerhört ist die Zerstörung des Menschen, die groteske Verzerrung seines Selbstbilds, phantastisch aber sind auch die Kräfte, die fortgesetzt zerstören, verzerren und isolieren und eine Karikatur des göttlichen Ebenbilds zurücklassen.

Michael Schneider erzählt in seiner Novelle „Das Spiegelkabinett“ (1980) die Geschichte des berühmten und bewunderten Zauberers Alfredo Cambiani, dessen Kunststücke die Schwerkraft aufzuheben, die Materie zu durchdringen und die Dimensionen von Raum und Zeit zu überwinden scheinen. Sein sensationeller Auferstehungszauber, in dem er sich auf der Bühne in einem schwarzen Kasten selbst beerdigt, um dann dreißig Meter entfernt in der Kaiserloge wieder aufzuerstehn, läßt ihn zum Wundermann des Landes avancieren, indem in ihm die Wunschträume der Unbedeutenden und vom Leben Enttäuschten, ihre Sehnsüchte nach Größe Wirklichkeit geworden zu sein scheinen. In einer Zeit seelenlos wissenschaftlicher Aufklärung und technologischer Perfektion boomt die Sehnsucht nach echten Wundern, hat das Bedürfnis nach dem Irrationalen Hochkonjunktur.

Doch was als Wunder, von Presse und Fernsehen gläubig hochgespielt, gefeiert wird, ist nur eine geschickt inszenierte Trickbetrügerei. In Wahrheit arbeitet Cambiani zusammen mit seinem Bruder als Double, um den gewünschten Effekt zu verwirklichen. Halten die Massen in ihrem Bedürfnis nach Mythen und Legenden die Trugbilder für echte Wunder, so ist der gefeierte Zauberer nur noch das Spiegelbild, der Abklatsch der geheimen abergläubischen Wünsche, die man auf ihn projiziert, ein Spiegelbild, das er letztlich für seine Identität nimmt und sich darin verliebt. Tausendfach zurückgeworfen, identifiziert er sich mit dem Schein des Wundermanns, des Messias, der die irrationalen Sehnsüchte der ewig

Zukurzgekommenen erfüllt. Im Spiegelkabinett seiner Villa lebt er mit den Bildern seiner phantastischen Scheinexistenz in fortgesetzter Selbstbespiegelung.

Beide, das Publikum wie sein Star, finden sich wieder in einer gespenstischen Pseudowirklichkeit, umstellt von Trugbildern, betrogen um ihr eigentliches Selbst. Die Novelle weitet sich aus zur phantastischen Parabel von der Verblendung und der Selbsttäuschung, von der Macht medialer Ersatzwelten, die man für die Wirklichkeit hält. Erst als der zum bloßen Double mißbrauchte Bruder seine Mitarbeit an dem Betrugsmanöver aufkündigt und selbst als Zauberer auftritt, allerdings bemüht, die Zauberei mit den Möglichkeiten des Mißlingens zu verbinden, sie also menschlicher zu machen, scheint sich eine Lösung anzubahnen. Doch der abschließende Versuch Alfredo Cambianis, die Menschen über die Betrügereien aufzuklären, mißlingt, da man in dem Aufklärer nicht den Zauberer, sondern einen geistig Gestörten sieht, der schließlich in der Irrenanstalt landet.

Die Masse aber verharrt in ihren Sehnsüchten nach dem Mystischen und Irrationalen, weiterhin befangen in ihrem phantastisch verstellten Bewußtsein und verführbar durch Scheinbefriedigungen und fiktive Kompensationen ihrer enttäuschten Erwartungen und unerfüllten Wünsche. Schneiders Novelle porträtiert die phantastische mediale Wirklichkeit, in der die, die Scheinwelten vortäuschen, von den Getäuschten in eine fortgesetzte Selbsttäuschung hineingetrieben werden, weil sie nicht anders das Massenbedürfnis, getäuscht zu werden, befriedigen können.

Um bis zum Halluzinativen gesteigerte Selbsttäuschungen geht es in der 1984 erschienenen Novelle „Eine wahnsinnige Liebe“ von Gert Loschütz. Der bereits über 40 Jahre alte Arzneimittelvertreter Lukas Hartmann, in seiner persönlichen Entfaltung durch eine von Schuldgefühlen und Rechtfertigungszwängen belastete Mutterbindung gestört, erwirbt einen Kleincomputer, den er liebevoll zu einer Puppe ausstaffiert. Schritt für Schritt, in der Ich-Perspektive zwingend nachvollziehbar, tritt er in ein persönliches Verhältnis zu der zu einem grotesken, eingebildeten Eigenleben erweckten Attrappe, die er mit einer eigenen Biographie ausstattet. Der beseelte Apparat, Begleiter auf seinen Reisen und Gefährte bei seinen einsamen Hotelaufenthalten, Unterhalter und Ansprechpartner, erscheint ihm schließlich als die langersehnte Traumfrau, der er sich in förmlicher Ehe verbindet. Verräterisch ist der Pullover seiner Mutter, den er der Puppe überstreift, ein Versuch, sie dem beherrschenden Mutterbild anzugleichen um sie vor dem mütterlichen Urteil bestehen zu lassen. Peinlichst werden zunächst alle erotischen Wünsche und Assoziationen vermieden, die intimen Annäherungen an den wahnhaft personalisierten Apparat auf ein Minimum beschränkt.

An einem entscheidenden Wendepunkt des Geschehens, beginnt sich die Vorstellung der Ehefrau vom Apparat zu lösen und sich als freie Halluzination zu verselbständigen. Fortan beschreibt er sie als scheinbar reale Person an seiner Seite, redend, lachend, ihn umarmend, immer in seiner allernächsten Nähe. Die halluzinierte ersetzt eine wirkliche Erfüllung, auf die Wahnfigur werden die Sehnsüchte nach Anteilnahme und Liebe projiziert, nachdem alle anderen Annäherungen an lebendige Frauen an der übermächtigen Mutter gescheitert waren.

Das Ich, das sich letztlich nur im Du verwirklichen könnte, schafft sich ein phantastisches Gegenüber, das nichts anderes als die subjektive Problematik zu reflektieren vermag. Die wahnsinnige Liebe bedeutet den Versuch, aus dem Getto des eigenen Ichs auszubrechen, ein Ausbruch, der in einer bloßen Wahnvorstellung endet, die das Ich nur umso auswegloser auf sich selbst zurückwirft. „Ich erhob mich vom Bett, zog die Läden vor und verriegelte sie.“ Der Schlußsatz zeigt das sich einschließende und eingeschlossene Ich, allein mit seiner nur halluzinierten Liebe, ein tragischer Single, dem die Welt und der sich selbst entgleitet, ein Torso des sozialen Menschen, vor der Wirklichkeit auf der Flucht in den Wahn. Die geliebte Frau verkümmert zur monströsen Attrappe, die ersehnte Gemeinschaft mit dem Du verengt sich zum phantastischen Getto des radikal vereinsamten Ichs.

Volker Kaminski schildert in seiner novellistischen Erzählung „Die letzte Prüfung“ (1994) den Versuch eines Ausbruchs aus einer verödeten, in primitive Lebensweisen zurückgefallenen Welt, in der alle Spuren einer höheren Zivilisation ausgelöscht und aus der jeder Fortschritt verbannt ist. Ein alter und ein junger Mann brechen in einem Wagen auf zum Traumziel Tripolis, wo es noch Häuser geben und „ein Leben ohne Arbeit und Schmerz“ möglich sein soll. Aber nur der erreicht das Ziel, der sich einer letzten Prüfung unterzieht, indem er lernt, auf alle Fragen nach den Ursachen des Verfalls und des Untergangs und auf Zukunftspläne und Fortschrittskonzepte zu verzichten.

Tagelang fahren sie über die riesigen, vereisten Flächen Afrikas, wo alles Leben längst abgestorben ist. Zu einer gigantischen Todeslandschaft ist die einstige Wiege der Menschheit geworden, unter ewigem Eis erstarrt zu einem phantastischen Niemandsland. Gnadenlos treibt der ältere Prüfer seinen jüngeren Prüfling, nachdem sie den Wagen verlassen haben, vor sich her, geradewegs auf die „Grüne Wand“ zu, in einen kochend heißen, urwaldartigen Dschungel, in einen tödlichen, von wuchernder Vegetation beherrschten Sumpf.

Fern und unerreichbar ist Tripolis, die „saubere Stadt“, Traumziel auf der Flucht „aus dem erbärmlichen Schmutz.“ Hier, in einer Urlandschaft wild wuchernder Natur scheinen Anfang und Ende des Wegs zu liegen. „...ich falle, ich sinke... es umfängt mich stehend - ... ich verderbe,... ich verfaule, das Wasser schließt sich über mir.“ Ziel des Aufbruchs ist die individuelle Auflösung im Urschlamm der Schöpfung, der Zusammenfall von Ende und Anfang des Lebens, die totale Auslöschung menschlicher Identität. Kaminski entwirft die apokalyptische Vision vom Untergang des neuzeitlichen Menschen und seiner Geschichtswelt. Vielleicht wird eine neue aus dem Grab der alten Welt erstehen. Unvollendet bricht der Schlußsatz ab: „Das Ufer ist erreicht...“

In einem konsequent entwickelten, sadomasochistischen Finale vollzieht sich die Auslöschung personaler Identität in Michael Kleebergs Novelle „Barfuß“ (1995). Der erfolgreiche Pariser Werbetexter Arthur K. erleidet mit dem Tod seines Katers den ersten schmerzlichen Einbruch in sein sorgsam aufgebautes, insulares Lebensglück. Glück erscheint ihm plötzlich als etwas Flüchtiges, das, solange man es zu besitzen meint, Angst auslöst vor seinem Verlust. Fragwürdig, ja belastend kommen ihm mit einemmal die täglichen Absicherungen, das Ordnungsstreben vor, hinfällige Versuche, zu bewahren, was unwiderbringlich dahingeht.

Im Zustand der Gedankenlosigkeit und Zerstreutheit gerät er durch einen Bedienungsfehler seines Minitels, gemeint ist das Teletel-Netz von France Télécom, in einen falschen Service, der ihn in Kontakt bringt mit einem Sadisten auf der Suche nach einem Epheben. Fast widerstandslos, wie in Trance, folgt er der Einladung und allen Anweisungen. Mit dem Abstreifen seiner Schuhe legt er gleichsam sein wohlbehütetes, aber eingeschnürtes bürgerliches Dasein ab und genießt barfuß das Gefühl einer anarchischen Freiheit. Der körperliche Schmerz, der ihm zugefügt wird, erregt ihn und läßt seine individuelle Existenz, solange er der Schmerzempfindung nachgibt, versinken.

Fortan ist sein Leben zerrissen zwischen dem gewohnten bürgerlichen Ehe- und Arbeitsalltag und den sadomasochistischen Versuchungen, die in ihm Dämonen wachzurufen scheinen, denen er ohnmächtig ausgeliefert ist.Schließlich verläßt er seine schwangere Frau, gibt seinen Beruf auf und unterwirft sich in völliger Selbstaufgabe seinem „Herrn“. In seinem Zustand, in dem er nichts mehr ist und nichts mehr hat, beginnen sich die Reste seiner Identität aufzulösen, empfindet er den Schmerz lustvoll als das Auslöschen seines alltäglichen Bewußtseins und der Erinnerung an sein früheres Leben des Glücksstrebens und der Glücksbewahrung. Beherrscht von den sinnlichen Sensationen seines Körpers, von der Wollust der willenlos hingenommenen Qualen, hat er allein den Wunsch, sich bedingungslos zu unterwerfen.

In der Schlußphase einer phantastisch gesteigerten Ich-Auflösung artikuliert sich in makabrer Konsequenz das Verlangen zu sterben, im Tod die absolute Identitätslosigkeit zu erleben. Arthur K., vielmehr das von den dämonischen Kräften der Selbstzerstörung phantastisch besessene Wesen, wird am Ende von seinem „Herrn“ erstochen. Phantastische Selbstdestruktion entspringt in Kleebergs Novelle aus einem enttäuschten, hypertrophen Glücksverlangen, das nicht den geringsten Verlust hinzunehmen vermag. Das Ich, ohnmächtig, dem Verlust entgegenzuwirken, das Glück dauerhaft zu gestalten, beginnt, narzißtisch gekränkt, sich selbst zu hassen mit einem Haß, der konsequent die eigene Selbstzerstörung betreibt.

Phantastik wird zum Medium der Kritik an einem zeitgenössischen Bewußtsein, das Enttäuschung, Verlust und Tod allein als grausame Verletzungen des selbstverliebten Ichs empfindet, statt sie als kollektives Schicksal zu begreifen, dem das individuelle Glück abgerungen werden muß. Insofern schließt die Novelle nicht mit dem sadomasochistischen Akt der Selbstzerstörung, sondern mit einem Ausblick auf das Leben der zurückgebliebenen Frau mit ihrem Kind. Im besonderen Maße wird die zeitgenössische phantastische Novelle, die sich der Problematik verlorener Identitäten annimmt, zum Krisenspiegel des Ichs, das in narzißtischer Eigenliebe unfähig geworden ist, Beziehungen zu anderen zu stiften und sich als Teil dem anderen einzufügen. Grassierende Beziehungslosigkeiten aber, gesteigert bis zur völligen Wirklichkeitsentfremdung, beschwören eine phantastische Welt herauf.

V. „Die andere Seite“: „Die letzte Welt“

Der phantastische Roman

Die Verknüpfung des Phantastischen mit dem Roman erfolgte, abgesehen von wenigen, allerdings aufschlußreichen Ausnahmen, erst mit Kubins „Die andere Seite“ (1909), ein Werk, das Akzente setzte und die Tradition des phantastischen Romans begründete. Ihren Grund hatte die Verspätung, verglichen mit der Entwicklung in England, zumindest, was die Gattungswahl anbetrifft, in der besonderen, national eigentümlichen Konstitution des deutschen Romans im 19. Jahrhundert.

Als paradigmatisch für die Gattung galt der Entwicklungs- und Bildungsroman im Gefolge von Goethes „Wilhelm Meister“, die diachrone Darstellung eines Lebenslaufs mit Blick auf die einmalig geprägte Einzelpersönlichkeit, die in Auseinandersetzung mit der Welt ihr eigenes Schicksal gestaltet. Entscheidend ist dabei die Überzeugung von der prinzipiellen Vollendbarkeit des Menschen in seinem immanenten Lebensraum. Stets geht es um die Selbstbewahrung und Selbstbehauptung des einzelnen, auch dann, wenn die äußeren Bedingungen und Einflüsse erdrückend scheinen.

Ein solches Romanmodell mit seinem Vertrauen auf die Dominanz des Menschen über das Ensemble der schicksalhaften, von außen bedingenden Kräfte schloß das Phantastische, die letztliche Überwältigung des Menschen durch das Unerklärliche und Unkontrollierbare aus. Wo der phantastische Roman früh in Erscheinung trat, lehnte er sich entweder wie Hoffmanns „Die Elixiere des Teufels“ (1815/16) an das Erzählmuster der angelsächsischen gothic novel im Stil von Lewis’ „Ambrosio or the Monk“ (1796) an, oder entwickelte romanhafte Komplexität aus der Adaption novellistischer Erzählweisen wie Wilhelm Hauff in seinen zeit- und kulturkritischen „Mitteilungen aus den Memoiren des Satans“ (1827), in denen er Erzählungen und Novellen bunt mischt, oder Wilhelm Meinhold, der seinen Roman „Maria Schweidler die Bernsteinhexe“ (1843) aus einer vorausgegangenen Novelle erwachsen läßt.

Nur auf den ersten Blick mag es verwundern, daß die beliebten Geisterromane der Spätaufklärung keine Fortsetzung fanden. Aber weder der Teufelsbündlerroman „Das Petermännchen“ (1791) und „Der Alte Überall und Nirgends“ (1792) von Christian Heinrich Spiess noch die zahlreichen Geisterromane von Joseph Alois Gleich („Wendelin von Höllenstein oder Die Totenglocke um Mitternacht, 1798 u.v.a.m.) und der Geheimbündlerroman „Der Genius“ (1791-94) von Karl Grosse entsprachen den Intentionen des neuen phantastischen Stils. In einer Art „rationalistischer Dämonie“ (Rommel) erfährt alles Geheimnisvolle und Irreale regelmäßig eine vernünftige Erklärung, so daß das Finale stets in eine Theodizee ex machina ausläuft. Strukturelle Anklänge gibt es hier durchaus an die Romane Clara Reeves (The Champion of Virtue, 1777) und Ann Radcliffes (The Mysteries of Udolpho, 1794), Autorinnen, die das scheinbar Mysteriöse am Ende ebenfalls rationalisieren.In diesen Zusammenhang muß wohl auch Friedrich Schillers 1787 in der „Thalia“ erschienenes Romanfragment „Der Geisterseher“ gestellt werden. Das Rätsclhafte und Irreale enthüllen sich mehr und mehr als Strategien einer verschlungenen politischen Intrige, die nur scheinbar wirr erscheint, im Grunde aber äußerst planvoll angelegt und lückenlos aufklärbar ist.

Entscheidend für die Entwicklung einer eigenständigen phantastischen Literatur war die Anknüpfung an die Novelle mit ihrem Vorrang des Ereignishaften vor der Person. Die Vermutung liegt nahe, daß auch der um die Jahrhundertmitte sich neben dem Entwicklungs- und Bildungsroman etablierende Zeitroman letzten Endes aus der Annäherung an novellistisches Erzählen hervorging. Dafür sprechen die beherrschende „Signatur der Zeit“, wie es Fontane später nannte, der Akzent auf den bedingenden Kräften und die synchrone Erzählstruktur, die nicht länger Entwicklungen, sondern Verwicklungen gestaltet. Gerade die stärkere Einbeziehung des gesamten geschichtlichen, ökonomischen und kulturellen Panoramas ließ den einzelnen zurücktreten, indem er vielfach beeinflußt und determiniert erschien, ein Mitfortgetragener im Strom der Zeit. Der simultane Erzählansatz erlaubte darüberhinaus die Gestaltung spontaner Brüche, die nicht von langer Hand vorbereitet, sich unvermittelt und impulsiv ereignen und den Eindruck irritierender Verwerfungen hervorrufen.

Der Zeitroman mit seiner Akzentuierung dessen, was in der Zeit wirksam und bestimmend ist, mit seiner seismographischen Empfindlichkeit für kulturelle und geschichtliche Erschütterungen, mit seiner Konzentration auf den bedeutungsvollen Geschichtsausschnitt, in dem sich Bewegendes und Erregendes ereignen, wurde nach der Jahrhundertwende zum zentralen Erzählmuster literarischer Phantastik. Der phantastische Roman von Kubin bis Ransmayr präsentiert sich als Simultanvision des Grauens, als die Darstellung der Gleichzeitigkeit von Ordnung und Chaos, als Simulation einer Endzeit, in der die sinnvoll gefügte Welt in sinnlosem Zerfall aus den Fugen gerät.

1. Bestie Mensch

Der Roman „Die Elixiere des Teufels“, erschienen 1815/16, gestaltet das Motiv des gefallenen Engels. Der Kapuzinermönch Medardus erliegt der Versuchung, von einem in seinem Kloster als Reliquie aufbewahrten Elixier zu trinken, dessen böser Zauber „Verderben und heillosen Untergang jedem bereiten könnte, den er ereilt.“ „Das, was darinnen enthalten“, erfährt Medardus, „stammt unmittelbar von dem Widersacher her, aus jener Zeit, als er noch sichtlich gegen das Heil der Menschen zu kämpfen vermochte.“ Der Trank entfesselt die wildesten Begierden in Medardus und stürzt ihn in einen betäubenden Sinnesrausch. Vergessen sind seine geistlichen Gelübde. Was ihn umtreibt, ist maßlose sexuelle Leidenschaft, eine Gier nach Lust, die ihn mitfortreißt.

Der Trank aktualisiert, was im Menschen latent lauert, aber zunächst noch geistig-sittlich gebunden ist. Phantastisch ist der Einbruch des ungehemmten Triebs in die geistig kontrollierte menschliche Existenz, sinnbildlich gespiegelt im Kloster. Unter dem sittlich Geordneten gärt und brodelt eine dunkle, vernichtende Kraft, die der Idealist nicht wahrhaben will, die aber das ganze sittliche Gebäude seiner Konstrukte und Wunschvorstellungen jäh zum Einsturz bringen kann.

Der Roman spiegelt die revolutionär eröffneten furchtbaren Einblicke in die Menschennatur. Phantastischer Stil legt die zerstörerischen Triebkräfte im Menschen bloß. Nicht von ungefähr schätzte Sigmund Freud den Erzähler Hoffmann sehr, war doch hier literarisch überzeugend gestaltet, was der Psychoanalytiker in der Struktur von Es und Überich wiederentdeckte, zwischen denen das Ich nur dann eine Chance hat, wenn es die dunklen Kräfte des Es zu kontrollieren lernt.

Bei Hoffmann ist der Mensch nicht nur ein Ebenbild, sondern auch das Gegenbild Gottes, er ist Satan und Engel in einer Person. Im Genuß des Elixiers wiederholt Medardus die Erbsünde. Sein teuflisches Erbteil, dem er verfallen ist, reißt ihn fort von Greuel zu Greuel. In Liebe zur Baronesse Aurelie entbrannt, begeht er Ehebruch mit deren Stiefmutter, vergiftet sie und ersticht anschließend den Bruder Aureliens. Ehebruch und Mord säumen den Weg des Menschen, der das Teuflische in sich durch eigenes Verschulden provoziert hat. Ein Amokläufer der Hölle. verwickelt Medardus seine Umwelt in das eigene Chaos.

Auf der Flucht begegnet ihm grauenvoll und erschütternd sein Doppelgänger, eindrucksvoll vor allem im Gefängnis, wo Medardus seine Verurteilung erwartet. Aus dem Boden des Gefängnisses. aus den Tiefen des Bewußtseins, in das die destruktiven Antriebe des Menschen wie in ein Verlies eingeschlossen sind, bricht es hervor. Bereitwillig leistet Medardus Hebammendienste bei der Geburt seines Doppelgängers aus den Abgründen seiner Seele.

Gerade in dieser makabren Szene gelingt es Hoffmann, das Hervorbrechen verhängnisvoller Mächte ins Bild zu setzen, Im Motiv des Doppelgängers spiegelt sich der Zerfall der ganzheitlichen Persönlichkeit. Was später Stevenson in seiner Erzählung „Dr. Jekyll und Mr. Hyde“ wieder aufnahm, ist bereits bei Hoffmann literarisch eindrucksvoll gestaltet: die Spaltung des Ich-Bewußtseins in eine Hälfte, die nur noch mühsam den erwarteten Schein wahrt und in eine solche, in der der nackte Destruktionstrieb unverstellt hervorbricht.

Der teuflische Mönch richtet nicht nur ein Chaos ohnegleichen an, in ihm selbst verkörpert sich das Chaos, die Heillosigkeit der pervertierten Gottheit. Die phantastische ist die aus den Fugen geratene Welt, der phantastische Mensch das psychotisch gespaltene Ich. Phantastische Fiktion gestaltet den Wahnsinn der Welt und der Menschen, Urheber eines Chaos, das ausweglos eskaliert.

Mit dem phantastischen Stil gelang es der romantischen Generation und insbesondere Hoffmann erstmals, die Abgründe menschlichen Bewußtseins auszuleuchten, die destruktiven Tiefenschichten bloßzulegen, die der Idealismus mit seiner idyllisch verklärenden Ethik noch übertüncht hatte. Hoffmann ist innerhalb der deutschen Literatur der eigentliche Begründer eines phantastischen Realismus, Hier, weniger in den Bereichen des Wunderbaren und des Grotesken, erreicht er den Gipfel seiner Kunst. Sein Ziel ist, die Schattenseiten des Bewußtseins ins Licht zu rücken, um ein vollständigeres, wahrhaftigeres Bild vom Menschen zu bekommen.

Die Entdeckung des phantastischen Stils, verstanden als die Darbietung sinnlicher Erfahrung entzogener seelischer Vorgänge in anschaubaren Sinnbildern und miterlebbaren Handlungsfolgen, kommt literarisch dem visuellen Zugang zur verborgenen Seite des Mondes gleich. Nun war es möglich, im dunklen Spiegel literarischer Anschauung eine abgründige, der sinnlichen Erkenntnis bisher verschlossene Welt in Erscheinung treten zu lassen. Alle scheinbar empirischen, sinnenhaften Requisiten sind kalkuliert, Einsichten in jene dunkle Seite des Bewußtseins zu vermitteln.

Der Doppelgänger. der nackt aus dem Boden des Kerkers hervorbricht, ist keine fiktive Realität, sondern Metapher für den Ausbruch ungezügelter Triebkraft. Alles, der Ort, das Heraufdrükken, die Nacktheit u.a.m., ist Teil der Inszenierung psychischer Prozesse. Hoffmann entwickelte einen phantastischen Stil, auf den die Späteren immer wieder zurückgriffen.

Die Bestialität des Menschen ist in Wilhelm Meinholds „Maria Schweidler die Bernsteinhexe“(1843), das „vom Feuer des Himmels wie der Hölle glühende Werk“, das schlechthin Böse, der teuflische Erbteil des Menschen, gerichtet auf die Vernichtung alles Guten. Das der „Bernsteinhexe“ vorausgegangene, wesentlich kürzere Werk „Die Pfarrerstochter von Koserow“ (1825) enthält bereits die Fabel in ihren wesentlichen Grundzügen. Bemerkenswert ist, daß Meinhold beide Werke stets als Novelle bezeichnet hat, was nicht zuletzt mit der unerhörten Begebenheit eines Hexenprozesses zusammenhängen mag.

Der novellistisch strukturierete Roman blendet zurück in die Zeit des Dreißigjährigen Kriegs, dessen Nöte und Wirren selbst die abgeschiedene Welt der pommerschen Insel Usedom nicht unberührt lassen. Im Mittelpunkt stehen der Pfarrer Abraham Schweidler und seine ebenso schöne wie tugendhafte Tochter Maria. Dargeboten wird das Geschehen in archaisierender Sprache aus der Perspektive des Pfarrers in der ersten Person, wobei der Herausgeber Meinhold vorgibt, daß sein Küster die Chronik aus der Zeit des Dreißigjährigen Kriegs in einem defekten Zustand im Chorgestühl der Kirche in Koserow entdeckt habe. Mit dem 6. Kapitel, mitten im Satz setzt die angeblich aufgefundene Originalhandschrift ein: „... Koffer, Truhen, Schränke waren allesammt erbrochen und zuschlagen, auch mein Priesterhemd zurissen, so daß in großen Ängsten und Nöthen stande. Doch hatten sie mein armes Töchterlein nit gefunden, maßen ich sie in einem Stall, wo es dunkel war, verborgen..."

Der Hintergrund des Kriegs verweist auf die Entfesselung von Agressionen und den unbefriedeten Zustand unter den Menschen, der sich fortsetzt in dem gespannten Verhältnis zwischen dem Amtshauptmann Appelmann in Pudagla und dem Pfarrer Schweidler. Appelmann erscheint als Hexenmeister und Gebieter über starke, schadenstiftende Geister. Seine sexuelle Gier treibt ihn um und läßt ihn darauf sinnen, wie er die schöne Pfarrerstochter in seinen Besitz bringen kann.

Der Wendepunkt der Handlung ist markiert durch den Bernsteinfund Marias, der allen Nöten ein Ende zu machen scheint. Doch der sich plötzlich abzeichnende Wohlstand läßt trotz der Großzügigkeit Schweidlers, der die ganze Gemeinde speist, Gerüchte entstehen. Das Leitsymbol des Bernsteins erweist sich als ambivalent. Maria wird, des Teufelpakts verdächtig, als Hexe diskriminiert. Aberglaube und Mißgunst steigern sich zu einer gezielten Hetzkampagne, die Appelmann seinem Ziel näherzubringen verspricht.

Lise Kolken, das „gluderäugicht Weib,"die ehemalige Geliebte des Amtshauptmanns, ist die wahre Hexe, die, vom Satan assistiert, ihrem Geliebten von einst behilflich ist, indem sie das Vieh verenden, eine Frau ein teuflisches Wesen gebären, Kinder erkranken und ihren eigenen Mann sang- und klanglos verschwinden läßt. Zur Last gelegt aber werden all diese zauberischen Untaten

Maria Schweidler. Die Tugend erscheint lasterhaft, während das Laster den Schein der Tugend annimmt.

Die Katastrophe nimmt ihren Lauf, als man Maria bei ihren nächtlichen Gängen zum Streckelberg verfolgt, wo sie die Bernsteinader entdeckt hat, und man sie in Gesellschaft eines Wesens mit einer zotteligen Kopfbedeckung antrifft. Schnell hat sich der Aberglaube ein Bild gemacht. Die Erscheinung kann niemand anders als der Satan selbst sein, während es sich in Wahrheit um den Junker Rüdiger von Neuenkirchen aus Mellenthin handelt, der Maria, verkleidet, um nicht erkannt zu werden, seiner aufrichtigen Liebe versichern will.

Die Landung Gustav Adolfs in Peenemünde, sein triumphaler Durchzug durch Koserow und die heraushebende Beachtung, die er Maria schenkt, bedeuten ein geschickt installiertes retardierendes Moment, bevor die Pfarrerstochter, öffentlich der Teufelsbuhlschaft und der Hexerei beschuldigt, in Pudagla in den Kerker geworfen wird. Bedrängt von dem lüsternen Amtshauptmann, der ihr anbietet, sie zu retten, falls sie ihm zu Willen wäre, bleibt sie standhaft. Es folgt ein ausführlich geschilderter, förmlicher Hexenprozeß mit Scheinverhören und Schuldvorurteilen. Auf der Folter gesteht Maria alles, was man von ihr hören will, weil sie die Qualen nicht zu ertragen vermag.

Inzwischen ist ihr Vater Zeuge des gräßlichen Tods der dem Teufel verfallenen Lise Kolken, der eigentlichen Drahtzieherin des Unheils, geworden. „Und rief die Unholdin umwechselnd bald Gott bald ihren Geist Stoffer (Mephistofeles) bald mich an, ihr beizuspringen, bis das Gewürm ihr mit einem Mal in den offenen Rachen fuhr, worauf sie allsogleich verreckete und schwarz und blau, wie eine Brummelbeer wurde.“ In obszöner Sinnbildhaftigkeit vereinigt sich der Teufel mit der ihm verfallenen, bösen Frau, und läßt sie, in sie eindringend, wie ein Vieh zugrunde gehen.

Auch Marias Untergang scheint besiegelt. Am Hinrichtungstag setzt sich der grausige Zug von Pudagla zum Streckelberg in Bewegung, wo man den Scheiterhaufen errichtet hat. In konsequent abschüssiger Handlungsführung treibt das Geschehen der Katastrophe entgegen. Wehrlos wird der einzelne mitfortgerissen im Sog von Verleumdung, Mißgunst und Aggression. Die Dominanz des Ereignisses über die persönliche Einflußnahme auf das Geschehen, der sich ausweglos anbahnende Triumph des Fatalen über den steuernden und handelnden Menschen machen nicht zuletzt die novellistische Struktur des Romans aus. Hierin mag auch der Grund dafür liegen, daß Meinhold in der „Bernsteinhexe“ auf der einen Seite die Bösartigkeit Appelmanns ins Satanische und auf der andern die Schwäche Schweidlers bis zur Verzweiflung steigert, um die Ohnmacht des Menschen vor dem sich ereignenden Unheil zu pointieren. Appelmann und Schweidler, Antagonist der eine und Protagonist der andere, stehen sich wie Himmel und Hölle, Gott und Teufel gegenüber und wiederum scheint der Teufel zu triumphieren.

Aber in letzter Minute wird die tragischen Entwicklung abgewendet, indem Rüdiger von Neuenkirchen als siegreicher Retter der geliebten Maria auftritt. Nachdem der Amtshauptmann in ein Mühlrad gestürzt ist, klingt der Roman konventionell mit dem Happy-End des glücklich vereinten Paars aus. Die phantastische Bedrohung durch das absolut Böse scheint noch einmal abgewehrt. Zurück aber bleibt das Grauen vor der im Menschen verkörperten dämonischen Destruktivität, die den Glauben an die ursprüngliche menschliche Güte nachdrücklich in Frage stellt.

2. Agonie und Apokalypse

Der phantastische Roman in der Phase des ersten Weltkriegs, im Vorfeld der gigantischen Menschheitskatastrophe wie ihrer Folgen im Bewußtsein der Überlebenden, ist gezeichnet von lähmender Agonie und apokalyptischem Schrecken. Die Gewißheit, am Ende einer geschichtlichen Entwicklung zu stehen, die unaufhaltsam der Selbstzerstörung zutrieb, beschwor Alpträume des Untergangs, schwarze Prophetien des radikalen Verfalls. Im dunklen Spiegel der phantastischen Literatur wurden das Abschüssige und Abgründige einer Zeit sichtbar, die keine Zukunft mehr zu haben schien, in der allein das Chaos allgegenwärtig drohte.

Die Ahnung zerstörerischer, unter der Oberfläche wirksamer Kräfte entband ein neues Wirklichkeitsverständnis. Weder die realistischen noch naturalistischen Darstellungsweisen waren weiterhin in der Lage, die von einer unterschwelligen, destruktiven Eigendynamik bewegten Zeit abzubilden. Um zu dem vorzustoßen, was unter dem vordergründig Erfahrbaren danach drängte, zerstörerisch in alle Lebensbereiche einzubrechen, bedurfte es des illusionslosen Blicks des phantastischen Autors, seiner visionären Gabe, das Grauenvolle, das aller Wirklichkeit zugrunde liegt, ins Bild zu setzen und anschaubar zu machen.

Mit dem Roman „Die andere Seite“ (1909), der erste deutschsprachige phantastische Roman im 20. Jahrhundert, hat Alfred Kubin Akzente gesetzt und ein Niveau vorgegeben, das in den Jahren bis 1930 nur in Ansätzen wieder erreicht worden ist. Das mond- und sternenlose, in einen ewigen Dämmerzustand getauchte Traumreich, irgendwo im Innern Asiens, mit seinen aus Europa verpflanzten Häusern, ausnahmslos Schauplätze vergangener Verbrechen, zeigt einen deutlich musealen Charakter. Die Zeit scheint stillzustehen, Fortschritt findet nicht mehr statt. Wirklichkeit löst sich auf in ein Traumszenario. An die Stelle konkreter Erkenntnis treten die Ausgeburten einer verworrenen Einbildungskraft. Das Traumreich mit seiner Hauptstadt Perle ist sterbende Vergangenheit vor einer phantastischen Untergangskulisse. Nur noch als unfaßbares Schemen, personalisiert in der Figur des Herrschers Patera, besteht fort, was einmal war, im Schwebezustand zwischen Leben und Tod. Das alternde, zukunftslose Europa, zur musealen Szene erstarrt, erhält den Todesstoß durch den reichen Amerikaner Hercules Bell. Mit ihm zieht die rationale, materiell orientierte Welt des Fortschritts herauf und setzt sich in einem Inferno von Vernichtung und Sterben durch. Eine unheilvolle, mehr geahnte als beschriebene Zukunft zeichnet sich ab, aber auch sie bereits dem demiurgischen Zwitterwesen zwischen Todessehnsucht und Lebenswillen verfallen. Der Roman weitet sich aus zur phantastischen Parabel vom Untergang, der allem Entstehenden schon im Keim bestimmt ist. „Unsere ganze europäische Kultur bewegt sich seit langem schon mit einer Tortur der Spannung, die von Jahrzehnt zu Jahrzehnt wächst, wie auf eine Katastrophe los,“ heißt es bei Nietzsche im Vorwort des Willens zur Macht (1887ff), „unruhig, gewaltsam, überstürzt, einem Strom ähnlich, der ans Ende will...“. Der Ich-Erzähler als Zeichner entwirft alptraumartige Bilder einer apokalyptischen Katastrophe. In scharfen Kontrasten sind

Abb. 10
Alfred Kubin: „Die andere Seite“ (1909)

die Dinge und Menschen in der verbalen wie in der graphischen Gestaltung eingebettet in wesenloses Grau und in die Finsternis, manchmal selbst schon von der sich ausbreitenden Schwärze überwuchert. Phantastik in Kubins Roman beschwört das Grauen der Endzeit, in der sich im Absterben des Vergangenen die Zukunft des Entstehenden abzeichnet. Kubins Roman ist in phantastischer Radikalisierung das Bewußtseinsbild einer sterbenden Epoche und einer heraufziehenden Ära menschlicher Katastrophen.

„Der große Platz glich einer gigantischen Kloake, in welcher man mit letzter Kraft einander würgte und biß und schließlich verendete. Aus Fensterlöchern hingen die starren Leiber entseelter Zuschauer, deren gebrochene Blicke dieses Königreich des Todes spiegelten. Verrenkte Arme und Beine, gespreizte Finger und geballte Fäuste, geblähte Tierbäuche, Pferdeschädel, zwischen den langen gelben Zähnen die wulstige blaue Zunge weit vorgestreckt, so schob sich die Phalanx des Untergangs unaufhaltsam vorwärts.“

Das Lebensgefühl des phantastischen Autors ist tragisch, Scheitern und Untergang jenseits aller Erfahrung witternd, zugleich aber auch aggressiv, indem es ins unwirklich Gesteigerte destruktive Energien entbindet, gerichtet gegen das Absterbende wie gegen die neu ins Leben tretenden Kräfte, die ihrerseits die humane Welt mit Beschädigung und Vernichtung bedrohen. Die Binnenhandlung des Kubinschen Romans gestaltet den drohenden Gegenentwurf zur rahmenden Erzähler-Wirklichkeit, die scheinbar noch in Ordnung ist, wenn auch die wie unter Zwang niedergeschriebenen Erlebnisse und Erfahrungen sowie die Heilanstalt als Erzählort auf das latente Chaos in der äußeren wie in der inneren Welt verweisen. Kubins „Die andere Seite“ enthält in nuce die phantastischen Ausdrucksweisen, die in den folgenden Jahren weiter entwickelt werden sollten: Die Untergangsvisionen, die satirischen Zerrbilder, die Horrorszenarien und die düsteren Orakel.

Eng verbunden mit Kubins Roman ist Gustav Meyrinks 1915 erstmals erschienener „Golem“, für den Kubin bereits nach der Lektüre der ersten Kapitel einige Zeichnungen entworfen hatte, die er später für seinen eigenen Roman verwendete. Fasziniert von der sinistren Szenerie, nahm Kubins eigenes phantastisches Erzählen

Abb. 11
Hugo Steiner-Prag: Illustration zu Meyrinks Roman „Der Golem“ (1915)

Gestalt an. Aufschlußreich ist die inspirierende Wirkung der eigentlich phantastischen Partien des „Golem“, während die mystisch okkulten Züge ja erst später voll zur Geltung kommen und dem Roman eine Wendung ins Mystizistische geben, das bei Kubin weitgehend fehlt.

Meyrinks „Golem“ ist nur bedingt als phantastisch im vorangestellten Sinn aufzufassen. Phantastisch, von namenlosen Ängsten besetzt, ist vergleichbar mit Kubins Traumreich der gespenstische Handlungsraum des Prager Gettos, in dem sich der Ich-Erzähler nach einem halluzinativen Schwebezustand zwischen Schlafen und Wachen als Gemmenschneider Athanasius Pernath wiederfindet, erfüllt von der Ahnung, hier an sein eigenes dunkles Lebensschicksal wieder anknüpfen zu können. Sein Beruf verweist auf die Arbeit an der eigenen verlorengegangenen Identität. „Mir war, als starrten die Häuser alle mit tückischen Gesichtern voll namenloser Bosheit auf mich herüber- die Tore: aufgerissene schwarze Mäuler, aus denen die Zungen ausgefault waren, Rachen, die jeden Augenblick einen gellen Schrei ausstoßen konnten, so gellend und haßerfüllt, daß es uns bis ins Innerste erschrecken müßte.“ In einer expressionistischen Sprachgeste verwandelt sich das Getto zum Ort der Angst und der existentiellen Bedrohung, beherrscht von Haß und latenter Aggression, ein verschlingendes Inferno heilloser Menschenverachtung. In seiner Beengtheit und seinem Halbdunkel mündet es in eine existentielle Sackgasse. Bedrückenden Einfluß gewinnen in dieser Welt des Zwielichts und der dämmernden Schatten Gestalten wie der Trödler Wassertrum, determiniert bis zur Selbstaufgabe durch Besitz und materielle Gier. Das Getto spiegelt den Menschen in der Krise, eingepfercht in der selbstverschuldeten Enge des absolut Geistfernen. Unübersehbar sind die Verweise auf die Entwicklung zur Massengesellschaft in der Phase der Industrialisierung, auf die Krise des bürgerlich liberalen Individuums unter dem Druck kollektiver Entfremdung.

Teil dieser dem Materiellen verfallenen Welt ist die kabbalistische Sagengestalt des Golem, eine Art Hohlform, Verkörperung des Unfertigen und zugleich Herausforderung, sich auf die eigentliche humane Identität zu besinnen, deren Vollendung die Überwindung des Golems voraussetzt. In seiner amorphen Erscheinungsweise ist der Golem eine gespenstische Figuration der Identitätsängste, wie sie in einer materiell bornierten und determinierenden Welt umgehen. Gerade in der Gestaltung des Gettos als räumliche Krisenchiffre für die Situation des modernen Menschen erreicht Meyrink ein Höchstmaß an phantastischer Eindringlichkeit. Anders aber als Kubin löst er das phantastische Porträt eines repräsentativen krisenhaften Zustands auf, indem er dem einzelnen Wege weist aus seinem existentiellen Dilemma, Wege, für die sinnbildlich die steinerne Moldaubrücke als Übergang von hier nach drüben steht. Zusehends erscheint die phantastische Szenerie überlagert von mystizistischer Geheimniskrämerei, einer ekklektizistischen Klitterung aus Kabbala, Alchemie und ägyptischer Mythologie. Athanasius Pernath wird zur Demonstationsfigur einer exemplarischen Erlösungsgeschichte. Sein Name ist Programm. Das Durchschreiten und Durchdringen seiner Lebenskrise, die Rückgewinnung seiner lebensgeschichtlichen Einheit führt zu seiner Wiedergeburt und in die Athanasie, in die Unsterblichkeit. Steht am Anfang seines Wegs der Golem als unvollendete Hohlform, so am Ende der gekrönte Hermaphrodit als Erlösungsfigur, in der sich Weibliches und Männliches harmonisch vollenden. In der Verschmelzung des historisch individuellen Menschen mit dem universellen Sein wird das unvollkommene Abbild, für das der Golem steht, wieder eins mit seinem kosmischen Urbild. Mikrokosmos und Makrokosmos bilden nach kabbalistischem Glauben eine Einheit, symbolisch präsent in der ersten Karte des Tarot-Spiels, auf der das graphische Zeichen des Buchstaben Aleph nach unten wie nach oben weist. Der Roman endet mit der Apotheose des bürgerlichen Subjekts, das seine Identitätssuche als heilsgeschichtlichen Erlösungsprozeß inszeniert. Auf die drohende Vermassung des Individuums in der Industriegesellschaft reagiert Meyrink mit okkulten Ritualen der Selbsterlösung, wobei die folgenden Romane die Erlösungsmuster lediglich variieren. So wandelt sich der kabbalistische Heilsentwurf im „Grünen Gesicht“ zum yogistischen, im „Weißen Dominikaner“ zum taoistischen und im „Engel vom westlichen Fenster“ zum alchemistischen. Die okkultistischen Rettungsversuche des autonomen Individuums kompensieren die tatsächliche Entfremdung unter zunehmendem kollektiven Druck. Zweifellos ein triviales Erzählschema, das Meyrink repräsentativ für das frühe 20. Jahrhundert ausformt und dabei den phantastischen Roman zu einem Konglomerat okkulter Geheimlehren mystifiziert.

Vorausgegangen war ihm Karl Hans Strobl mit seinem „Eleogabal Kuperus“ (1910), der das vertraute Spieler-Gegenspieler-Modell im Kampf zwischen dem guten Magier und dem bösen Spekulanten und damit das dualistische Weltbild variiert. Von Meyrink direkt beeinflußt zeigen sich insbesondere Franz Spunda mit seinem Erstling „Devachan“ (1921), einem magischen Roman, in dem sich orientalische Mystik und Alchemie mischen, sowie mit seinem alchemistischen Roman „Baphomet“ (1928) um das Weiterleben des geheimnisumwitterten Tempelordens, der Innsbrucker Paul Busson, der in dem Roman „Die Wiedergeburt des Melchior Dronte“ (1921) in reißerischer Weise Spekulationen im Zusammenhang mit der Seelenwanderung verarbeitet und der in Estland geborene Paul Madsack. Sein Roman „Der schwarze Magier“ (1924) schöpft aus fernöstlichen Geheimlehren. Wo der Okkultismus sich vor allem als Herrschaftswissen begreift, das durch Beschwörung dunkler Kräfte praktischen Zwecken nutzbar gemacht werden soll, werden Übergänge zur Science Fiction erkennbar, etwa in Otto Soykas Roman „Die Traumpeitsche“ (1921) um eine chemische Wunderdroge oder in Strobls „Kuperus“, der mit seiner negativen Figur des größenwahnsinnigen, die Weltherrschaft anstrebenden Thomas Bezug auf die durch den Film populär gewordene Gestalt des Doktor Mabuse als Modell für den mad scientist vorausweist.

Doch sowohl das Magische und Okkulte wie das Utopische der Sience Fiction berühren sich nur am Rande mit dem Phantastischen. Nicht um die Täter, sondern um die Opfer geht es in der phantastischen Fiktion, nicht um die Allmacht, sondern um Ohnmacht. Nicht um die Herrschaft, sondern um die Niederlagen des Menschen ist es dem phantastischen Autor zu tun, nicht um den Glauben und sektiererische Heilskonzepte, sondern um die Verzweiflung und die Realität des Unheils. Nur dort, wo der Machtwahn der selbsternannten Führerfiguren die Welt in verheerende Katastrophen zu stürzen drohen, wie etwa in dem bereits genannten, allerdings nur noch schwer lesbaren Roman Strobls, ergeben sich Übergänge zum Phantastischen.

Eine beachtenswerte phantastische Fiktion ist Paul Leppins zu Unrecht vergessener Prager Gespensterroman „Severins Gang in die Finsternis“ (1914). Der ein Jahr vor Meyrinks „Golem“ erschienene Roman spielt bereits in der unheimlichen Sphäre des Prager Gettos mit seinem zwielichtigen, verwinkelten Gassen und seinen düster drohenden Häuserfronten. Aber Leppin verzichtet sowohl auf okkultistische Überhöhungen als auch auf gespenstische Sensationen. Seine Phantastik entwickelt sich aus der Sinnlosigkeit des Alltags, aus einer wesenlos gewordenen Welt, „in der sich die Menschen wie Schattenbilder bewegten.“ Der Erzähler kommt sich vor wie einer, „der mit der Schaufel in einer Grube steht. Er gräbt und schaufelt, aber der feine, bewegliche Sand rinnt immer wieder nach und verschüttet die Grube.“ Wo alles Handeln zur Sisyphos-Arbeit wird, gewinnen die Dinge ein gespenstisches Eigenleben, entfaltet sich der Roman als Protokoll einer wachsenden Verzweiflung. Im sexuellen Rausch versucht der einzelne, das Gefühl metaphysischer Obdachlosigkeit zu betäuben oder im Haß auf die Absurdität seiner Welt diese zu zerstören. Die Heilsangebote von Nikolaus, in dem Leppin seinen Freund Meyrink abbildet, sind nur raffinierte Selbsttäuschungen. „Man wußte, daß er reich war, eine große und wertvolle Bibliothek besaß...und okkultistische Liebhabereien betrieb.“ Die Zuflucht des Freundes, „der sich korrekt und blasiert vor der Welt verriegelte“, ist dem Erzähler bei Leppin verschlossen. Sein Gang mündet inmitten des sinnlos Unheimlichen in Leere und Finsternis. Der Roman des vergessenen Prager Erzählers ist das Stimmungsbild einer untergehenden Epoche, gespiegelt im räumlichen Verfall und im Zerbrechen menschlicher Beziehungen.

Handlungen und Bewegungen treten ganz zurück. Beherrschend ist die Atmosphäre des Ungewissen und unheimlich Verschwimmenden. Gebrochene Stimmungen grundieren das Erzählen und lassen die Charaktere zu Schemen verdämmern. Jeder Aufbruch führt in den Abgrund. „Die Stadt, die er kannte, war anders. Ihre Straßen führten in die Irre und das Unheil lauerte auf den Schwellen. Da klopfte das Herz zwischen feuchten, verräterischen Mauern, da schlich sich die Nacht an erblindeten Fenstern vorbei und erwürgte die Seele im Schlaf.“

Hanns Heinz Ewers erweitert das Spektrum um eine voyeuristisch triviale Komponente. Souverän verfügt er über das Repertoire phantastischer Themen und Motive, die er zum Szenario eines lustvollen Grauens montiert. Betont wird vor allem das grell ausgemalte phantastische Bild, das den Leser zum Voyeur tabuierter Perversion machen soll. Besondere Beachtung verdient die 1911 erschienene „Alraune“, Ewers' erfolgreichster phantastischer Roman. Den Ausgang der Handlung bildet das bewußt schockierende Experiment einer künstlichen Befruchtung einer Prostituierten mit dem letzten Samen eines gehängten Lustmörders. Das Produkt ist die weibliche Mandragora Alraune. Dabei geht es Ewers keineswegs um die Kritik an dem unverantwortlichen Experimentieren mit menschlichem Leben, sondern um die Bedienung dekadenter Genußsucht. Ewers kennt die unterdrückten lüsternen Wünsche und die aufgestauten Aggressionen hinter den wilhelminischen Fassaden, die perverse Lüsternheit und den anarchischen Zerstörungsdrang. Der phantastische Stil gestaltet eine schaurig grelle Jahrmarktskulisse, die dem Spießer einen fiktiven Ausgleich gönnt. Zur erotischen Teufelin dämonisiert, tritt die entfesselte Frau als Reinkarnation der Verderben bringenden Alraune auf, erbarmungslos über den sinnlos verliebten Mann triumphierend, ihn verletzend und vernichtend, eine wiedererstandene Venus im Pelz. „So küßte sie ihn, küßte ihn lange und heiß. Aber am Ende suchten ihre kleinen Zähne seine Lippe, bissen rasch zu, daß die roten Blutstropfen schwer hinabfielen in den Schnee.“ Unverhüllt tritt in der vampirischen Trivialisierung der Karfreitagsszene aus Wolframs Parzival die zerstörerische Macht weiblicher Erotik zutage, wie sie nach Ewers vor allem auch Soyka in seinem Roman „Eva Morsini“ (1923) um eine besessene, mit einem hypnotischen Blick begabte Frau darstellt.

Die Liebe zum Weibe bedeutet für den Mann zugleich Verwundung und Tod. In der phantastisch gesteigerten femme fatale malt Ewers das aus der Dekadenzdichtung bekannte Motiv genüßlich aus und verteufelt es zugleich. Im Finale stehen sich Frank Braun, bekannt auch aus den Romanen „Der Zauberlehrling“ (1909) und „Vampir“ (1920), und die sadistische Erotomanin in einem gnadenlosen Geschlechterkampf im Stile Sacher-Masochs gegenüber. Im Bann der elementaren weiblichen Triebkraft scheint die Niederlage des Mannes besiegelt. „Ihre Gier aber schien unersättlich und unstillbar ihr brennender Durst. Matt war er von ihren Küssen in dieser Nacht, löste sich langsam aus ihren Gliedern. Schloß die Augen, lag wie ein Toter.“

Die um die Jahrhundertwende engagiert um ihre weibliche Identität ringende Frau, als Geschlechtsdämon diskriminiert, scheint nichts als Chaos und Anarchie zu gebären, in der die ordnende Herrschaft des Mannes unterzugehen droht. Aber auch hier in der Verteufelung des Weiblichen, wie vorher bereits in der Kompromittierung naturwissenschaftlichen Experimentierens und der Dämonisierung des Geschlechtlichen geht es Ewers weder um Zeitkritik noch um die phantastische Gestaltung von Zivilisationsängsten, sondern um das effektvolle Ausbeuten phantastisch ergiebiger Motive und ihre Kumulation zur Entlastung des niederkorrigierten und domestizierten wilhelminischen Bürgers. Am Ende des Romans wird Alraune auf dem Höhepunkt ihrer dämonischen Erotokratie liquidiert, indem man die Schlafwandlerin einfach vom Dachfirst in die Tiefe stürzen läßt. Die sadomasochistische Fiktion einer phantastischen Destruktionsorgie hebt sich selbst auf, so daß man zum Reglement des Alltags zurückkehren kann. Zuende ist der schaurig schöne Film, und der Leser-Voyeur schlüpft wiede in sein Spießerkostüm. „Ich will nach Hause“, flüstert Frank Braun am Ende aller Schrecken, „Die Mutter wartet.“

Eine echte Erweiterung des phantastischen Spektrums stellen die Romane einiger in den 80er und 90er Jahren geborener Autoren dar. Neben die elegischen Untergangsvisionen, die wie in Herzmanovskys „Der Gaulschreck im Rosennetz“ (1928) gelegentlich skurril groteske bis degoutante Züge annehmen können, die satirischen Zerrbilder, die okkulten Gegenwelten, zu denen auch Scheerbarts astrale Utopie „Lèsabéndio“ (1913) zu zählen ist, und die Horrorszenarien rücken auffällig düstere Menetekel, die zum Teil ohne großen phantastischen Aufwand aus der Realität herauswachsen und diese bedrohlich verfremden. Stärker als der von der Agonie gezeichnete Raum tritt die Zeit in ihrer apokalyptischen Endphase hervor, parallel zu den Kriegsängsten, die die industriell bedingten Umbruchsängste zu überlagern beginnen.

Eine Sonderstellung nimmt Moritz Alexander Freys 1914 erschienener Roman „Solneman der Unsichtbare“ ein. Solneman, der Namenlose, wie sein Name rückwärts gelesen lautet, erwirbt den Stadtpark für eine ungeheure Summe und läßt ihn mit einer gigantischen Mauer umgeben. Dahinter lebt er sein geheimnisvolles Leben, unzugänglich für die anderen und unsichtbar. Alle Versuche der Neugierigen, die Mauer zu überwinden, scheitern. Gerüchte breiten sich aus, Spießerphantasien, die das Geheimnis um Solneman jedoch nicht zu lüften vermögen.

Selbsterhaltung erscheint nur möglich, wenn man sich von der heillos verspießerten Welt zurückzieht, sich vergräbt in das eigene, hermetisch abgeschlossene Dasein. In phantastische Dimensionen wächst der skurril dargestellte radikale Bruch zwischen dem Individuum und der Gesellschaft hinein. Jedes erkennende Eingemeinden müßte das Ende einer Existenz bedeuten, die sich nur im Abseits, in der völligen Isolation zu verwirklichen vermag. Nur der überlebt wirklich, der sich dem kollektiven Einfluß entzieht, während die Masse der Integrierten in Wirklichkeit die Namenlosen und Niemande sind. Frey spielt ein groteskes Spiel mit der Erhaltung und der tödlichen Bedrohung des Ichs, das aus seinem selbstgeschaffenen Getto nicht mehr herauskann, ohne sich selbst zu verlieren. In phantastischer Sinnbildhaftigkeit porträtiert der Roman die Verletzbarkeit der geistigen Existenz in einer heruntergekommenen, geistlosen Gesellschaft, von der eine tödliche Bedohung ausgeht.

Sieht Frey das Heil des Individuums in der Flucht vor dem kollektiven Unheil, so entwirft Willy Seidel in seinem Roman „Der Gott im Treibhaus“ (1925) das apokalyptische Bild von dem unausweichlichen Untergang der alten und dem zumindest angedeuteten Aufstieg einer neuen Zeit. In einer düsteren Vision gewinnt der Verfall der von seelenloser Mechanik beherrschten Welt Gestalt. „Man sah nur die Häuserfronten wellig wanken... und die Menschen darunter wie ersäufte Ratten, zuckend hingebreitet,... Wildgewordene Lokomotiven durchrasten das Chaos, entgleisende Trambahnwagen zerschmetterten sich an Häuserfronten.“ Der Gipfel des Infernos aber ist der nahe Krieg, der Millionen von Menschen auslöschen wird.

Aus dem Glauben an die unsterblichen Urkräfte der Vegetation, an den „Gott im Treibhaus“, erwächst die Hoffnung auf neues Leben, eine Hoffnung, die aber nur für ein „Übermorgen“ angedeutet wird, während die Gegenwart an der Schwelle einer verheerenden Katastrophe steht.

„Aber sie haben sich das Äußerste geschaffen, und müssen nun auch am Äußersten zugrunde gehen.- ... ein Krieg steht bevor... Diese ganzen Millionen um uns herum sind unrettbar verloren.“ Willy Seidel hat den Ausbruch des 2. Weltkriegs nicht mehr erlebt, aber in einem düster phantastischen Menetekel auf ihn verwiesen, indem er die Zeichen einer aggressiv aufgewühlten, dem Inferno zutreibenden Zeit zutreffend deutete. Die Phantastik zwischen den Weltkriegen radikalisiert das geschichtlich wirksame Aggressionspotential zu apokalyptischen Schreckensgemälden.

Die Romane von Leo Perutz verzichten auf spektakuläre phantastische Requisiten, indem sie Verunsicherung und Angst im zutiefst irritierten Bewußtsein des einzelnen spiegeln. Im Kern geht es Perutz um die Konfrontation des Subjekts mit einer als katastrophal erlebten Geschichte. Bereits sein erster, 1915 erschienener Roman „Die dritte Kugel“ zeigt die Ohnmacht des Individuums, wirksam in Sinne von Humanität in den kollektiven Geschichtsverlauf einzugreifen. Der Roman erzählt von den Versuchen des Hauptmanns Glasäpflein im spanischen Heerlager Karls V., seine verlorengegangene Erinnerung zu rekonstruieren. Bedeutungsvoll wird für ihn die Erzählung eines „eisgrauen Spaniers“ von einem Wildgrafen Grumbach, in dem Glasäpflein sich selbst wiederentdeckt. Plötzlich wird die Vergangenheit wieder lebendig, in der er versucht hatte, Cortez und seine Armada an der Vernichtung des Atztekenreichs zu hindern, da ihm klargeworden war, daß die Spanier ja nicht in erster Linie von Missionierungsabsichten, sondern von der nackten Goldgier geleitet waren. Angesichts der Lethargie der Atzteken hatte er sich seinerzeit entschlossen, Montezuma zu töten, um den Widerstand der Indianer zu entfesseln. Aber gerade diese wahnwitzige Tat führte zum endgültigen Sieg der Spanier. An der Stelle jedoch, an der Grumbach Cortez verfolgte, um ihn zu richten, bricht die Geschichte abrupt ab, da der Knecht Glasäpfleins den Erzähler aus Haß auf alles Spanische erschießt. Damit ist der Versuch, die eigene Identität zu rekonstruieren, an entscheidender Stelle gescheitert. Soviel ist indes deutlich geworden, daß das individuelle Eingreifen in tragischer Ironie die katastrophale Entwicklung nur beschleunigt, die es verhindern wollte. Geschichte erscheint als ein unheilvoll destruktiver Prozeß. Gerade diese Erfahrung aber ist es, die den einzelnen um seine Identität bringt, indem er angesichts seiner realen Ohnmacht alle Erinnerungen an sein Scheitern verdrängt und sich dabei selbst verliert. Phantastisch ist das deformierte, orientierungslos gewordene Subjekt, belastet mit einer fragmentarischen Vergangenheit und konfrontiert mit einer rätselhaften, zukunftslosen Gegenwart. Phantastisch ist das Herausfallen aus allen Zeitbezügen und das Dahintreiben im endlosen Strom einer katastrophalen Geschichte, die dem einzelnen ihr apokalyptisches Gesicht zuwendet.

Auch in dem 1933 erschienenen Roman „Sankt Petri Schnee“ geht es um eine schwere Identitäts- und Orientierungskrise. Im Krankenhaus verschwimmen im Bewußtsein Dr. Ambergs die Realitätsebenen und heben sich gegenseitig auf. Unklar bleibt, ob Amberg Opfer eines Verkehrsunfalls geworden ist, eine Version, die vom Personal im Krankenhaus vertreten wird, oder ob er im Dienst des Fürsten Malchin mit einer rauscherzeugenden Pilzart, Sankt Petri Schnee genannt, experimentiert hat und von rebellierenden Bauern mit einem Dreschflegel niedergeschlagen wurde, die von Amberg selbst bevorzugte Version. In wiederholten Annäherungen und subjektiven Brechungen werden beide Versionen gegeneinander ausgespielt, ohne daß der Leser zur letztgültigen Gewißheit gelangt. Die Ambiguität liegt erneut im Medium des Geschehens, in Amberg selbst begründet.

Aufschluß gibt seine Erwähnung eines Buchs mit dem Titel „Warum verschwindet der Gottesglaube aus der Welt?“, das er in einem Antiquariat entdeckt hatte. Es ist die Frage nach dem Sinn von Geschichte überhaupt, nach dem Zusammenhang des offenbar Sinnlosen, nach einer Theodizee, der Rechtfertigung Gottes im Blick auf das von ihm zugelassene Übel in der Welt. Die Unmöglichkeit einer Antwort treibt den Fragenden in den von existentiellen Ängsten begleiteten Identitätsverlust. Phantastik gibt sich als gescheiterte Theodizee zu erkennen. In der Erinnerung, schwankend zwischen Realität und Wunschtraum, entwickelt Amberg auf synthetischem Wege den Sankt Petri Schnee, eine Droge, unter deren Einwirkung die sinnvolle Ganzheit der Geschichte wiederhergestellt erscheint. Während der Fürst Malchin den Sinn der Geschichte vor allem in der Reetablierung des Stauferreichs sieht und daher die Droge unter den Bauern verteilt, betreiben diese im Sankt Petri Schnee-Rausch den kommunistischen Umsturz. Der Versuch einer geschichtlichen Rückverwandlung der Gegenwart bedingt eine chaotische Zukunft und löst gerade das aus, was sie verhindern wollte. Der Geschichtsprozeß hat sich verselbständigt und entzieht sich jeglicher Sinnstiftung durch den einzelnen, der im Bewußtsein der eigenen Ohnmacht seine lebensgeschichtliche Kontinuität und seine persönlichen Entwicklungschancen einbüßt. Das von sich selbst entfremdete, an sich selbst irregewordene Individuum aber ist phantastisch. Die Erfahrung einer zusammenhanglosen Geschichte läßt das Subjekt aus allen Zusammenhängen fallen und verzerrt es zu einem grotesken Identitätszwitter, dessen Existenzängste das düstere Orakel einer traumatischen Geschichte formulieren. „Furcht und Phantasie sind unlösbar miteinander verknüpft,“ läßt Perutz Dr. Gorski im „Meister des jüngsten Tages“ (1922) sagen. „Immer waren die großen Phantasten zugleich Besessene der Angst und des Grauens.“

3. Exzesse der Selbstdestruktion

Gelingt Freys Solneman die Selbsterrettung durch Flucht vor einer das Individuum bedrohenden und erstickenden Gesellschaft, so verwickeln sich die anonymen Romanhelden Franz Kafkas, Josef K. und K. im „Prozeß“ bzw. im „Schloß“ in groteske Exzesse der Selbstzerstörung. „Jemand mußte Josef K. verleumdet haben, denn ohne daß er etwas Böses getan hätte, wurde er eines Morgens verhaftet.“

Kafkas Roman „Der Prozeß“, begonnen 1914, abgebrochen 1915 und 1925 von Max Brod als Fragment veröffentlicht, beginnt in schulgerechter phantastischer Stilisierung. In ein offenbar ordentlich geregeltes, den Gesetzen entsprechendes Leben dringt das Unordnung Stiftende, Verunsichernde und gesetzlich kaum zu Legitimierende ein. Bis zum Schluß erfährt der Leser nichts Definitives über den eigentlichen Grund der Verhaftung. Im Dunkeln bleiben die Verantwortlichen, von denen es noch nicht einmal klar ist, ob es sie überhaupt gibt.

Immerhin aber lernt der Leser den am Morgen seines dreißigsten Geburtstags verhafteten Josef K. näher kennen. Als erfolgreicher Bankprokurist ist K. auf seinen tadellosen Ruf und auf seine Karriere bedacht. Alles in seinem Leben ist kalkuliert, die Stammtischabende wie seine Begegnungen mit den Menschen überhaupt, die er in erster Linie nach ihrem Nutzen für den eigenen gesellschaftlichen Erfolg und für sein Fortkommen beurteilt. Betont sparsam gestaltet er als Mieter einer kleinen Wohnung seine Ausgaben und vermeidet jede Art von Luxus. Sein Triebbedürfnisse reagiert er bei den allerdings recht häufigen Besuchen einer Geliebten ab. Josef K. ist der total an die gesellschaftlichen Verhaltensmuster angepaßte Spießer, eine menschliche Kümmerform, die in der normierten bürgerlichen Alltagswelt dahinvegetiert, statt als Mensch wirklich zu existieren.

Die nie aufgeklärte Verhaftung durch offenbar subalterne Vertreter einer mysteriösen Behörde stürzt K. zwar in einige Verwirrung, löst aber keineswegs die Frage nach einer möglichen Schuld aus, selbst dann nicht, als er erfährt, daß die Behörde, in deren Auftrag die Beamten handeln, nicht auf der Suche nach der Schuld sind, sondern von der Schuld angezogen werden. K. ist fest davon überzeugt, daß ihn irgend jemend verleumdet haben muß. Da der Roman konsequent aus personaler Sicht geschrieben ist, sieht sich der Leser ausschließlich mit dem notwendig parteiischen Urteil des Verhafteten konfrontiert. Die Vermutung, verleumdet worden zu sein, ist also durchaus subjektiv und verweist auf auch spätere typische Verhaltensweisen K.s, der geneigt ist, die Schuld nie bei sich selbst, sondern stets bei anderen, in den Verhältnissen zu suchen.

Im Grunde bestimmt diese Art zu reagieren den gesamten weiteren Verlauf der Romanhandlung, in der sich K. mehr und mehr in Rechtfertigungszwänge und juristische Haarspaltereien verstrickt, einen Anwalt mit der Wahrnehmung seiner Interessen beautragt, sich pausenlos Informationen über das ungreifbare Gericht zu verschaffen sucht, Verbindungen aufnimmt zu einflußlosen Vertretern des Gerichts und dabei doch stets nur von der einen in die andere Sackgasse gerät.

Über die unermüdlichen, verzweifelten Versuche, seine angebliche Unschuld zu erweisen, findet er kaum noch Zeit, seiner Berufsarbeit nachzugehen. Mit einemmal breitet sich eine irritierende Unordnung in seinem bisher peinlichst geordneten Leben aus. Der Schuldvorwurf, nach K.s Urteil absurd und verleumderisch, scheint dennoch einen Nerv in dem Beschuldigten getroffen zu haben, so daß er von einer hektischen Unruhe ergriffen wird.

Eine Schlüsselszene stellt die Begegnung K.s mit dem Geistlichen im Dom dar, der sich ihm als Gefängniskaplan zu erkennen gibt. Auf das Bekenntnis K.s: „Ich bin aber nicht schuldig“, entgegnet der Geistliche: „... so pflegen die Schuldigen zu reden.“ Kurz darauf wirft er K. mißbilligend vor: „Du suchst zuviel fremde Hilfe.“ Damit ist das eigentliche Problem ebenso lapidar wie prägnant angesprochen. Sowohl das permanente Leugnen jeglicher Schuld als auch die ständige Suche nach Beistand und Fürsprechern offenbaren einen eklatanten Mangel an Selbsterkenntnis und Selbstvertrauen.

Der wie eine Kriminalgeschichte analytisch angelegte Roman enthüllt nach der rätselhaften Verhaftung Schritt für Schritt die eigentlichen Gründe, die K. zwar ständig zu verwischen sucht, aber sie gerade dadurch umso deutlicher hervortreten läßt. Schuldig geworden ist er in dem Maße, wie er sich den äußeren Lebensbedingungen fraglos unterworfen, über der Arbeit, den Beruf, der Karriere, der materiellen Sicherheit und einer mechanischen Ordnungspedanterie seine eigentliche Identität als Mensch verdrängt hat. Unfähig, sich anderen gegenüber zu öffnen, die ihm bloß als Posten in der eigenen Kalkulation dienen, unfähig aber auch zur Liebe, die sich für ihn in der bloßen Triebbefriedigung erschöpft, bleibt er weit hinter dem zurück, was den Menschen eigentlich ausmachen sollte. Aber gerade die Verkümmerung des Menschen in ihm, der Verrat des eigenen Ichs an kollektive Normen, die niemals in Frage gestellte Außenorientierung seines Verhaltens und seiner Zielsetzungen rief das Gericht auf den Plan. So wie dieses selbst von der Schuld angezogen wurde, so kann sich der Beschuldigte auch nur selbst freisprechen, indem er sich zu seiner Schuld bekennt. Solange K. aber seine Unschuld beteuert und nach Hilfen Ausschau hält, verstellt er sich mehr und mehr den Zugang zum eigenen Ich und zerstört sich am Ende selbst.

Mit der Parabel „Vor dem Gesetz“ versucht ihm der Geistliche noch einmal die erwartete Eigeninitiative vor Augen zu stellen, weil nur sie ihn aus seinem Dilemma befreien könnte. Der Mann vom Lande, Eingang suchend in das Gesetz, läßt sich von der scheinbaren Macht des Türhüters abschrecken und verbringt sein Leben fortan neben dem Eingang auf einem Schemel. Am Ende erfährt er, daß niemand hier eingelassen werden konnte, als er selbst, „denn dieser Eingang“, so die abschließenden Worte des Türhüters an den Mann am Ende seines Lebens, „war nur für dich bestimmt.“ Aber K. mißversteht auch diese Parabel als bloße Täuschung, statt in ihr eine Aufforderung zu sehen, die eigene Identität anzunehmen und zu ergreifen und sich freizumachen vom Druck äußerer Bedingungen, die den einzelnen mehr und mehr von sich selbst entfernen. K. bleibt bis zum Schluß unbelehrbar und uneinsichtig, bis zur Selbstaufgabe den äußeren Normen und kollektiven Autoritäten unterworfen, ein zutiefst unfreier, das eigene Ich verdrängender Mensch.

Ebenso phantastisch wie die Verhaftung am Anfang ist die Hinrichtung K's am Ende, nachdem er am Vorabend seines einunddreißigsten Geburtstags von zwei Herren abgeholt und in einen Steinbruch geführt worden war. „Aber an K.'s Gurgel legten sich die Hände des einen Herrn, während der andere das Messer ihm tief ins Herz stieß und zweimal dort drehte. Mit brechenden Augen sah noch K., wie die Herren, nahe vor seinem Gesicht, Wange an Wange aneinander gelehnt, die Entscheidung beobachteten. ‘Wie ein Hund!’ sagte er, es war, als sollte die Scham ihn überleben.“

Das Parabolische der scheinbar realistischen Darstellung macht das eigentlich Phantastische der Handlung aus, die in ihrer konsequent abschüssigen Tendenz ein unverkennbar novellistisches Erzählprofil aufweist. Es ist die Geschichte einer an das Kollektiv verratenen Ich-Identität, einer hündischen Unterwerfung des Menschen unter die gesellschaftliche Autorität, unter das Diktat der Institutionen. Das Ich aber, das außenorientiert, immer nur auf das starrt, was es zu bedingen scheint, zerstört sich am Ende selbst. Die Hinrichtung ist die fatale Konsequenz aus dem phantastischen Exzess der Selbstdestruktion.

Im Zuge des gesellschaftlichen Umbruchs um die Jahrhundertwende, des grassierenden Verlusts traditionaler Sicherungen, wuchs das Bewußtsein für die Eigenverantwortung des einzelnen. Kafka stellt in einer phantastischen Parabel das Ich dar, das an solcher Verantwortung scheitert und sich daher selbst dem Untergang ausliefert, ein düsterer Hinweis auf die selbstverschuldete Unterdrückung und Auslöschung des Individuums in einer sich totalitär formierenden Gesellschaft.

Von vergleichbarer Erzählstruktur ist der 1922 entstandene Roman „Das Schloß“, ebenfalls von Max Brod als Fragment 1926 herausgegeben. K. wie der Held hier heißt, gibt sich als vom Grafen bestellter Landvermesser in einem geographisch nicht näher bezeichneten Dorf aus, nachdem man ihn dort nach seiner Aufenthaltsgenehmigung gefragt hatte. Seine Versuche, am nächsten Morgen das Schloß zu erreichen, scheitern zwar, aber es erreicht ihn eine Bestätigung seines Dienstverhältnisses aus der Kanzlei des Schloßbeamten Klamm.

Im Wirtshaus läßt er sich kurz darauf mit dem Schankmädchen Frieda, einer Geliebten Klamms, ein, ein Fehltritt, der zur Aufkündigung seines Dienstverhältnisses führt. Rätselhafterweise jedoch erhält er bald darauf ein Schreiben Klamms, in dem dieser sich zufrieden zeigt mit K's Arbeit als Landvermesser. K., der trotz der verschlungenen Wege der Schloßverwaltung mehrmals zu Klamm vorzudringen sucht, bleibt erfolglos. Vom Sekretär der Schloßverwaltung wird er ausdrücklich aufgefordert, das Verhältnis mit Frieda zugunsten Klamms zu beenden. Nach einer Bemerkung Brods plante Kafka, den Roman mit dem Tode K's ausklingen zu lassen, der schließlich vor Erschöpfung aufgeben muß und stirbt.

Wie sein Vorgänger im „Prozeß“ liefert sich der Held auch hier einer undurchdringlichen und rätselhaft unzugänglichen Institution aus, deren Aufgaben und Handlungsweisen im Dunkel bleiben. Je mehr er sich in den Dschungel von Abhängigkeiten und Beziehungen verliert, desto mehr gerät er sich selbst aus dem Blick. Seine Hoffnung, über ein erotisches Verhältnis mit der Geliebten Klamms zu diesem selbst vorzudringen, wird enttäuscht. Wie Josef K. so mißbraucht K. den anderen ebenfalls nur als Erfüllungsgehilfen, ohne ein wirklich persönliches Verhältnis zu ihm aufzubauen.

Auch das „Schloß“ mit seinen patriarchalisch-autoritären Strukturen zeigt den einzelnen verwickelt in eine Gesellschaft, die ihn erdrückt, sofern er sich ihr unterwirft und sich von ihr die eigenen Vorgehensweisen diktieren läßt. Der Landvermesser K., im Grunde dazu aufgerufen, seine eigene Identität zu vermessen, zerstört sich selbst, indem er Klarheit über seine Existenzberechtigung bei den gesellschaftlichen Institutionen zu gewinnen sucht, statt sich an das eigene Selbst zu wenden.

Kafkas phantastische Romanparabel porträtiert den unfreien, sich selbst versklavenden Menschen, der in tragischer Ironie auf dem Weg, auf dem er sich selbst zu finden hoffte, sich am Ende verliert. In phantastischer Absurdität mündet der Aufbruch des Ichs in die Selbstdestruktion. An der Schwelle des faschistischen Zeitalters erscheint der durch autoritäre Gesellschaftsstrukturen der Vergangenheit beschädigte Mensch als prädestiniertes Opfer einer nahen menschenverachtenden geschichtlichen Zukunft.

4. Krisen, Chaos, Katastrophen

Die bedrückende Nähe des zweiten Weltkriegs, sein Ausbruch und sein Verlauf, aber auch seine lange nachwirkenden Folgen im Bewußtsein der Nachkriegszeit ließen den phantastischen Roman zum Krisen- und Katastrophenspiegel werden, in dem sich das Chaos als radikale Negation des Menschen und seiner Geschichte abbildete. Der Tod als absurdes Schicksal, der Absturz in das Nichts, das anonyme Schicksal der Massenvernichtung nahmen phantastische, die Normalerwartung übersteigende Dimensionen an. Vielleicht sind die wenigen phantastischen Romane dieser Phase die bedrückendsten, im hohen Maße aber auch authentischen Porträts einer Zeit, die im Chaos zu versinken drohte, in der der Mensch angetreten war, sich selbst und seine Welt zu liquidieren.

In den phantastischen Romanen Alexander Lernet-Holenias prägen sich beispielhaft und zeitlich gestuft die Reaktionsweisen auf die größte Katastrophe des 20. Jahrhunderts aus. 1939, im Jahr des Ausbruchs des zweiten Weltkriegs, erschien sein Roman „Ein Traum in Rot“. Ein Fluch liegt über dem Haus des galizischen Gutsherrn Chlodowski, ein gräßliches, offenbar unabwendbares Unheil, die rote Revolution, aus den Steppen der Mongolei überschwappend, die die traditionale Herrschaft auszulöschen droht.

Bis in seine östlichen Ausläufer scheint Europa erfaßt von tiefgreifenden Verunsicherungen und Untergangsängsten.

Leitmotivisch durchziehen düstere Prophezeiungen die Handlung, ausgehend vor allem von dem Seher-Dichter Ananchin, in dessen Name die griechische Ananke, das Schicksal, eingegangen ist. Die Blicke Chlodowskis aus dem Fenster seines Gutshauses nach Osten sind Ausdruck der tiefen Sorge, aber auch der Ratlosigkeit und der Vergeblichkeit persönlicher Initiativen. Eine fatalistische Stimmung breitet sich aus, auf das Schlimmste gefaßt, schwanken die Menschen zwischen kurzfristigem Aufbegehren und lähmender Resignation.

In Gestalt des jungen Michail betritt der Todesbote, der Antichrist die Szene, ausersehen vom Schicksal, die düsteren Prophezeihungen zu erfüllrn, das Werk der Vernichtung einzuleiten und zu vollenden. Überall ist sein Erscheinen von Aufruhr und Unheil begleitet. Als die Knechte und Mägde, seiner verführerischen Ausstrahlung erlegen, den Aufstand proben, geht der Gutshof in Flammen auf. Aber erst durch die drei geheimnisvollen Fürsten aus der Mongolei wird ihm die Mission bewußt, die ihm auferlegt ist und ihn zum bloßen Erfüllungsgehilfen macht. Doch am Ende siegt in Michail sein besseres Selbst. Sein Selbstopfer scheint die Katastrophe noch einmal abzuwenden. „Der Antichrist war aufgebrochen, doch konnte er über die Welt nicht siegen...“, läßt sich zum Schluß eine der Romanfiguren vernehmen. „Es ist merkwürdig, aber seit er tot ist, spricht niemand mehr von Kriegen.“

Doch der Roman endet weniger optimistisch als skeptisch. „Vielleicht“, so heißt es deutlich einschränkend, läßt Gott „Rosen aus dem Schnee blühen, vielleicht die Äcker unbesät tragen und Wein in Strömen fließen. Vielleicht ist es sogar sein Wille, das nie Endende zu enden - das Leid. Wer kann es wissen ?“ Mit einem Fragezeichen schließt der Roman, mit einem deutlich akzentuierten Vielleicht und Wunschvorstellungen, die die Grenzen zum Irrealen überschreiten. Wie ein phantastisches Verhängnis schwebte die ungeheure Kriegsdrohung über Europa, der Fluch eines anonymen, unverstandenen Schicksals, das sich im Erscheinungsjahr des Romans furchtbar und verheerend zu erfüllen begann. Phantastischer Stil offenbart sich als düsteres Orakel einer Endzeit. Recht behalten nicht die Wunschdenker, sondern die Skeptiker.

In seinen folgenden Romanen, konfrontiert mit der ausgebrochenen Katastrophe, läßt Lernet-Holenia den Krieg in seiner ganzen brutalen Wirklichkeit hervortreten. Der bereits 1941 ausgedruckte, aber wegen eines Verbots durch die Nazis erst 1947 erschienene Roman „Mars im Widder“ enthält mit dem imaginierten Zug der Krebse ein phantastisches Leitsymbol im Sinne eines apokalyptischen Menetekels. Der zentralen Erzählfigur erscheint während des Polenfeldzugs in der Eingangsphase des zweiten Weltkriegs ein riesiger, unübersehbarer Krebszug. „Der Zug, schabend und schleifend, rasselnd und klirrend wie ein Geschwader von Gerüsteten, bewegte sich dahin, eine Summe unzählbar vieler Bewegungen, und schien unaufhaltsam, es war, als sei es ein einziges Tier, das über die Straße krieche,...“

Unheilvoll künden sich am Anfang der größten Kriegskatastrophe dieses Jahrhunderts die verheerenden, Tod und Verderben verbreitenden Kriegszüge von Westen nach Osten und von Osten nach Westen an. Eine kollektiv zerstörerische Geschichte nimmt ihren Lauf, die Individualität des einzelnen auslöschend, ihn zurückstoßend auf die Stufe atavistischer Bestialität. Aus dem Abgrund scheint der Zug emporzusteigen, wie der lateinische Kommentar erklärt: „Et apertus est puteum abyssi, et exierunt in terram.“ Feuer, Rauch und Schwefel gehen aus von der höllischen Destruktionsmaschinerie, die ein Drittel der Menschheit tötet: „...et de ore eorum procedit ignis, et fumus, et sulphur. Et ab his tribus plagis occisa est tertia pars hominum ...“ Erfüllt hat sich das phantastisch beschworene Menetekel im apokalyptischen Grauen des zweiten Weltkriegs. Phantastik wird einmal mehr zum düsteren Orakel angesichts einer kollektiven Geschichte, die das Individuum in Orientierungs- und Existenzängste stürzt. In dem Maße, wie das Vertrauen auf die Erfüllung des Menschen und der Menschlichkeit zerbricht, wird die Welt fremd und feindselig. Im Bewußtsein der Unmöglichkeit, Sinn zu etablieren in der Konfrontation mit dem realen Chaos, verödet die Geschichtswelt zu einem phantastischen Niemandsland.

Nach den düsteren Vorahnungen und der Kriegskatastrophe selbst stellt Lernet-Holenia in seinem letzten, 1955 erschienenen phantastischen Roman „Der Graf Luna“ die Folgen der geschichtlichen Erschütterungen im Bewußtsein eines Menschen dar, der schuldig geworden, und für den die quälende Gewißheit seiner Schuld die Züge eines phantastisch gesteigerten Verfolgungswahns annimmt.

Nach dem Anschluß Österreichs an das Nazideutschland bringt sich der Wiener Unternehmer Alexander Jessiersky in den Besitz von Grundstücken eines gewissen Grafen Luna, der kurzerhand enteignet und in das Konzentrationslager Mauthausen verschleppt wird. In der Nachkriegszeit erwacht in Jessiersky das ihn umtreibende Schuldgefühl, zumal er davon ausgehen muß, daß der Graf umgekommen ist. Mehr und mehr fühlt er sich verfolgt von dem, dem er übel mitgespielt hat und der nun, wie er glaubt, wiedergekehrt ist, ihn, den Schuldigen zur Verantwortung zu ziehen.

Verdächtige Geräusche in seinem Haus bringt er spontan in Verbindung mit dem vermeintlichen Wiedergänger, dem er nachsetzt und den er auf der Straße ersticht. In Wirklichkeit aber handelt es sich bei dem Erstochenen um den Liebhaber seiner Frau. Kurze Zeit später, nachdem Jessiersky sich aufs Land zurückgezogen hat, erschießt er einen Jäger, in dem er den Grafen Luna zu erkennen meint, von dem vorher die Rede gewesen war, und der als Angehöriger einer anderen Linie des Hauses Luna tatsächlich existiert.

Die aus Verfolgungswahn und Schuldbewußtsein erwachsenden Halluzinationen okkupieren die Wirklichkeit und lassen für den Halluzinierenden die Grenzen zwischen dem, was ist, und dem, was ihm seine Angst eingibt, verschwimmen. Phantastik formuliert den Schuldspruch über den, der aus der allgemeinen Menschenverachtung der faschistischen Ära noch seinen Profit ziehen zu können glaubte und dafür den Preis angstverzerrter Wahrnehmung zahlen muß. Jessierskys Weg verliert sich auf der Flucht in den Katakomben Roms.

Wie Lernet-Holenia schreibt der ein Jahr jüngere schwäbische Erzähler Hermann Kasack bereits unter dem Eindruck der sich unübersehbar entwickelnden Katastrophe. Sein ab 1942 entstandener und 1947 erschienener Roman „Die Stadt hinter dem Strom“ erinnert sowohl in der Wahl des Sujets wie in der Atmosphäre an Kubin und zeigt die Kontinuität phantastischen Erzählens vom Anfang bis zur Mitte des Jahrhunderts. In der Stadt hinter dem Strom, jenseits der Zeit, begegnen dem Chronisten Lindhoff schattenhafte

Gestalten, in Höhlen und Ruinen hausend und wie Marionetten ihre stupide Arbeit verrichtend. Allgegenwärtig ist der Verfall. Noch in banalsten Requisiten hat er seine Spuren hinterlassen. Wie Gespenster bevölkern die Menschen ein Ambiente aus Schutt und Asche. Von zynischer Absurdität ist die Schilderung der Fabriken, in denen man Steine aus Staub formt, um sie in der Gegenfabrik wieder zu Staub zu zermahlen, damit neues Rohmaterial zur Verfügung steht. In dem sinnlosen Kreislauf erfüllen die Arbeiter ihre Funktionen wie Roboter, ohne ihr Tun zu reflektieren.

Bei seiner Rückkehr aus der gespenstischen Stadt findet sich Lindhoff in einer Trümmerlandschaft wieder. Wie in der Stadt hinter dem Strom liegt auch der bisher intakte Lebensraum in Schutt und Asche, in dem sich die Menschen wie Gespenster aus einer versunkenen Zeit bewegen. Die apokalyptische Vision hat die Wirklichkeit eingeholt. Kasacks Roman, das gilt vor allem für den ersten Teil, ist eine phantastische Parabel der sinnlosen Zerstörung und der menschlichen Verunstaltung durch die Geschichtskatastrophe des zweiten Weltkriegs. Hierin behält er seine Gültigkeit, während die Überfrachtung mit buddhistischen Lehren und fernöstlicher Religiosität die ursprüngliche Intention okkultistisch im Stil Meyrinks und seiner Nachfolger vernebeln. Hermann Kasack zeigt als der wohl letzte Vertreter der Phantastik im Umkreis Kubins noch einmal die Stärken wie die Schwächen des Genres vor, die Konkretisierung des Grauens in einer deformierten, amorphen Welt wie das Abgleiten in sektiererische Spekulation.

Hans Henny Jahnns letzte größere Prosaarbeit „Die Nacht aus Blei“, entstanden in den Jahren 1950-53 und 1956 erstmals als selbständiger Teil eines größeren konzipierten Romans („Jeden ereilt es“) veröffentlicht, ist bisher mit dem Phantastischen nicht in Verbindung gebracht worden, obwohl die phantastische Struktur unübersehbar ist. Am Anfang und am Ende, eingehüllt von der Dunkelheit, erkennbar nur an seiner Stimme, tritt der Matrose Gari, der dunkle Engel, auf, der Matthieu bei Nacht in einer Stadt allein läßt und ihn auffordert, sie zu erforschen.

Ein langer Weg beginnt in der Finsternis, in der Nacht aus Blei, die undurchdringlich und schwer auf dem einsamen Wanderer lastet. Matthieu, auf der Suche nach sich selbst, durchlebt alle Stadien der Angst, der Einsamkeit und der Verlorenheit. Geschlossen bleiben die Türen, und hinter den Fenstern erlöschen die Lichter. „Wir gehen durch die Straßen, bis unsere Liebe schlimm wird.“ Die sinnlichen Erfüllungen, die ihm Elvira und der Groom zu verheißen scheinen, schlägt er aus, weil sie ihm wie Sackgassen auf dem Weg zu seinem Ich vorkommen.

Tief ergreift ihn die Begegnung mit seinem sechzehnjährigen Namensvetter. „Er ist mein Spiegelbild von damals, es ist aufbewahrt worden.“ Alle Versuche, den jungen Mann zu retten, der eine Wunde im Leib trägt, das Stigma des Todes, scheitern. Der andere Matthieu stirbt, nachdem er sich selbst in ein steinernes Grab tief unten im Keller gebettet hat. Dem Überlebenden, älteren Matthieu geht die Unausweichlichkeit des Sterbens auf, die Vergeblichkeit allen Strebens, dem existentiellen Schicksal zu entrinnen, von dem der einzelne seit seiner Jugend gezeichnet ist.

In die Leere, in das Nichts hinein ruft er nach dem dunklen Engel: „Gari - den ich kenne - Engel, dunkler Engel - ...“ Dann hört er, wie „der Deckel der gemauerten Gruft polternd zufiel.“ In novellistischer Prägnanz entsteht das Bild eines Lebens auf der Suche nach Erfüllung, die sich am Ende des Wegs als der Tod zu erkennen gibt. Der dunkle Engel, schattenhaft gegenwärtig, ist die personifizierte Verneinung des Jenseitsglaubens.

Die Welt nach 1945 hat das Vertrauen auf tragende Sinnstiftungen, die Hoffnung auf ein Aufgehobensein des Menschen in den Armen eines gütigen Gottes verloren. Die Nacht der Sinnlosigkeit breitet sich aus, erfüllt von der Einsamkeit und der Verlorenheit des einzelnen, der nur, indem er freiwillig in das Nichts eingeht, sich selbst erlösen kann von der Verzweiflung seiner hoffnungslosen Existenz. Unheimlich sind die Städte geworden, jedes Heimatrecht verwehrend, abweisend die Häuser, die den Einsamen unbehaust lassen, verloren hat der Mensch seine Mitmenschlichkeit. Jahnns kurzer Roman, der in seiner düsteren Stringenz eher eine Novelle ist, offenbart in phantastischer Verdichtung die Kapitulation des Menschen vor seiner Zukunft im Bewußtsein der ungeheuren, jeden humanen Optimismus zunichte machenden Unmenschlichkeit seiner jüngsten Geschichte.

5. Schlimme Metamorphosen

Die medial veränderten Wahrnehmungsweisen, die fließenden Übergänge zwischen dem Authentischen und dem Virtuellen, die informationsgesteuerte Simulation von Wirklichkeit fördern in der Gegenwart ein generell phantastisches Klima, ein Bewußtsein der Auflösung ordnender Kategorien und der verschwimmenden Konturen, des Aufgehens im Heterogenen und Diffusen. Die Welt wird in dem Maße fremd, wie das als möglich Vorgestellte und das wirklich sich Ereignende austauschbar werden, wie durch die Simulation der visuellen Medien beliebige Räume reproduziert, verändert und aufgelöst, die zeitlichen Grenzen zwischen Vergangenheit, Gegenwart und Zukunft mühelos übersprungen werden können.

Das Karussell medialer Rezeption verwirbelt die überkommenen ordnenden Dimensionen zu einem Chaos sich überlagernder und durchkreuzender Reize, zu einer diffusen, desorientierenden Wahrnehmung. Im Strudel der fortgesetzten Verwandlungen, Verwerfungen und Verfremdungen nehmen die Metamorphosen oft schlimme, bedrohliche Wendungen an, indem sie das Bewußtsein von Ausgeliefertsein und Ohnmacht und die Ahnung unausweichlicher Untergänge provozieren. Phantastik avanciert zum Symptom einer Zeit eigendynamischer Grenzüberschreitungen und Auflösungen.

Herbert Rosendorfers erste größere Prosaarbeit, der 1969 erschienene Roman „Der Ruinenbaumeister“, ist eine labyrinthische Montage von sich durchkreuzenden Geschichten, die abbrechen, wieder aufgenommen werden und einmal in Gang gesetzt, sich verselbständigen. Es entsteht eine Welt überlappender Fiktionen, die jede verbindliche Sinnstiftung verweigert.

Ausgangspunkt des Erzählens ist ein Stück Papier mit einer merkwürdigen Anordnung von Punkten, die jeder für sich Löcher vorstellen sollen. Bei ihrem Anblick wird der Ich-Erzähler von einem Déjà-vu-Erlebnis ergriffen, das ihn in eine geheimnisvolle, aber seltsam bekannte Welt führt, in der er merkwürdige Verhältnisse antrifft und Personen begegnet, die pausenlos Geschichten erzählen. Zeit- und Raumgrenzen werden fließend, einmal durch die fiktiven Erzählentwürfe, die den Leser in entlegene Zeiten und

Räume führen, und zum andern durch die auftretenden Personen selbst, von denen einige aus weit zurückliegenden Kulturepochen zu stammen scheinen. Wiederkehrend sind insbesondere Anspielungen auf die Epochen der Renaissance, des Barock und des Rokoko, mit ihrem sensiblen Kunstsinn und ihren verspielten Arabesken.

Besondere Bedeutung kommt einem mannshohen Denkmal zu, einem trauernden Genius mit nur einem Flügel. Kleine Löcher im Stein zeigen an, wo die scheinbar abgebrochenen Lettern einst zu lesen waren. „Der Genius ... trauerte um nicht mehr, trauerte um sich selber, um seinen verlorenen Sinn - war Trauer an sich geworden...“ Erst viel später erfährt der Ich-Erzähler, daß das Denkmal keineswegs beschädigt, sondern in seiner jetzigen defizitären Gestalt von dem Ruinenbaumeister Weckenbarth entworfen und realisiert worden war.

Auf Unvollkommenes und Unvollendetes verweisen auch die beiden mechanischen Zwerge. Da das auf 24 Stunden angelegte Laufwerk eines Zwergs immer dann abläuft, wenn das des anderen erst zwölf Stunden gelaufen ist und die Zwerge sich so gegenseitig aufziehen können, entsteht ein fast echtes Perpetuum mobile. Ihr Konstrukteur allerdings verstarb, bevor er seinen Plan, einen einzigen vollkommenen Zwerg zu schaffen, verwirklichen konnte. Schizeon und Paitikles, so die Namen der Zwerge, spielen auf Gespaltenes und kindhaft Unausgereiftes an.

Die Zwerge führen den Ich-Erzähler zu einem Dampfer, auf dem er den Ruinenbaumeister und andere rätselhafte Gestalten aus einer anderen Zeit trifft. Leitmotivisch durchzieht der Hinweis auf den Weltuntergang ihre Gespräche. Verantwortlich dafür erscheint in konservativ kulturkritischer Wendung die Technik als der falsche Prophet, der die moderne Welt verzweckt und entzaubert hat. Nahezu postmodern klingeln Formeln wie „Verblendung durch Aufklärung“. Dominant ist der Eindruck einer unvollkommenen, fragmentarischen Wirklichkeit, die entsteht, um wieder zu zerfallen, und die, zerfallen, in einem scheinbar ewigen Kreislauf wieder neu ersteht. Ein unsinniges Perpetuum mobile in der Tat, allerdings auf lange Sicht mit unvermeidlichen Abnutzungserscheinungen.

Aus dem Labyrinth heterogener Geschichten und skurriler Einfälle, die die Handlungsfäden immer wieder neu verwirren, taucht der Erzähler am Schluß auf und scheint auf einmal die Lösung des Rätsels gefunden zu haben, indem er mit geschlossenen Augen die Inschrift auf dem Sockel des trauernden Genius zitiert:

„Sator
Arepo
Tenet
Opera
Rotas“

Das erste Wort ergibt rückwärts gelesen das letzte, das zweite das vierte und „Tenet“ in der Mitte hat vorwärts wie rückwärts gelesen den gleichen Wortlaut. Der Schöpfer versteht seine Werke als Kreisläufe, so die ungefähre Übersetzung, eine Auffassung, die den ganzen Roman prägt und das Déjà -vu-Erlebnis des Erzählers einsichtig erklärt.

Doch jeder Kreislauf bringt stets nur Unvollständiges und Unvollkommenes hervor. Der genius loci der Welt hat bloß einen Flügel, ist also flugunfähig, unfähig, sich aus seiner Fixierung im Immergleichen emporzuschwingen. Der der Schöpfung innewohnende Geist ist nicht der Geist des Vollkommenen, sondern der Geist der Trauer über das ewig Unvollkommene. Der Glaube der Aufklärung an die beste aller möglichen Welten ist ein Aberglaube. Mit verspieltem, abgründigem Witz, phantastisch eingekleidet, desillusioniert Rosendorfer das naive Vertrauen auf den modernen Fortschritt. Das Unvollkommene wird sich solange im Kreise drehen, bis es an den eigenen Abnutzungserscheinungen endgültig zugrunde geht.

Rosendorfers Roman „Stephanie und das vorige Leben“ (1977) erzählt die Geschichte einer Frau, die eines Tages von seltsamen Träumen heimgesucht wird, die sie in eine andere Zeit an einen fremden Ort versetzen. Wie in einem Alptraum findet sie sich wiederholt wieder an der Seite eines Mannes mit durchschnittener Kehle in einem hochfeudalen Schlafgemach. Aus dem Fenster des schloßartigen Hauses blickt sie in einen exotischen Garten mit unzähligen, feurig blühenden Blumen, während sich in der Ferne eine Stadt mit deutlich orientalischem Flair erhebt.

Ihr Bruder, den sie eingeweiht hat, erkennt in der fremdartigen Kulisse das andalusische Granada, von dem die Mutter erzählt hat und wo eine Tante als Erzieherin tätig gewesen war. Eine Reise der Geschwister bestätigt die Vermutung. Kurz nach ihrer Rückkehr verschwindet Stephanie auf rätselhafte Weise und kehrt erst nach Wochen verstört und todkrank zurück. Am Tage vor ihrem Tod erzählt sie ihrem Bruder von aufklärenden Aufzeichnungen, die sie in einer Kassette unweit des Schlosses vergraben habe. Aus den Papieren geht hervor, daß Stephanie, nun unter dem Namen Estefania, zweihundert Jahre zurückversetzt, das Leben einer spanischen Herzogin führt, die ihren Mann ermordet hat, einerseits wegen seiner zahlreichen Amouren, andrerseits, weil er ihr selbst bei einer leidenschaftlichen Affäre im Wege stand. Von den spanischen Behörden des Mordes verdächtigt, versetzt sie sich schließlich aus dem Jahr 1761 zurück in ihre Existenz in Deutschland im Jahr 1961, nachdem sie in ihrem früheren Leben aber noch ihre Aufzeichnungen niedergeschrieben hat. Verwirrend dabei ist, daß sie während der Niederschrift ihren Bruder als künftigen Adressaten anspricht.

Die phantastische Geschichte zeigt bei aller zugegebenen Verspieltheit den einzelnen in seinem Ausgeliefertsein an die Zeit. Gegenwart, Vergangenheit und Zukunft gehen nahtlos ineinander über und heben die vertrauten Grenzen alltäglicher Orientierung auf. Der Mensch ein Spielball scheinbar willkürlich ablaufender Prozesse, ein Zeitreisender, für den sich die Gegenwart in die Vergangenheit und die als Gegenwart erlebte Vergangenheit wieder in die Zukunft öffnet, aus deren Gegenwart er einst aufgebrochen war. Das Spiel mit der Zeit relativiert das Zeitbewußtsein als orientierendes Prinzip. Am Ende zerstört der fatale Wechsel zwischen zwei disparaten Zeiträumen die Existenzbedingungen des Menschen. Rosendorfer offenbart in einer phantastischen Biographie die tiefgreifenden Verunsicherungen in einer Zeit, in der Wirklichkeit und Möglichkeit, Empirie und Simulation ständig die Plätze tauschen, so daß der Mensch, seines orientierenden Standorts beraubt, im wahrsten Sinne des Wortes heimatlos wird.

In Christoph Ransmayrs 1988 erschienenem Roman „Die letzte Welt“ bildet die Metamorphose das tragende Strukturprinzip. Dies gilt sowohl für den gewählten Handlungsrahmen als auch für die auftretenden Personen. Als literarische Quelle dienen die im ersten nachchristlichen Jahrzehnt entstandenen „Metamorphosen“ von Publius Ovidius Naso, in denen auf dem Hintergrund zahlreicher Einzelverwandlungen von Sagengestalten in naturhafte und tierische Lebensformen sich im Kern die Verwandlung der Welt vom ursprünglichen Chaos in die imperiale Ordnung der augusteischen Ära vollzieht.

Viele der sagenhaften Gestalten, versetzt in die moderne Zeit, tauchen bei Ransmayr wieder auf, so daß eine doppelte Verwandlung stattfindet, einmal der an die literarische Quelle angelehnte und zum andern ein gewisser aktualisierender Gestaltwandel. Die Handlungsführung des Romans wird bestimmt von der Suche Cottas, eines Freundes und Verehrers Ovids, nach dem von Kaiser Augustus ans Schwarze Meer verbannten Dichter, der von dem schamlosen Treiben Julias, der Enkeltochter des Kaisers, wußte und den es als lästigen Mitwisser kaltzustellen galt. Tomi, die eiserne Stadt, das heutige Constanta am Schwarzen Meer, zeigt bereits bei Cottas Ankunft unübersehbare Spuren des Verfalls. „Und an allem fraß der salzige Wind, fraß der Rost. Der Rost war die Farbe der Stadt.“ Unaufhaltsam verfallen die Häuser und verschwinden „unter Kletterpflanzen und Moos“, so, als wolle die von der Industrie der Erzkocher zurückgedrängte und verunstaltete Natur sich ihren Platz zurückerobern. Anders als in der literarischen Quelle vollzieht sich die Verwandlung im Kern nicht vom Chaos zur Ordnung, sondern im Zuge eines unheimlichen Verfalls eher gegenläufig von der Zivilisation zurück in einen chaotischen Naturzustand, dem die Betroffenen gelähmt und ohnmächtig gegenüberstehen. Ein phantastisches Verhängnis liegt über der Stadt, das nicht eher zur Ruhe kommen wird, bis alles heillos überwuchert ist.

Tomi, der Ort der Verbannung und des Todes, ist die letzte Welt auf der abschüssigen Bahn in den alles verschlingenden Abgrund. Kein goldenes Zeitalter bricht an, sondern eine rostige Endzeit, eine von gespenstischer Eigendynamik vorangetriebene, gigantische Verschrottung der Kulturgüter. Ransmayr schreibt keine Kosmogonie, keine Hymne und keine Idylle, sondern in radikaler Kontrafaktur des ovidischen Modells eine eschatologische Utopie phantastischer Untergänge, schlimmer, todsicher im Chaotischen endender Metamorphosen. Die kollektive Zerstörung überwältigt das schöpferische Prinzip. Ähnlich wie in Kubins Roman „Die andere Seite" beherrscht am Ende der deus malignus, das andere Gesicht des januskopfigen Demiurgen die Szene.

Die ersten Informationen, die Cotta erhält, sind wirr und widersprüchlich. Unsicher ist, ob Ovid tot ist oder noch in Trachila, einem Dorf nördlich von Tomi, lebt. Seine eigenen Nachforschungen bleiben erfolglos, bis auf die Entdeckung einiger zweifellos von Ovid herrührenden Inschriften, im Stein festgehalten, in der Hoffnung, sie so der Zeit und dem Verfall zu entreißen.

Merkwürdige, ausnahmslos aus den „Metamorphosen" Ovids stammende Gestalten begegnen Cotta. Da ist der zwergwüchsige Cyparis, der antike Cyparissus, ein schöner Jüngling und Liebling Apollos, nun ein vagabundierender Filmvorführer, der mitunter an sich selbst vegetative Verwandlungen erfährt. In seinen Filmen treten antike Helden wie Hercules, Hector und Orpheus auf. Aus der Nymphe Echo ist eine an der Schuppenflechte leidende Prostituierte geworden, für eine Nacht auch die Geliebte Cottas. Arachne, die mit ihren kunstvollen Webteppichen den Neid und den Zorn Pallas Athenes hervorrief, webt als Taubstumme in Tomi Geschichten, die sie von den Lippen Ovids abgelesen hat, in ihre Teppiche ein. Tomi, bevölkert mit Gestalten aus der antiken Sage, wo es neben Kinos und Telefonen, Lautsprecher und Konserven gibt, wo das „Stampfen der Manufakturen" zu hören ist, schwankt in anachronistischer Verfremdung zwischen den Zeiten. Bis zur Gegenwart gespannt sind die Bögen. Unter dem antikisierenden Kostüm wird die Jetztzeit mit ihren Verfallstendenzen erkennbar.

Echo weiß von einer Vision Ovids zu berichten: „Was aber aus dem Schlick eines an seiner wölfischen Gier, seiner Blödheit und Herrschsucht zugrundegegangenen Geschlechts hervorkriechen werde, das habe Naso die eigentliche und wahre Menschheit genannt, eine Brut von mineralischer Härte, das Herz aus Basalt, die Augen aus Serpentin, ohne Gefühle, ohne eine Sprache der Liebe,..." Ransmayrs letzte Welt ist das Ende des Fortschritts und des Menschen, die radikale Revision der klassischen Utopie der Entwicklung zu immer vollkommeneren Lebensformen. Aus dem Schrott des rostigen wird ein steinernes Zeitalter entstehen, in dem die Wesen ohne Gefühl und Geist, ohne Liebe und Haß versteinern und nur ein Scheinleben fristen. Schlimmer als der Tod ist das Leben, das in erstarrten Formen fortdauert, ohne Erinnerungen und Visionen, ohne Geschichte und Zukunftsentwürfe, ein Leben, das der Projektion und der Reflexion nicht mehr bedarf.

„Bücher verschimmelten, verbrannten, zerfielen zu Asche und Staub; Steinmale kippten als formloser Schutt in die Halden zurück, und selbst in Basalt gemeißelte Zeichen verschwanden unter der Geduld von Schnecken. Die Erfindung der Wirklichkeit bedurfte keiner Aufzeichnungen mehr.“ Ransmayrs Roman ist eine düster phantastische Prophetie, nicht voll des Gottes, sondern voll des Verfalls, keine Offenbarung der verborgenen göttlichen Wirklichkeit, sondern Offenbarung des in allem verborgenen Chaos, eine Prophetie, die nicht den Anfang, sondern das Ende der Zukunft verkündet.

In der letzten Welt haben sich alle Metamorphosen totgelaufen und münden ein in das Geschichtslose und Unbewußte. „Und Naso hatte schließlich seine Welt von den Menschen und ihren Ordnungen befreit, indem er jede Geschichte bis an ihr Ende erzählte. Dann war er wohl auch selbst eingetreten in das menschenleere Bild,...“ Die phantastische Fiktion verwandelt die Wirklichkeit menschlicher Ordnung in die Wirklichkeit der chaotischen Natur und hebt sich am Ende selbst auf.

Mit „Thetis. Anderswelt“ hat Alban Nikolai Herbst 1998 ein monumentales Verwandlungsepos vorgelegt. Der Erzähler Hans Deters komponiert aus den Straßen, Plätzen und Häusern aller anderen Städte eine einzige von Krakau bis Nancy reichende Metropole, die er Buenos Aires nennt. In einem Mix aus realistischer Schilderung, Sience-fiction, Groteske und reißerischen Heftromanen entsteht die Anderswelt, ein phantastisches Land der Lebenden wie der Toten und der Phantasiegestalten, ein Land technologisch gesteuerter Lebensprozesse, einer High-Tech-Zivilisation, versorgt mit den Produkten aus Retorte und Chemie, geprägt von einem enormen sozialen Gefälle und heimgesucht von verheerenden Katastrophen, von Städte und ganze Landstriche verschlingenden Überflutungen, daher auch die Anspielung auf die Meeresgöttin Thetis, ausgestattet mit der Gabe,sich in vielerlei Gestalten verwandeln zu können.

Zwischen den städtischen Lebensräumen scheinen alle Grenzen aufgehoben. Berlin, Paris, London, Chelsea und Palermo gehen nahtlos ineinander über, verbunden in einer Montage aus heterogenen Versatzstücken. Das Zeitbewußtsein ist von Grund auf gestört und konfus. Augenblicke dehnen sich zu Jahren, und Jahre vergehen wie ein Augenblick.

Im Berliner Café „Silberstein“ erfindet Deters seine Geschichte einer total verrückten Welt, und während er seine Fiktion noch kontrollieren zu können glaubt, verändert sich die Wirklichkeit um ihn im Sinne seines bloß imaginierten Anderswelt-Entwurfs, bevölkert mit den Gestalten seiner Phantasie. Die Virtualität überwältigt die authentische Wirklichkeit und läßt den Erzähler am Schluß, fremd und desorientiert, umherirren in der eigenen erdachten Welt, die in unheimlicher Weise konkrete Gestalt angenommen hat. Auf der Suche nach der Straße, in der er einst gewohnt, droht er ins Ziellose abzudriften. „Eine Zukunftsstadt war das nicht. Sondern eine andere Gegenwart... Fürchterlich müde schritt Hans Deters weiter. Auf gut Glück. Er hatte zwar Buenos Aires erfunden, das hieß aber jetzt nicht, daß er sich auskannte drin.“

Anderswelt ist der Zustand der Beziehungslosigkeit und der Desorientierung, das Bewußtsein des endgültigen, unaufhebbaren Standortverlusts, die Kapitulation des Menschen vor der selbstproduzierten Konfusion. Mit Ransmayrs und Herbsts Romanen erreichen die schlimmen Metamorphosen zeitgenössischer Phantastik einen Höhepunkt in der Darstellung einer sich im Grotesken und Absurden auflösenden Welt.

6. Bewältigte Phantastik. Der phantastische Jugendroman

Die eigentlich phantastische Jugenderzählung gibt es nur selten, da man beim heranwachsenden Leser allzu starke Affekte und Verunsicherungen vermeiden möchte. Wenn sie aber auftritt, weist sie zugleich Wege zur Überwindung der irritierenden Angstzustände. Hier liegen zweifellos Unterschiede zur phantastischen Erwachsenenliteratur, allerdings gibt es aber auch hier Beispiele für den

Übergang von der Angst zur Hoffnung, von der Phantastik zur Utopie.

Es ist wohl kein Zufall, daß James Krüss mit seinem „Timm Thaler“-Roman, einem der ersten großen Beispiele für den phantastischen Jugendroman in Deutschland, an Chamissos „Peter Schlemihl“ anknüpft. Wie dort der Schatten so wird hier das Lachen für materiellen Gewinn hingegeben. Die Struktur der romantischen Novelle ist bestimmt von der Überwindung der phantastischen Irritation durch die Abkehr vom Materiellen und die Hinwendung zur geistig-expansiven Menschennatur. Nicht zuletzt von diesem utopischen Ausblick hat sich Krüss wohl zu seinem phantastischen Jugendroman mit dem optimistischen Finale inspirieren lassen.

Timm Thaler ist zu Anfang ein kleiner, in der Gegenwart lebender Schlemihl, ein armer Schlucker und Pechvogel. In ärmlichen Verhältnissen aufwachsend, mit einer Stiefmutter und einem Stiefbruder und bald ohne Vater wird er das Opfer mancher Zurücksetzung und Demütigung. Fast tut Krüss des Negativen etwas zuviel, aber nur die miserablen Verhältnisse erklären ja Timms glühenden Wunsch nach einem besseren Leben. Je tiefer er im Unglück steckt, desto üppiger wuchern seine Träume. Ausnahmslos kreisen sie ums Geld, denn mit Geld, so meint Timm, müsse sich allem Unglück schlagartig ein Ende bereiten lassen. Deshalb versucht er sein Glück auf der Pferderennbahn, die er früher mit seinem Vater oft besucht hat.

Mit dem Verlangen nach Kompensation sind die Voraussetzungen geschaffen für die Begegnung mit dem karierten Herrn. Baron Lefuet, wie sein Name lautet, der von hinten gelesen das Wort „Teufel“ ergibt, bietet dem nach Geld und Ansehen begierigen Jungen an, ihn in die Lage zu versetzen, in Zukunft jede Wette zu gewinnen unter der Bedingung, daß Timm ihm sein Lachen verkaufe und niemanden von diesem Handel erzähle. Sollte er jedoch einmal eine Wette verlieren, so würde er augenblicklich sein Lachen zurückbekommen. Timm willigt in den Handel, eine moderne Variante des Teufelspakts, ein, gewinnt beim Pferderennen bald eine Menge Geld und muß trotz seines Reichtums und seines steigenden Ansehens erfahren, daß er eine entscheidende humane

Qualität eingebüßt hat. Das Lachen, so hört er in einem Marionettenspiel, unterscheide den Menschen vom Tier.

Ähnlich wie Chamissos Herr im grauen Rock so verkörpert der karierte Herr das Außermenschliche, das in die alltägliche Welt einbricht und nachhaltige Beunruhigungen auslöst. Der eigentliche Nährboden für den phantastischen Einfluß liegt aber im einzelnen selbst, in seinem Bewußtsein, zu kurz gekommen zu sein. Seine als drückend empfundene Lebenssituation verlangt nach einer Änderung, die ihm der Alltag fortwährend verweigert. Erst diese Erfahrung macht ihn anfällig für die phantastische Verführung, für die Annahme einer im bloß Materiellen liegenden Scheinlösung.

Timm verliert mit dem Lachen in der Tat die entscheidende humane Qualität. Folgerichtig zeigt seine weitere Entwicklung, wie er sich immer heilloser in die Welt des Geldes verstrickt. Durch eine Wette wird er zum reichsten Jungen der Welt, indem der Baron ihm seinen ganzen Besitz überschreibt. In dieser Rolle sieht sich Timm konfrontiert mit allen denkbaren kapitalistischen Praktiken, mit Spekulation, Investitionen, Produktion, Warenabsatz, Werbung und Profitabschöpfung. Timm Thaler entartet zum Kapitalisten großen Stils und vergißt darüber zusehends den Verlust seines Lachens. Allem Anschein nach geht nur dann eine Faszination vom Geld aus, wenn man seine Freiheit den materiellen Zwängen gegenüber eingebüßt hat. Timm wird zum Sklaven des Kapitals, zum Sinnbild einer entfremdeten Existenz. Während der Dauer der negativen Entwicklung ist Lefuet fast ständig an seiner Seite, läßt das erhandelte Lachen hören und zeigt an, daß selbst dem Teufel die Fähigkeit zu lachen noch mehr bedeutet als der Kapitalbesitz.

Der Jugendroman von James Krüss ist eine phantastische Parabel der kapitalistischen Warenwelt, in der der Mensch sein Menschsein verliert, wenn er den materiellen Verführungen nicht widersteht. Zugleich veranschaulicht Timms negative Entwicklung die zunehmende Fühllosigkeit derjenigen, die im Besitz des Kapitals sind. Materieller Reichtum und Menschlichkeit, so scheint es, schließen sich aus. Der reichste Mann der Welt ist der Teufel in Gestalt eines smarten Geschäftsmannes. Der verblendete Timm spielt im Grunde nur die Rolle eines willfährigen Instruments.

Bereits vor der Wette, die Timm zum reichsten Jungen der Welt macht, lernt er mit Kreschimir einen Mann kennen, der ebenfalls, verführt durch Armut, dem Baron seine Augen verkauft und dafür die gefühlskalten, fischigen Augen des Verführers eingehandelt hat. Timm wird Zeuge des entscheidenden Gesprächs, in dem der Betrogene den Handel rückgängig macht. Kreschimir ist es dann auch, der auf Grund seiner eigenen Erfahrungen Timms Problem errät, ohne daß dieser vertragsbrüchig zu werden braucht. Einsicht und innere Bereitschaft weisen den Weg zur Lösung des Konflikts. Auf der anderen Seite gewinnt der einfühlsame Mitmensch eine entscheidende Bedeutung. Nur dadurch, daß Kreschimir die Not Timms erahnt, vermag er ihm auch zu helfen. Er läßt Timm schließlich eine Nachricht zukommen, und als sie zusammentreffen, wettet er mit ihm, er bekäme sein Lachen nicht zurück, während Timm den Gegenpart hält. Damit ist der Konflikt auf verblüffend einfache Weise gelöst Verliert Timm, so muß er laut Vertrag sein Lachen zurückerhalten, gewinnt er wie gewohnt, so muß ihm Lefuet ebenfalls das Lachen zurückgeben. Selbsteinsicht und Mitgefühl überwinden das teuflische Prinzip. „Wo der Mensch lacht, hat der Teufel seine Macht verloren“, sagt eine der Personen zum Schluß und Timm antwortet: „Genauso muß man den Teufel behandeln. Dann werden seine Hörner stumpf“.

Lefuet, der vormals so mächtig erschienen war, ist am Ende „stinkreich, aber ein armer Teufel“, während Timm auf sein materielles Erbe verzichtet und Direktor eines Marionettentheaters wird. Ziel des Läuterungsprozesses ist die Befreiung des Menschen von der Entfremdung des Kapitals, von dem Gaukelspiel toten Reichtums. Die Verteufelung der Welt durch die Orientierung an der Habgier ist erfolgreich abgewehrt. Siegreich geblieben ist der Mensch, weil er sich auf seine Freiheit und sein Mitgefühl zurückbesonnen hat.

Von einer phantastischen Irritation ganz anderer Art handelt Otfried Preußlers thematisch aus dem sorbischen Sagenkreis entlehnter Jugendroman „Krabat“. Er spielt zur Zeit August des Starken am Anfang des 18. Jahrhunderts in der Oberlausitz, also zu einer relativ festgelegten Zeit an einem festgelegten Ort. Krabat tritt als elternloser Betteljunge im Alter von vierzehn Jahren auf. Zwischen Neujahr und Dreikönigstag hat er einen seltsamen Traum.

Er sieht elf Raben auf einer Stange sitzen, auf der noch ein Platz frei ist, und eine Stimme fordert ihn auf, in die Mühle nach Schwarzkollm zu kommen, die er auch bald darauf erreicht. „Da lag sie vor ihm, in den Schnee geduckt, dunkel, bedrohlich, ein mächtiges, böses Tier, das auf Beute lauert".

Das Unheimlich-Bedrohliche des Traums mit den Raben, in denen sich nach altem Volksglauben Unheilvolles und Teuflisches verkörpert, wird zur bedrängenden Wirklichkeit. Von dem dunkel gekleideten Müller geht eine große Kälte aus. Überhaupt verweisen die „Grabesstille", die Krabat empfängt, die „eiskalte Hand" des Müllers, sein „wie mit Kalk" bestrichenes Gesicht und der Totenschädel auf seinem Tisch in symbolischer Häufung auf das Sterben. Aber trotz der unheilvollen Zeichen vermag sich Krabat nicht zu entziehen. Für ihn scheint der leere zwölfte Platz bestimmt Die zwölf Raben, hinter denen sich zwölf Müllergesellen verbergen, sind die dämonischen Gegenfiguren zu den zwölf Aposteln, sowie der Müller selbst zum perversen Zerrbild von Christus wird. Nicht Licht und Leben umgeben ihn, sondern Finsternis und Tod.

Gleich zu Anfang bricht in das Bewußtsein und das Leben des isolierten Heranwachsenden das Ungeheuerliche, menschliche Vorstellung Übersteigende ein und führt zu einer aufrüttelnden phantastischen Begegnung. Wie bei Krüss ist es das Teuflische, das den einzelnen bedrängt, aber bereits der unheimliche, vom Menschen gemiedene Ort der Begegnung markiert einen deutlichen Unterschied. Trat Lefuet in alltäglicher Umgebung auf mit der Absicht, seine Opfer dem Materiellen und dem Geld zu unterwerfen, so scheint die Bedrohung, die von dem teuflischen Müller in der Abgeschiedenheit von allem Leben ausgeht, von weitaus tiefreichenderer existentieller Konsequenz. Was dem halbwüchsigen Krabat hier auf einer bestimmten Reifestufe seiner Entwicklung in phantastischer Gestalt begegnet, ist das jäh aufbrechende Bewußtsein menschlicher Todverfallenheit. Unerbittlich dringt der Ruf des Todes zu ihm, ihn herausfordernd, sich mit dem Kernproblem menschlicher Existenz auseinanderzusetzen.

In der Mühle selbst geschehen unheimliche Dinge. Regelmäßig werden die zwölf Gesellen in Raben verwandelt und vom Meister in der Kunst des Zauberns unterwiesen. Einmal im Jahr erscheint ein unheimlicher Gast in einer Kutsche, die dann jeweils mit gefüllten Säcken aus der Mühle zu beladen ist. Jahr für Jahr in der Neujahrsnacht muß einer der Gesellen sterben. Erst zum Schluß erfährt der Leser, daß der Müller einen Pakt mit dem Teufel geschlossen hat und nur solange unsterblich ist, wie es ihm gelingt, einen der drei Gesellen zu opfern.

Krabat bringt drei Jahre in der Mühle zu, aber er altert und reift in dieser Zeit viel schneller, als das im Verlauf von drei Jahren möglich wäre, weil ein Mühlenjahr in Wirklichkeit drei normale Jahre umfaßt. Die Mühle wird zum Ort des Todes. Das Mahlen ist nach alter Sagenüberlieferung sinnbildlicher Ausdruck der existentiellen Zerstörung, und der Eindruck, daß in der Mühle die Zeit schneller verstreicht, signalisiert die akute Todesnähe.

An Krabat als exemplarischer Figur veranschaulicht Preußler das Todesbewußtsein des Menschen und zugleich seine Versuche, seinem Verhängnis zu entfliehen. Doch mehr und mehr dämmert es ihm, daß ihn die Existenz in der Mühle in eine Sackgasse führt. Tod und Todesangst bleiben allgegenwärtig. Im Banne des Sterbens, ohne eine wirklich lebensfähige Einstellung zur letztlichen Bestimmung allen Lebens, erscheint der Mensch unfrei, ein Sklave seiner Angst. Es ist kein Zufall, daß die Todesangst den Menschen auf einer bestimmten Stufe seiner Entwicklung befällt, nämlich zum Zeitpunkt erhöhter Sensibilität vor dem endgültigen Eintritt ins Erwachsenenalter. Hinzu kommt, daß Krabat vor seiner Aufnahme in die Mühle sozial isoliert lebt, also niemanden hat, an den er sich um Rat und Trost wenden kann. Recht anschaulich wird der Loslösungsprozeß des Pubertierenden von aller Bindung, sein Bewußtsein, ganz allein auf sich zurückgeworfen zu sein und seinen Weg selbst finden zu müssen. Nur eine positive Antwort auf die Frage nach dem Sinn individuellen Lebens vermag letztlich von der Unfruchtbarkeit der Angst zu befreien.

In diesem Zusammenhang ist es wichtig, daß den Gesellen bei Todesstrafe verboten ist, Kontakt mit einem Mädchen aufzunehmen. Hier bahnt sich aber nun eine Lösung des phantastisch dargestellten Konflikts an. Krabat hat im nahen Dorf ein Mädchen kennengelernt, die Kantorka, die zur Osterzeit als Vorsängerin auftritt. Wenn es einem der Gesellen gelingt, so heißt es in den Satzungen der geheimen Bruderschaft, ein Mädchen so für sich einzunehmen, daß es zur Mühle kommt, um seinen Geliebten freizubitten, gibt es eine Möglichkeit den heillosen Bann aufzulösen. Dabei muß das Mädchen aus den Gesellen seinen Geliebten herauserkennen, was natürlich durch gewisse Verfremdungen erschwert wird. Gelingt dem Mädchen dies nicht, verfällt es zusammen mit seinem Geliebten dem Tod.

Die Kantorka wird zur eigentlichen Gegenspielerin des Müllers. Österlicher Auferstehungsglaube und Verfallenheit an den Teufel, Leben und Tod, soziales Engagement und Selbstsucht stehen sich in ihnen unversöhnlich gegenüber. Mit ihr dringt in die phantastische unwirkliche Welt der Mühle die volle Menschlichkeit ein. Die Begegnung der Kantorka mit dem teuflischen Müller beschwört eine nahezu mythische Entscheidungssituation herauf. Mit verbundenen Augen geht sie trotz der tödlichen Drohung das Wagnis für Krabat ein, weil sie ihn liebt. „Die Kantorka schritt die Reihe der Burschen ab, einmal und zweimal. Krabat vermochte sich kaum auf den Beinen zu halten. Sein Leben, das spürte er, war verwirkt Und das Leben der Kantorka! Angst übermannte ihn, Angst, wie er nie zuvor sie gespürt hatte. Ich bin schuld, daß sie sterben muß, ging es ihm durch den Kopf... da geschah es. Die Kantorka... streckte die Hand aus und zeigt auf Krabat. Das ist er, sagte sie.“

Damit ist die Herrschaft des Meisters gebrochen. Als Krabat nachher die Kantorka fragt, woran sie ihn denn erkannt habe, antwortet sie „Ich habe gespürt, daß du Angst hattest, Angst um mich“. In letzter Konsequenz überwindet die Liebe die Todesangst und das persönliche Machtstreben, trägt der österliche Auferstehungsglaube den Sieg über die menschliche Todverfallenheit davon, und Menschenliebe und Gottesliebe zusammen schaffen die Voraussetzung für ein angstbefreites glückliches Leben. An die Stelle des magischen Gaukelspiels tritt wieder das Leben des Menschen im Einklang mit der Natur.

Der Tod ist auf einer frühen Stufe menschlicher Reifung in der Tat eine phantastische Größe, weil er die naiv harmonisierenden Orientierungsmuster der Kindheit sprengt und tiefgreifende Irritationen hervorruft. Es ist die Angst vor der völligen Vernichtung und dem Verlust der Identität, die erst in der bedingungslosen Hinwendung zum anderen überwunden werden kann. Krabat vollzieht das nach, woran ihm die Kantorka als Trägerin des Lebens vorangegangen ist Fortan ist sein Bewußtsein um die Todeserfahrung erweitert, aber frei von der Angst und ihren phantastischen Visionen und bereichert um die soziale Dimension und das Vertrauen auf ein sinnvolles Leben.

VI. „DÄMONISCHE LEINWAND“

Der frühe phantastische Film

Begleitet wurde die phantastische Literatur nach der Jahrhundertwende von Anfang an von der Entwicklung des phantastischen Films, der im Rahmen der frühen Stummfilmproduktion einen führenden Platz einnahm. Auffallend sind die monströsen Figurationen düsterer, destruktiver Mächte, deren Einbruch in das Normalleben jeweils tiefe Verunsicherungen und Angst auslösen, häufig verbunden mit der Zerstörung des vertrauten Lebensraums, zumindest aber mit dem Gefühl seiner fundamentalen Bedrohung. Dämonen, Verkörperungen des dunklen Weltaspekts, entsteigen den Abgründen der Seele und treten heraus aus der chaotischen Finsternis. In visueller Gestalt integriert in das narrative Gefüge des Films, unterwandern und verfremden sie die Erscheinungswelt.

Aktuelles vermischt sich mit Latentem, Bewußtes mit Unbewußtem. Wirklichkeitsbilder und Phantasmata gehen im Helldunkel der Filme ineinander über, korrumpieren die Wahrnehmung und verfremden die Welterkenntnis. Der psychoanalytische Blick in die Tiefenzonen der Persönlichkeit, die philosophische Lehre von der eidetischen Reduktion und die expressionistische Wesensschau erscheinen im phantastischen Film als bildhafte Inszenierungen des Verborgenen und Abgründigen, als narrative Enthüllung des Dämonischen mit dem Auge der Kamera. Die Welt der Phänomene im hellen Tageslicht ist nur die halbe Wirklichkeit. Im phantastischen Film fallen auf sie die Schatten des unter der Erscheinungswelt wirksamen Chaos. Die sich auflösenden Konturen provozieren das Grauen vor einer in bloße Trugbilder zerfallenden Wirklichkeit.

Geschichtlich entsteht der phantastische Film mit seinen dämonischen Inszenierungen an der Schnittstelle eines durchgreifenden Traditionsbruchs. Die niedergehende wilhelminische Gesellschaft, der grassierende Autoritäts- und Normverfall und das Inferno des Weltkriegs stellten die überkommenen geschichtlichen und gesellschaftlichen Ordnungsmuster von Grund auf in Frage und erschütterten das Menschenbild nachhaltig. Unter dem Schock der geahnten und wirklichen Katastrophe, ausgesetzt dem Auseinanderbrechen eines bisher disziplinierenden Systems, traten die Nachtseiten des angepaßten, ruhig gestellten Bürgers hervor, seine latenten Verunsicherungen, seine Ängste, seine Allmachtsphantasien, seine anarchischen Triebkräfte und seine nicht länger gezügelten Aggressionen. Der phantastische Film setzte das Verbotene und Verdrängte, das, was man nicht wahrhaben wollte, ins Bild, die verborgene Seite des Menschen, seine zwielichtige, in grauenvollen Vexierbildern zum Leben erweckte Natur und die Alpträume existentieller Vernichtung. Die Leinwand wurde zum Röntgenschirm, auf dem sich das dem normalen Blick Entzogene, das Verdrängte und Abgründige, die unbewältigten Ängste und die Nachtseiten des Daseins abbildeten. Transparent traten die Konturen des Dämonischen hervor.

1. Visionen des Bösen

Ein frühes Beispiel ist der 1913 in der Regie von Stellan Rye nach einem Drehbuch von Hanns Heinz Ewers gedrehte Stummfilm „Der Student von Prag“, der mit seiner Kameratechnik, seinen Trickaufnahmen und seinen visuellen Umsetzungen überhaupt Akzente setzte. Berühmt geworden sind das Hervorlocken des Doppelgängers aus dem Spiegel und die plötzlichen Konfrontationen mit dem Spiegelbild an Gelenkpunkten der Handlung durch eine geschickte Nutzung der Doppelbelichtung. In Zusammenarbeit des Hauptdarstellers Paul Wegener mit dem Kameramann entstand das, was man das filmische Konzept des Phantastischen nennen kann.

In suggestiver Atmosphäre, weitgehend an den Originalschauplätzen gedreht, wird der Zuschauer in eine düstere Traumwelt entführt. In Anlehnung an E.T.A. Hoffmanns „Die Abenteuer der Sylvesternacht“ verkauft der Student Balduin sein Spiegelbild an den zwielichtigen Scapinelli. Das Dreiecksverhältnis zwischen Balduin, der schönen, jungen Gräfin und ihrem Vetter, den sie heiraten soll, führt in die Katastrophe. Im Duell der Rivalen wird der Vetter von dem Doppelgänger Balduins, der versprochen hatte, seinen Gegner zu schonen, aber dann daran gehindert wurde, rechtzeitig einzutreffen, tödlich getroffen. Von der Gräfin, nachdem sie den Verlust seines Spiegelbilds erkannt hat, verstoßen, schießt Balduin auf sein zweites gespenstisches Ich. Der Schuß aber tötet ihn selbst.

In der Schlußszene sitzt der Doppelgänger triumphierend auf Balduins Grab. Im freigesetzten Spiegelbild treten die zerstörerischen Kräfte des Ichs zutage, die sich verselbständigen und den Menschen als sittliche Persönlichkeit überwältigen. Nicht das Gute, sondern das Böse überlebt den Menschen, seine Vorsätze und sein moralisches Streben verhöhnend. Der Tod des organisierten Ichs vollendet den Triumph des chaotischen Es, der anarchischen Triebkräfte.

Einen frühen Höhepunkt des phantastischen Films stellt Murnaus „Nosferatu“ aus dem Jahe 1922 dar. Die „Symphonie des Grauens“, so der Untertitel, ist komponiert aus dem Zusammenwirken kalkulierter Effekte. Flackernde Lichter, wabernde Nebelfetzen, bizarre Schatten und irritierende Unschärfen schaffen eine unheimlich lastende Atmosphäre. Gewölbe, in dämmerndes Zwielicht getauchte, enge, verwinkelte Gassen und skelettartig in die Finsternis ragende Häuserfronten beschwören die Angst vor der namenlosen Drohung, die aus der Nacht kommt. Ein Kabinettstück ist die Fahrt in der Geisterkutsche, unheimlich konturiert durch das Einfügen des Negativs in die Kopie. Verlangsamte bzw. beschleunigte Aufnahmegeschwindigkeiten erzeugten überdies einen abgehackt unrealistischen Bewegungsrhythmus.

Der Vampir, angelehnt an Bram Stokers „Dracula“- der rumänische Name wurde aus Copyrightgründen gewählt - mit seinen eckigen, automatenhaften Bewegungen verkörpert das Außer- und Unmenschliche, die alle Ordnung und alles Leben in Chaos und Tod verwandelnde destruktive Energie. Sein Auftreten, begleitet von zahllosen Ratten, bedeutet Pest und Verderben, die Pervertierung der Liebe in Haß, der Gefühle in Triebhaftigkeit und Gier. Nosferatu ist der Triumph des Bösen, die Negation des Lebens, das unter sinistrem Zwang aktive principium mortis, das alles Werden ins Nichtsein zu überführen droht.

Abb. 12
Szenenfoto aus Murnaus Film „Nosferatu“ (1922)

Nur ein sich opferndes „sündlos Weib“ kann von der fundamentalen Bedrohung erlösen, indem es den Vampir „den ersten Hahnenschrei vergessen macht.“ Im Film gelingt es einer Frau, Nosferatu bis zum Morgengrauen in ihren Bann zu schlagen. Beim ersten Sonnenstrahl zerfällt das Phantom der Nacht zu Staub. Das Licht hat über die Finsternis gesiegt, die Pest ist überwunden. Murnaus „Nosferatu“ ist eine gnostische Legende von dem Triumph der Seele über das Seelenlose, des Hellen über das Dunkle. Die im Finale eindringende Sonne überstrahlt das Helldunkel einer Welt, in der die Finsternis des Bösen und die Schatten des Todes das Licht des Lebens ständig auszulöschen und das Gute zu usurpieren drohten. Beklemmend aber bleibt wenige Jahre nach dem Weltkrieg die Erinnerung an den Einbruch unheimlich zerstörerischer Kräfte zurück, noch einmal beschworen in düsteren, von gespenstischer Eigendynamik vorangetriebenen Bildsequenzen.

2. Die Dämonie der Macht

Bricht das Bedrohliche und Zerstörerische in Murnaus „Nosferatu“ von außen in eine scheinbar befriedete und heile Welt ein, so verbindet der in Paul Wegeners Regie 1920 entstandene Film „Der Golem, wie er in die Welt kam“ die drohende Vernichtung mit dem Streben des Menschen nach Einfluß und Macht. Gedrängt durch das kaiserliche Dekret, das allen Juden befiehlt, Prag zu verlassen, schafft der Magier Rabbi Loew eine kolossale Statue aus Lehm und erweckt sie zum Leben, indem er ihr ein Amulett mit einer Zauberformel an die Brust heftet. Nachdem der Golem während einer Zusammenkunft des Rabbi mit dem Kaiser die Saaldekke des vom Einsturz bedrohten Palasts gestützt und dem Kaiser das Leben gerettet hat, hebt dieser aus Dankbarkeit das Dekret auf.

Der Versuch des Rabbis, den Koloß wieder in Lehm zurückzuverwandeln, scheitert an der Gegenwehr des Golems, der sich in der Folgezeit in blindem Zerstörungswahn gegen die Juden selbst wendet und verheerende Verwüstungen anrichtet. Erst ein Mädchen, das dem Koloß in symbolischer Geste einen Apfel reicht, macht dem schlimmen Treiben ein Ende. Auf den Armen des Golems greift es nach dem glitzernden Amulett auf dessen Brust. Im selben Augenblick sinkt das Monster leblos zu Boden.

In Wegeners Film erwächst die Aggression aus dem Allmachtstreben des Menschen selbst, aus seiner messianischen Selbstüberhebung und Selbstüberschätzung, mit magischen Kräften Einfluß nehmen zu können. Doch die ins Leben gerufene Macht verselbständigt sich und droht ihren Schöpfer zusammen mit dessen Lebensraum auszulöschen. Die einmal entfesselte Gewalt richtet sich in quälender Reminiszenz an den jüngsten Krieg gegen den Verursacher selbst. Unterstützt wird der Einbruch des Quälenden und Verunsichernden insbesondere durch die Suggestion einer Alptraumszenerie mit engen, verwinkelten Gassen und windschiefen Häusern. Alle Linien scheinen seltsam verbogen und verzerrt, den Eindruck einer labyrinthischen, tief verunsichernden Welt hervorrufend.

Das Streben nach Allmacht, bei Rabbi Loew durch das Engagement für sein Volk noch sozial motiviert, ist in dem 1920 fertiggestellten Film „Das Kabinett des Dr. Caligari“ Ausdruck einer perversen Egomanie. Es ist die Geschichte des italienischen Schaustellers Caligari und seines Mediums Cesare, der über stupende hellseherische Fähigkeiten zu verfügen scheint. Unheilvoll treffen seine Voraussagen bei Alan zu, dem das Medium auf seine Frage, wie lange er noch zu leben habe. prompt und mit unheimlicher Gewißheit antwortet: „Bis zum Morgengrauen.“ Tatsächlich findet man ihn in der Frühe ermordet. Francis, der Freund des Ermordeten, kommt jedoch dem Betrug auf die Spur, indem er herausfindet, daß der Direktor der Nervenheilanstalt sich mit der Rolle des Caligari identifiziert und seine Kranken zu willenlos ergebenen Medien abgerichtet hat. Die gewählte Rahmenerzählung, die die verbrecherischen Handlungen im Binnenteil letztlich als die Schreckenphantasien des geistig erkrankten Francis erscheinen lassen, mag die kritische Intention etwas abschwächen, aber gerade durch die Wahl eines wahnsinnigen Erzählers wird der Wahnsinn der Macht, die sich die Entscheidung über Leben und Tod anmaßt und den Menschen für die eigenen Zwecke abrichtet, als pathologische Verirrung anschaulich. Schule gemacht hat der Film vor allem mit seiner effektvollen Aufhebung der vertrauten Raum

Abb. 13
Szenenfoto aus dem Film „Das Kabinett des Dr. Caligari“ (1920)

vorstellungen. Die ausnahmslos gemalten Dekorationen mit ihren aperspektivisch skizzierten Schatten verzerren die Wahrnehmung, indem sie die abgebildete Wirklichkeit als Phantasmagorie und die Phantasmagorie als jederzeit mögliche Wirklichkeit vorführen.

Das wachsende Interesse am Psychopathologischen prägte Fritz Langs zweiteiligen Film „Dr. Mabuse, der Spieler“ (1922). Mabuse, Psychoanalytiker, Falschspieler und Ausbeuter von Behinderten in einer Person verkörpert den genialen, absolut skrupellosen Verbrecher, der durch seine hypnotischen Kräfte den Menschen seinen Willen aufzwingt und sie ausplündert, besessen von der Wahnidee der Weltherrschaft. Tief leuchtet der Film in die verunsicherte, labile Nachkriegsgesellschaft hinein, in bedenklicher Weise anfällig geworden für gewissenlose Führer und Verführer. Mit dem späteren Film „Das Testament des Dr. Mabuse“ (1932) wollte Lang ausdrücklich die Nazi-Ideologie und die wahnsinnigen Weltherrschaftspläne Hitlers treffen. Gerade in Langs Filmen verbinden sich Phantastik und Kritik zu einem überzeugenden narrativen Konzept.

3. Existenzängste

Neben dem Grauen vor dem Bösen und der Dämonie der Macht zeichnen sich im frühen phantastischen Film die Existenzängste als ein dritter gewichtiger Themenkomplex ab. Eindrucksvoll ist insbesondere Fritz Langs „Der müde Tod" aus dem Jahr 1921. Das Drehbuch entstand wie schon im Fall der „Mabuse"-Filme unter der Mitwirkung von Thea von Harbou. Die Haupthandlung spielt in einer kleinen Stadt, in deren Enge die verwinkelten Gassen wie kurze, jäh in das Ende mündende Wege verlaufen. Ihnen gegenüber steht die düstere, von vielen flackernden Kerzen gespenstisch erhellte Kathedrale des Todes, der als geheimnisvoller Fremder in das Leben eines Liebespaars tritt und den Mann mit sich fortnimmt. Alle Versuche der Frau, ihren Geliebten zurückzuholen, scheitern. Geduldig, aber müde seines trostlosen Geschäfts, erläutert der Tod der Unglücklichen die Bedeutung der Kerzen, die jede ein Lebenslicht darstellt, das erlischt, wenn die ihm zugemessene Zeit verstrichen ist. Nicht die Liebe, die nach Ewigkeit verlangt, sondern der Tod ist ewig. Am Ende triumphiert das Leid über die Lust, die Finsternis über das Licht. Auf dem Grunde des Daseins herrscht die Angst vor dem endgültigen Verlöschen. In überzeugender symbolischer Konsequenz verdichtet sich das Ineinander von Licht und Schatten zur existentiellen Kernaussage.

Als tödliche Bedrohung des Lebens erscheint in Henrik Galeens Verfilmung des „Alraune"-Romans von Hanns Heinz Ewers aus dem Jahr 1928 der sittenlos entfesselte Eros. Der Romanhandlung im wesentlichen folgend, entwirft der Film das Porträt des grausamen, weiblichen Vamps, der in Szene gesetzten femme fatale, deren Reizen, von einer dämonisch erlebten Sexualität bis in den Wahnsinn getrieben, die Männer verfallen. Der Zusammenbruch der traditionalen Gesellschaft und ihrer moralischen Agenturen beschwor den Sexus als blind zerstörende Kraft unter der Oberfläche einer nur vordergründig gesitteten Welt.

Abb. 14
Szenenfoto aus Langes Film „Der müde Tod“ (1921)

Vor allem die Erschaffung Alraunes findet noch in der düsteren Atmosphäre des frühen phantastischen Films statt mit seinen dämmernden Schatten und seiner geheimnisvollen Zwielichtigkeit. Grelles Licht fällt dagegen auf die gnadenlos laszive Verführerin, auf ihren schönen, maßlose Begierden entfesselnden Körper, der in all seinen reizvollen Details wirkungsvoll ins Bild gesetzt wird. Geblendet und verführt von dem Dämon Weib, drohen die Geblendeten und Verführten sich selbst zu verlieren.

Das Remake von 1930 mit der gleichen Hauptdarstellerin zeigte bereits deutliche Abnutzungserscheinungen. Auf ihre Kosten kamen vor allem die Voyeure. Der Höhepunkt des phantastischen Films war überschritten, der neben der phantastischen Literatur Tiefenbereiche des Bewußtseins erschlossen und mit seiner symbolischen Darstellungsweise einen Stil geschaffen hatte, der das Latente und Abgründige in erregenden Bildern offenbarte.

BIBLIOGRAPHISCHE HINWEISE

ATTEBERY, Brian: *Strategies of Fantasy*. Bloomington: Indiana UP 1992.

BARRON, Neil (Hrsg.): *Fantasy Literature. A Reader's Guide*. New York u. a.: Garland 1990 (Garland reference library of the humanities 874).

BECKER, Siegfried: *Konjunkturen des Phantastischen. Anmerkungen zu den Karrieren von Science Fiction, Fantasy, Märchen sowie verwandten Formen*. In: *LiLi* 23 (1993): 141--155.

BERG, Stefan: *Schlimme Zeiten, böse Räume. Zeit- und Raumstrukturen in der phantastischen Literatur des 20. Jahrhunderts*. Stuttgart: Metzler 1991.

BIESTERFELD, Wolfgang: *Von Fabel bis Fantasy. Gesammelte Aufsätze und Vorträge zur Erzählforschung, Jugendliteratur und Literaturdidaktik*. Hamburg: Kovac 1994.

BOHRER, Karl-Heinz: *Das Romantisch-Phantastische als dezentriertes Bewußtsein*. In: BIRUS, Hendrik (Hrsg.): *Germanistik und Komparatistik. DFG-Symposium 1993*. Stuttgart: Metzler 1995 (Germanistische Symposien Berichtsbände 16): 188--208.

BRITTNACHER, Hans Richard: *Ästhetik des Horrors. Gespenster, Vampire, Monster, Teufel und künstliche Menschen in der phantastischen Literatur*. Frankfurt a. M.: Suhrkamp 1994 (st 2397).

BROCKHAUS, Christoph: *Rezeptions- und Stilpluralismus. Zur Bildgestaltung in A. Kubins Roman 'Die andere Seite'*. In: *Pantheon* 32 (1974): 272--288.

BROCKHAUS, Christoph: *Rezeptions- und Stilpluralismus. Zur Bildgestaltung in A. Kubins Roman 'Die andere Seite'*. In: *Pantheon* 32 (1974): 272--288.

CAILLOIS, Roger: *Das Bild des Phantastischen. Vom Märchen zur Science Fiction*. In: *Phaicon* 1 (1974): 44--83.

CARLSSON, Anni: *Tod, Teufel, Tiermensch. Phantastischer Realismus als Geschichtsschreibung der Epoche*. Kronsberg im Taunus: Athenäum 1978.

CERMAK, Robert: *Der magische Roman (Hanns Heinz Ewers -- Gustav Meyrink -- Franz Spunda)*. Wien: Univ., Diss. [masch.] 1949.

CERSOWSKY, Peter: *Phantastische Literatur im 1. Viertel des 20. Jhs. Untersuchungen zum Strukturwandel des Genres, seinen geistesgeschichtlichen Voraussetzungen und zur Tradition der 'schwarzen Romantik' insbes. bei Gustav Meyrink, Alfred Kubin und Franz Kafka*. München: Fink 1983, ^{2}1994.

CERSOWSKY, Peter: *"Ja mein Lieber, wir sind konservativ." Politische Aspekte der deutschsprachigen Phantastik-Autoren des 20. Jhs. In:* ROTTENSTEINER 1987: 33--59.

CESERANI, Remo: *Skepsis und phantastische Literatur.* In: HILMES, Carola (Hrsg.): *Skepsis und das Spiel mit dem Zweifel.* Fschr. für Ralph-Rainer Wuthenow zum 65. Geb. Würzburg: Königshausen & Neumann 1994: 92--101.

CONRAD, Horst: *Die literarische Angst. Das Schreckliche in Schauerroman und Detektivgeschichte.* Düsseldorf: Bertelsmann-Universitätsverl. 1974 (Literatur und Gesellschaft 21).

CORNWELL, Neil: *The Literary Fantastic. From Gothic to Postmodernism.* New York, London, Toronto u. a.: Harvester & Wheatsheaf 1990.

COZIC, Alain: *Histoires de fantômes contées au coin de feu. Fonctionnement et fonctions du fantastique chez Theodor Storm à propos du receuil 'Am Kamin'.* In: *Les songes de la raison. Mélanges offerts à Diminque Iehl.* Bern, Berlin u. a.: Lang 1995 (Collection contacts 3: 26): 163--190.

DICKENS, David B.: *Bürger's Ballad 'Leonore'. En Route to 'Dracula'.* In: BECKER, Allienne R. (Hrsg.): *Visions of the Fantastic.* Westport: Greenwood 1996: 131--138.

DUMOULIÉ, Camille: *Cet obscur objet du désir. Essai sur les amours fantastiques.* Paris: L'Harmattan 1995 [u. a. über E. T. A. Hoffmann].

EISNER, Lotte H.: *Dämonische Leinwand. Die Blütezeit des deutschen Films.* Frankfurt/M.: Fischer 18. Aufl. 1987.

FABRE, Jean: *Le miroir de sorcière. Essai sur la littérature fantastique.* Paris: Corti 1992.

FINNÉ, Jacques: *La littérature fantastique.* Brüssel: Editions de l'Université de Bruxelles 1980.

FISCHER, Jens Malte: *Deutschsprachige Phantastik zwischen Décadence und Faschismus.* In: *Phaicon* 3 (1978): 93--130. [wiederabgeduckt in FISCHER 1998: 97--131].

FISCHER, Jens Malte: *"Selbst die schönste Gegend hat Gespenster." Entwicklung und Konstanz der Phantastik bei Ludwig Tieck.* In: THOMSEN & FISCHER 1980: 131--149.

FISCHER, Jens Malte: *Bibliographie der Sekundärliteratur* [zur Phantastik]. In: THOMSEN & FISCHER 1980.

FISCHER, Jens Malte: *Literatur zwischen Traum und Wirklichkeit. Studien zwischen Traum und Wirklichkeit.* Wetzlar: Phantast. Bibliothek 1998 (Schriftenreihe und Materialien 25).

FISCHER, Jens Malte: *Phantastischer Film und phantastische Literatur.* In: FISCHER 1998: 132--171.

FISCHER, Jens Malte: *Science Fiction -- Phantastik -- Fantasy. Ein Vorschlag zu ihrer Abgrenzung*. In: FISCHER 1998: 9--25.

FRESCHI, Marino: *Die magische Welt Gustav Meyrinks.* In: ZEMAN, Herbert (Hrsg.): *Die österreichische Literatur. Eine Dokumentation zu ihrer literarhistorischen Entwicklung.* Graz: Akad. Verlagsges. 1986 ff. VI/1: 823--831.

FREUD, Sigmund: *Das Unheimliche*. In: ders.: *Studienausgabe*. Hrsg. von Alexander MITSCHERLICH u. a. 10 Bde. und 1 Erg.bd. Frankfurt a. M.: S. Fischer 1982 ff. IV: 241--274 [EA in *Imago* 5 (1919): 297--324].

FREUND, Winfried: *Von der Aggression zur Angst. Zur Entwicklung der phantastischen Novellistik in Deutschland.* In: *Phaicon* 3 (1978): 9--31.

FREUND, Winfried: *Einführung in die phantastische Literatur.* In: F.W.: (Hg.): *Phantastische Geschichten.* Stuttgart: Reclam 1979: 75-92.

FREUND, Winfried: *Phantasie und Phantastik im Jugendbuch.* In: *Literatur für Leser* 1980: 197--208.

FREUND, Winfried: *Das Phantastische in Justinus Kerners Balladen.* In: *Beiträge zur schwäbischen Literatur- und Geistesgeschichte* 1 (1981): 27--43.

FREUND, Winfried: *Der entzauberte Vampir. Zur parodistischen Rezeption des Grafen Dracula bei H. C. Artmann und Herbert Rosendorfer.* In: KÖPF, Gerhard (Hrsg.): *Rezeptionspragmatik. Beiträge zur Praxis des Lesens*. München: Fink 1981 (UTB): 131--150.

FREUND, Winfried/SCHUMACHER, Hans (Hrsg.): *Spiegel im dunklen Wort. Analysen zur Prosa des frühen 20. Jahrhunderts.* Frankfurt a. M., Bern u. a.: Lang 1982 (EHSS, Reihe 1: Deutsche Sprache und Literatur 513).

FREUND, Winfried: *Der Bürger und das Grauen. Theodor Storms Erzählung „Am Kamin" und die phantastische Literatur im 19. Jahrhundert.* In: *Theodor Storm und das 19. Jahrhundert.* Brian Coghlan und Karl Ernst Laage (Hrsg.) Berlin: Erich Schmidt 1989: 108-114.

FREUND, Winfried: *Literarische Phantastik. Die phantastische Novelle von Tieck bis Storm.* Stuttgart: Kohlhammer 1990 (Sprache und Literatur 129). Jap. Tokio 1998.

FREUND, Winfried: *Agonie und Apokalypse. Phantastische Literatur im Umkreis Alfred Kubins.* In: *Die andere Seite der Wirklichkeit.* ASSMANN, Peter, LACHINGER, Johann u. a. (Hrsg.). Edition zum Kubin-Projekt 1995. Bd. 6. Salzburg: Residenz 1996: 61--76.

FREUND, Winfried: *Chaos und Phantastik. Der phantastische Erzähler E. T. A. Hoffmann*. In: *Die Horen* 37 (1992) 4: 77--85.

FREUND, Winfried: *Der Hexenautor von Usedom. Wilhelm Meinhold und die Bernsteinhexe*. In: *Die Horen* 43 (1998) 3: 97-109.

FREUND, Winfried, LACHINGER, Johann, RUTHNER, Clemens (Hg.): *Der Demiurg ist ein Zwitter. Alfred Kubin und die phantastische Literatur.* München: Fink 1999.

GAGERN, Monika von: *Ideologie und Phantasmagorie im Werk Fritz v. Herzmanovsky-Orlandos.* München: Univ., Diss. 1972.

GANSEL, Carsten: *Phantastische Romane, Science Fiction, Anti-Utopie. Einige Bemerkungen zur Phantastik in der BRD.* In: *Weimarer Beiträge* 33 (1987): 399--419.

GEISSLER, Rolf: *Zur Lesart des magischen Prag: 'Perutz, Meyrink, Kafka'.* In: *Literatur für Leser* 1989: 159--178.

GEYER, Andreas: *Träumer auf Lebenszeit. Alfred Kubin als Literat.* Wien, Köln, Weimar: Böhlau 1995 (Schriften zur Sprache und Literatur in Oberösterreich 3).

DER GOLEM. *Das Jahrbuch zur phantastischen Literatur.* München: Tilsner 1990 ff. (Texte und Materialien zur phantastischen Literatur).

HAAS, Gerhard: *Struktur und funktion der phantastischen literatur* [sic]. In: *Wirkendes Wort* 28 (1978): 340--356.

HADLEY, Michael: *The Undiscovered Genre. A Search for the German Gothic Novel.* Bern: Lang 1978.

HAGER, Margit: *Aspekte des Phantastischen.* In: *Quarber Merkur* 20 (1982) 2: 51--69, 21 (1983) 1: 31--52, 21 (1983) 2: 37--60, 22 (1984) 1: 3--11.

HARTER, Deborah A.: *Bodies in pieces. Fantastic Narrative and the Poetics of the Fragment.* Stanford: Univ. Pr. 1996.

HEWIG, Anneliese: *Phantastische Wirklichkeit. Interpretationsstudie zu Alfred Kubins Roman 'Die andere Seite'.* München: Fink 1967 (Zur Erkenntnis der Dichtung 5).

HIENGER, Jörg: *Die Domestizierung des Unheimlichen. Romantische Schauerphantastik im Funktionswandel in den Märchenalmanachen W. Hauffs.* In: *Fragmente* [Kassel] 11/1984: 30--43.

HILMES, Carola: *Die femme fatale. Ein Weiblichkeitstypus in der nachromantischen Literatur.* Stuttgart: Metzler 1990 [zugl. Frankfurt a. M.: Univ., Diss.].

HOFFER, Klaus: *Methoden der Verwirrung. Betrachtungen zum Phantastischen bei Franz Kafka.* Wien, Graz: Droschl 1986.

HOFFMANN, Dirk O.: *Paul Leppin. Eine Skizze, mit einer ersten Bibliographie der Werke und Briefe.* Bonn: Bouvier 1982 (Abh. zur Kunst-, Musik- und Literaturwissenschaft 279).

HOFFMANN-WALBECK, Katrin: *Alexander M. Frey. (Allegorische) Phantastik und Groteske als Mittel zur Zeitkritik.* Frankfurt a. M., Wien u. a.: Lang 1984 (EHSS, Reihe 1: Deutsche Sprache und Literatur 801) [zugl. Berlin: FU, Diss. 1984].

JACQUEMIN, Georges: *Littérature fantastique*. Paris: Nathan 1974 (Collection problèmes).

JACQUEMIN, Georges: *Über das Phantastische in der Literatur*. In: *Phaicon* 2 (1975): 33--53.JANSSEN, Brunhilde: *Die Zierde der Ohnmacht. Zur Darstellung der Frau in der phantastischen Literatur*. In: *Phaicon* 5 (1982): 30--40.

KANZOG, Klaus: *Gespenstergeschichte*. In: *Reallexikon der deutschen Literaturgeschichte*. Begr. von Paul MERKER und Wolfgang STAMMLER. Neu bearb. und hrsg. von Werner KOHLSCHMIDT und Wolfgang MOHR. 5 Bde. Berlin: de Gruyter 1958 ff. 1: 573--576.

KAYSER, Wolfgang: *Das Groteske. Seine Gestaltung in Malerei und Dichtung*. Oldenburg, Hamburg: Stalling 1957.

KEINER, Reinhold: *Hanns Heinz Ewers und der Phantastische Film*. Hildesheim u. a.: Olms 1988 (Studien zur Filmgeschichte 4).

KITTLER, Friedrich: *Draculas Vermächtnis*. In: ders.: *Draculas Vermächtnis. Technische Schriften*. Leipzig: Reclam 1993: 11--57 [EA *ZETA* 02. Berlin 1982).

KOLKE, Inge: *"... Aus den Grabern zerrst Du Deine Atzung, teuflisches Weib!". Verwesung als strukturbildendes Element in E. T. A. Hoffmanns Vampirismus-Geschichte*. In: *Mitteilungen der Hoffmann-Gesellschaft* [Bamberg] 33 (1987): 34--49.

KÖRBER, Joachim (Hrsg.): *Bibliographisches Lexikon der utopisch-phantastischen Literatur*. Meitingen: Corian 1984 ff. [Loseblattsammlung].

KOZIELEK, Gerard: *Geister- und Gruselgeschichten in der neueren Literatur*. In: *Germanica Wratislaviensia* 27 (1976): 23-64.

KRACAUER, Siegfried: *Von Caligari bis Hitler. Eine psychologische Geschichte des deutschen Films*. Hrsg. von Carsten Witte. Frankfurt/M.: Fischer 1979.

KRICHBAUM, Jörg/ZONDERGELD, Rein A.: *DuMont's kleines Lexikon der phantastischen Malerei*. Köln: DuMont [2]1980 (DuMont-Taschenbücher 52).

KRÜGER-WELF, Hans: *Hanns Heinz Ewers. Die Geschichte seiner Entwicklung*. Leipzig: R. Wunderlich 1922.

KÜHNELT, Harro Heinz: *Die Entfaltung der österreichischen grotesken und phantastischen Literatur im 20. Jahrhundert*. In: ZEMAN, Herbert (Hrsg.): *Die österreichische Literatur. Eine Dokumentation zu ihrer literarhistorischen Entwicklung*. Graz: Akad. Verlagsges. 1986 ff. VI/1: 833--46.

LACASSIN, Francis: *Mythologie du fantastique. Les rivages de la nuit*. Monaco: Ed. du Rocher 1991.

LACHINGER, Johann/PINTAR, Regina: *Magische Nachtgesichte. Alfred Kubin und die phantastische Literatur seiner Zeit.* Linz: A.-Stifter-Institut OÖ., Salzburg: Residenz Verlag 1995 (Kubin-Projekt 1).

LE BLANC, Thomas/TWRSNICK, Bettina (Hrsg.): *Traumreich und Nachtseite. Die deutschsprachige Phantastik zwischen Décadence und Faschismus. Tagungsband 1995.* Wetzlar: Phantast. Bibliothek 1995 (Schriftenreihe und Materialien 15).

LE BLANC, Thomas/TWRSNICK, Bettina (Hrsg.): *Traumreich und Nachtseite 2. Die deutschsprachige Phantastik zwischen Décadence und Faschismus. Tagungsband 1996.* Wetzlar: Phantast. Bibliothek 1998 (Schriftenreihe und Materialien 21).

LEM, Stanislaw: *Tzvetan Todorovs Theorie des Phantastischen.* In: *Phaicon* 1 (1974): 92--122.

LIPPUNER, Heinz: *Alfred Kubins Roman 'Die andere Seite'.* Bern: Francke 1977.

LUBE, Manfred: *Gustav Meyrink. Beiträge zur Biographie und Studien zu seiner Kunsttheorie.* Graz: dbv-Verl. 1980 (Dissertationen der Univ. Graz 51) [zugl. Graz: Univ., Diss 1970).

LÜTH, Reinhard: *Drommetenrot und Azurblau. Studien zur Affinität von Erzähltechnik und Phantastik in Romanen von Leo Perutz und Alexander Lernet-Holenia.* Meitingen: Corian Wimmer 1988 (Studien zur phantastischen Literatur 7).

MALRIEU, Joèl: *Le fantastique.* Paris: Hachette 1992 (Contours littéraires).

MARZIN, Florian F.: *Die phantastische Literatur. Eine Gattungsstudie.* Frankfurt a. M., Bern: Lang 1982 (EHSS, Reihe 1: Deutsche Sprache und Literatur 569).

MARZIN, Florian F.: *Okkultismus und Phantastik in den Romanen. Gustav Meyrinks.* Essen: Die Blaue Eule 1986 (Germanistik 6).

MICHEL, Wilhelm: *Das Teuflische und Groteske in der Kunst.* München: Piper 1911.

MÜCKE, Dorothea: *Unheimliche Verdoppelungen. Zur Ökonomie der Lust in der romantischen fantastischen Literatur.* In: BIRUS 1995: 160--187.

MÜLLER, Hans-Harald: *Leo Perutz.* München: Beck 1992 (Beck'sche Reihe 625; Autorenbücher).

MÜLLER-THALHEIM, Wolfgang: *Erotik und Dämonie im Werk Alfred Kubins.* München: Nymphenburger 1970.

MÜLLER-WIDMER, Franziska: *Alexander Lernet-Holenia. Grundzüge seines Prosa-Werkes dargestellt am Roman 'Mars im Widder'. Ein Beitrag zur neueren österreichischen Literaturgeschichte.* Bonn: Bouvier Grundmann 1980 (Studien zur Germanistik, Anglistik und Komparatistik 96).

ÖSTERR. KAFKA-GESELLSCHAFT (Hrsg.): *Prager deutschsprachige Literatur zur Zeit Kafkas.* Wien: Braumüller 1989 (Schriftenreihe der Franz-Kafka-Gesellschaft 3).

PENNING, Dieter: *Die Ordnung in der Unordnung. Eine Bilanz zur Theorie der Phantastik.* In: THOMSEN & FISCHER 1980: 34--51.

PETRICONI, Hellmuth: *Das Reich des Untergangs. Bemerkungen über ein mythologisches Thema.* Hamburg: Hoffmann & Campe 1958 [u. a. zu Alfred Kubin, 99--125].

PETRIGNANI, Sandra: *Fantasia e fantastico. Dialoghi.* Brescia: Camunia 1985 (Pensieri & Piaceri).

PHAICON. Almanach der phantastischen Literatur. Hrsg. von Rein A. ZONDERGELD. Bd. 1--2. Frankfurt am Main: Insel 1974, 1975 (it 69; it 154). Bd. 3--5. Frankfurt am Main: Suhrkamp 1978, 1980, 1982 (st 443 = Phantastische Bibliothek 17; st 636 = Phant. Bibl. 44; st 857 = Phant. Bibl. 86).POLLET, Jean-Jacques: *Essai sur la littérature fantastique du début du XXe siècle (1900--1930).* Lille: Univ., Diss/ANRT 1986 [Mikrofiche].

POLLET, Jean-Jacques: *L'enjeu de l'occultism.* [über Meyrink] In: *Recherches Germaniques* [Straßburg] 16 (1986): 101--118.

POLLET, Jean-Jacques: *Ecritures fantastiques de l'histoire. K. H. Strobl, A. Lernet-Holenia.* In: *Austriaca* 27 (1988): 31--44.

POLLET, Jean-Jacques: *L'exotisme fantastique de Hanns Heinz Ewers.* In: ROUSSEL, Geneviève: *L'impossible retour. La figure du Heimkehrer dans les lettres et les arts allemands et scandinaves du XXe siècle.* Lille: Univ. 1988 (= *Germanica* 1988:1): 49--65.

POLLET, Jean-Jacques: *Démons et pervers. Ethnophobies de la littérature fantastique allemande de 1900.* In: VAYDAT, Pierre: *Ethnicité et figures phobiques.* Lille: Univ. 1988 (= *Germanica* 1987: 2): 23--37.

POLLET, Jean-Jacques (Hrsg.): *Leo Perutz ou l'ironie de l'histoire.* Rouen: Centre d'Études et de Recherches Autrichiennes 1993 (Publications de l'Université de Rouen 186; Études autrichiennes 2).

PONNAU, Gwenhael: *La folie dans la littérature fantastique.* Paris: Ed. du Centre National de la Recherche Scientifique 1987 (Litteratures).

PORITZKY, Jakob E.: *Dämonische Dichter.* München: Rösl 1921.

POZZUOLI, Alain/KRÉMER, Jean-Pierre: *Dictionnaire du fantastique.* Paris: Grancher 1992.

PRAZ, Mario: *Liebe Tod und Teufel. Die schwarze Romantik.* Authoris. Übers. aus dem Ital. von Lisa Rüdiger. München: dtv ^{4}1994 (dtv 4051--52) [EA Florenz 1930].

PREISENDANZ, Wolfgang: *Die geschichtliche Ambivalenz narrativer Phantastik der Romantik.* In: *Athenäum* 2 (1992): 117--129.

PRÜSSMANN, Karsten: *Die Dracula-Filme. Von F. W. Murnau bis F. F. Coppola.* München: Heyne 1993.

QUARBER MERKUR (QM). Hrsg. von Franz ROTTENSTEINER. Wien: Eigenverl. 1963 ff., seit Jg. 34: Passau: 1. Dt. Fantasy Club 1997 ff.

RABKIN, Eric S.: *The Fantastic in Literature*. Princeton: Univ. Pr. 1976.

RANK, Otto: *'Alraune' von Hanns Heinz Ewers.* In: *Imago* [Wien] 1 (1912): 538--540.

RANK, Otto: *'Alraune' von Hanns Heinz Ewers.* In: *Imago* [Wien] 1 (1912): 538--540.

RICHTER, Anne: *Le fantastique féminin. Un art sauvage*. Brüssel: Antoine 1984.

ROCEK, Roman: *Die neun Leben des Alexander Lernet-Holenia. Eine Biographie.* Wien, Köln, Weimar: Böhlau, 1997.

RODA-BECHER, Martin: *Die im Rücken lebendig gewordene Leiche. Über den Begriff des Phantastischen in der modernen Literatur.* In: *Merkur* 32 (1978): 153--165.

RÖMMEL, Otto: *Rationalistische Dämonie. Die Geister-Romane des ausgehenden 18. Jahrhunderts*. In: DVLG 17 (1939): 183--220.

ROTTENSTEINER, Franz (Hrsg.): *Die dunkle Seite der Wirklichkeit. Aufsätze zur Phantastik.* Frankfurt a. M.: Suhrkamp 1987 (st 1444; Phantastische Bibliothek 199).

ROTTENSTEINER, Franz (Hrsg.): *Werkführer durch die utopisch-phantastische Literatur.* Meitingen: Corian Wimmer 1989 ff. [Loseblattsammlung].

RUTHNER, Clemens: *Unheimliche Wiederkehr. Interpretationen zu den gespenstischen Romanfiguren bei Ewers, Meyrink, Soyka, Spunda und Strobl.* Meitingen: Corian Wimmer 1993 (Studien zur phantast. Lit. 10) [zugl. Wien: Univ., Dipl.-Arb. 1990].

RUTHNER, Clemens: *Auf der anderen Seite. Zur (ausgegrenzten) Phantastik unter besonderer Berücksichtigung Österreichs.* In: SCHMIDT-DENGLER, Wendelin/SONNLEITNER, Johann/ZEYRINGER, Klaus (Hrsg.): *Die einen raus -- die anderen rein. Kanon und Literatur -- Vorüberlegungen zu einer Literaturgeschichte Österreichs.* Berlin: Erich Schmidt Verlag 1994 (Philolog. Studien und Quellen 128): 95--111 [Wiederabdruck in: *Quarber Merkur* 81 (Juni 1994): 50--68 und in: *Germanistische Mitteilungen* [Brüssel] 38 (1993): 53--74].

RUTHNER, Clemens: *La face nocturne de la Modernité. Le fantastique en Autriche après 1900.* In: HORNIG, Dieter/JANKOVIC, Georg/ZEYRINGER, Klaus (Hrsg.): *Continuités et ruptures dans la littérature autrichienne.* Paris: Ed. J. Chambon 1996 (Annales de l'Institut Autrichien. Bd. 1): 142--159.

RUTHNER, Clemens: *Fatale Geschichte(n). Zur (phantastischen?) Prosa von Alexander Lernet-Holenia* (1897--1976). In: *Germanistische Mitteilungen* [Brüssel] 47/1998 [in Vorber.].

SCHEMME, Wolfgang: *Goethe 'Die Braut von Korinth'. Von der literarischen Dignität des Vampirs.* In: *Wirkendes Wort* [Düsseldorf] 33 (1986): 335--346.

SCHMIED, Wieland: *Neue Sachlichkeit und Magischer Realismus in Deutschland 1918--1933.* Hannover: Forum 1969.

SCHMITZ-EMANS, Monika: *Der durchbrochene Rahmen. Überlegungen zu einem Strukturmodell der Phantastik bei E. T. A. Hoffmann.* In: *Mitteilungen der Hoffmann-Ges.* [Bamberg] 32 (1986): 74--88.

SCHOLEM, Gershom: *Zur Kabbala und ihrer Symbolik.* Frankfurt a. M.: Suhrkamp 1973 (st 13).

SCHUMACHER, Hans: *Phantasie und Phantastik.* Frankfurt a. M.: Lang 1993 (Berliner Beiträge zur neueren deutschen Literaturgeschichte 17).

SENNEWALD, Michael: *Hanns Heinz Ewers. Phantastik und Jugendstil.* Meisenheim am Glan: A. Hain 1973 (Deutsche Studien 22).

SIEBERS, Tobin: *The Romantic Fantastic.* Ithaca: Cornell Univ. Pr. 1984.

STIMPSON, Gene O.: *Zwischen Mystik und Naturwissenschaften. Hermann Kasacks 'Die Stadt hinter dem Strom' im Lichte des neuen Paradigmas.* Frankfurt a. M. u. a.: Lang 1995 (EHSS 1: 1503) [zugl.: Los Angeles: Univ. of Southern California, Diss. 1994].

STOCKAR, Denise von: *Wenn wir sie brauchen, sind sie da. Phantastische Gefährten in der neueren Kinderliteratur.* In: *1001 Buch* 1996: 14--24.

STURM, Dieter/VÖLKER, Klaus: *Historischer und literarischer Bericht.* In: diess. (Hrsg.): *Von denen Vampiren und Menschensaugern. Dichtungen und Dokumente.* München: C. Hanser 1968, Frankfurt a. M.: Suhrkamp 1994 (Phant. Bibliothek 306; st 2281): 505--581.

THOMSEN, Christian W./FISCHER, Jens Malte (Hrsg.): *Phantastik in Literatur und Kunst.* Darmstadt: Wissenschaftl. Buchges. 1980.

THÜSEN, Joachim von der: *Die Schrecken der Tiefe. Das Motiv des Absturzes und die Anfänge der phantastischen Literatur.* In: IWASAKI, Eijiro (Hrsg.): *Begegnung mit dem 'Fremden'. Akten des VIII. int. Germanisten-Kongresses Tokyo 1990.* München: iudicium 1991 9: 162--170.

TODOROV, Tzvetan: *Einführung in die fantastische Literatur.* München: C. Hanser 1972 (Literatur als Kunst), Frankfurt a. M.: Fischer Tbv. 1992 [seitenident].

TRAUTWEIN, Wolfgang: *Erlesene Angst -- Schauerliteratur im 18. und 19. Jahrhundert. Systematischer Aufriß; Untersuchungen zu Bürger, Maturin, Hoffmann, Poe und Maupassant.* München: C. Hanser 1980 (Literatur als Kunst).

TWITCHELL, James B.: *Dreadful Pleasures. An Anatomy of Modern Horror*. New York, Oxford: Univ. Pr. 1985.

VARMA, Devendra P.: *The Gothic Flame*. New York: Russell & Russell 1957.

VAX, Louis: *La séduction de l'étrange. Étude sur la littérature fantastique*. Paris: PUF 1965, [2]1987 (Quadrige 90).

VAX, Louis: *L'art et la littérature fantastiques*. Paris: Presses universitaires de France 1970, [4]1974 (Que sais-je? 907).

VAX, Louis: *L'art et la littérature fantastique*. Paris: PUF [4]1974. VAX, Louis: *Die Phantastik*. In: *Phaicon* 1 (1974): 11--43.

VOLCKMANN, Silvia: *"Gierig saugt sie seines Mundes Flammen". Anmerkungen zum Funktionswandel des weiblichen Vampirs in der Literatur des 19. Jhs*. In: BERGER, Renate/STEPHAN, Inge (Hrsg.): *Weiblichkeit und Tod in der Literatur*. Köln, Wien: Böhlau 1987: 155--176.

VÖLKER, Klaus (Hrsg.): *Von Werwölfen und anderen Tiermenschen. Dichtungen und Dokumente*. München: Hanser 1972 (Bibliothek Dracula), Frankfurt a. M.: Suhrkamp 1994 (st 2311; Phantast. Bibliothek 312).

VÖLKER, Klaus: *Nachwort*. In: ders. (Hrsg.): *Über Golems, Homunculi, Androiden und lebende Statuen*. München: Hanser 1972 (Bibliothek Dracula), Frankfurt a. M.: Suhrkamp 1994 (st 2293; Phantast. Bibliothek 308): 425--496.

VÖLKER, Ludwig: *Naturpoesie, Phantasie und Phantastik. Über Arnims Erzählung 'Isabella von Ägypten'*. In: RIBBAT, Ernst (Hrsg.): *Romantik. Ein literaturwissenschaftliches Studienbuch*. Königstein: Athenäum 1979: 114--137.

WACHLER, Dietrich: *Die Wirklichkeit des Phantoms. Aufsätze und Rezensionen zur phantastischen Literatur*. Münster: Lit 1997.

WALTER, Hans-Albert: *"Der Meisterzeichner von Nachtstücken und Traumgesichten". Alexander Moritz Frey wiederzuentdecken. Mit einer ausführlichen Dokumentation*. Frankfurt a. M.: Büchergilde Gutenberg 1988.WERNER, Hans-Georg: *Zur Wirkungsfunktion des Phantastischen in Erzählungen Achim von Arnims*. In: *Weimarer Beiträge* 25 (1979): 22--40.

WILPERT, Gero von: *Die deutsche Gespenstergeschichte. Motiv -- Form -- Entwicklung*. Stuttgart: Kröner 1994 (KTA 406).

WINKLER, Michael: *Nachwort* zu: *Phantastische Erzählungen der Jahrhundertwende*. Stuttgart: Reclam 1982 (RUB 7819): 5--21.

WÖRTCHE, Thomas: *Phantastik und Unschlüssigkeit. Zum strukturellen Kriterium eines Genres. Untersuchungen zu Hanns Heinz Ewers und Gustav Meyrink*. Meitingen: Corian Wimmer 1987 (Studien zur phantastischen Literatur 4).

WÜHRL, Paul Wolfgang: *Das deutsche Kunstmärchen. Geschichte, Botschaft und Erzählstrukturen.* Heidelberg: Quelle &Meyer 1984.

WÜNSCH, Marianne: *Die Fantastische Literatur der Frühen Moderne (1890--1930). Definition Denkgeschichtlicher Kontext Strukturen.* München: Fink 1991.

ZELLE, Carsten: *"Angenehmes Grauen". Literaturhistorische Beiträge zur Ästhetik des Schrecklichen im 18. Jahrhundert.* Hamburg: Meiner 1987 (Studien zum 18. Jh. 10).

ZGORZELSKI, Andrzej: *Zum Verständnis phantastischer Literatur.* In: *Phaicon* 2 (1975): 54--63.

ZONDERGELD, Rein A.: *Zwei Versuche der Befreiung. Phantastische und erotische Literatur.* In: *Phaicon* 2 (1975): 64--69.

ZONDERGELD, Rein A.: *Blaue Augen, nackte Füße oder Die Herrschaft des Anderen. Zu Lernet-Holenia.* In: *Phaicon* 5 (1982): 90--100.

ZONDERGELD, Rein A.: *Lexikon der phantastischen Literatur.* Frankfurt a. M.: Suhrkamp 1983 (st 880 = Phantastische Bibliothek 91).

Personenregister

Werkregister

BILDNACHWEISE

Alfred Kubin: Aus meiner Werkstatt. Nymphenburger Verlagsbuchhandlung. München 1973. Abb. 1 und 8)

Giuliano Briganti: Phantastische Malerei im 19. Jahrhundert. Schuler. Hersching 1988. (Abb. 2 und 3)

Die Pleite. Illustrierte Monatszeitschrift 1 (1919/20) Nr. 3. (Abb. 4)

Toni Schwabe (Hg.): Das Gespensterschiff. EinJahrbuch für die unheimliche Geschichte. Landhausverlag. Jena 1920. (Abb. 5)

Karl Hans Strobl: Lemuria. Seltsame Geschichten. Georg Müller. München 1917. (Abb.6)

Wolfgang Hildesheimer: Der Ruf in der Wüste. Schaffstein. Dortmund 1978. (Abb.7)

Willy Seidel: Das älteste Ding der Welt. Musarion. München 1923. (Abb. 9)

Alfred Kubin: Die andere Seite. Georg Müller. München 1909. (Abb. 10)

Gustav Meyrink: Der Golem. Langen Müller. München 1972. (Abb. 11)

Georg Seeßen/Bernt Kling: Romantik & Gewalt. Ein Lexikon der Unterhaltungsindustrie. Band 1. Manz. München 1973. (Abb. 12)

Dieter Krusche: Reclams Film-Führer. Reclam. 7. Aufl. Stuttgart 1987. (Abb. 13 und 14)